Guillermo Maldonado
Erlebe die Fülle der Herrlichkeit Gottes

Guillermo Maldonado

Erlebe die Fülle der Herrlichkeit Gottes

Verlag Gottfried Bernard
Solingen

MIX
Papier aus verantwortungsvollen Quellen
FSC® C083411
www.fsc.org

THE GLORY OF GOD
Experience a Supernatural Encounter with His Presence
Whitaker House
1030 Hunt Valley Circle
New Kensington, PA 15068
www.whitakerhouse.com

Heidstraße 2a
42719 Solingen
E-Mail: verlag.gottfriedbernard@t-online.de
Internet: www.gbernard.de

Die Bibelzitate sind folgender Ausgabe entnommen,
wenn sie nicht anderweitig gekennzeichnet sind:
Revidierte Elberfelder Bibel (Rev. 26) © 1985/1991/2008,
SCM R.Brockhaus im SCM-Verlag GmbH & Co. KG, Witten

ISBN 978-3-941714-32-8
Best.-Nr. 175532

Übersetzung: Ursula Jung
Grafikdesign: Daniel Bernard, Adaption des amerikanischen Originals
Satz: Satz & Medien Wieser, Stolberg
Druck: CPI – Clausen & Bosse, Leck
Printed in Germany

Stimmen zu Guillermo Maldonado

Guillermo Maldonados prophetische Einsichten in das apostolische Fundament der Gemeinde sowie seine Leidenschaft und sein Hunger nach den Manifestationen des übernatürlichen Reiches Gottes in unserer Zeit auf der Erde sind ansteckend.

Dr. Miles Munroe
Präsident und Gründer von
Bahamas Faith Ministries International

Ich bin von der großen Präsenz Gottes, die Guillermo Maldonado umgibt, sehr beeindruckt. Er bewegt sich nicht nur in außergewöhnlichen Zeichen und Wundern, sondern er ist auch übernatürlich dazu ausgerüstet andere zu schulen, sich ebenfalls in der gleichen übernatürlichen Kraft Gottes zu bewegen.

Sid Roth
Gastgeber und Moderator des Fernsehprogramms
It's Supernatural

Der beherrschende Fakt im Leben von Guillermo Maldonado ist, dass er die Worte Jesu wörtlich genommen hat: „Geht und macht zu Jüngern alle Nationen". Wenn es dein Wunsch ist, zu Jüngern zu machen, dann ermutige ich dich, Pastor Maldonado und seine Lehren anzunehmen.

Pastor Rich Wilkerson
Trinity Church Miami und Peacemakers Ministries

Pastor Guillermos Verkündigung ist ein geistliches Bankett, das die Seele inspiriert … Er ermutigt die Menschen mit zerbrochenem Herzen und gibt ihnen Hoffnung. Er belebt den Glauben der Kranken neu und hilft denen, die ihren Glaubensweg verlassen haben, zurück zum Herrn zu finden.

Porfirio Lobo Sosa
Präsident der Republik Honduras, Zentralamerika

Pastor Guillermo Maldonados Leidenschaft für seine Berufung und für die Menschen hat viele gute Früchte im Leben von Zigtausenden gebracht. Sie wurden durch Jesus Christus gerettet, durch den Heiligen Geist bevollmächtigt und durch Pastor Maldonado geschult und ausgesandt, um ihre eigene Berufung zu erfüllen.

Bischof Ernest P. Komanapalli
Gründer und Ehrenvorsitzender
Manna Group of Ministries, India

Die übernatürlichen Werke Jesu durch den Heiligen Geist werden von Dr. Guillermo und Ana Maldonado kompromisslos verkündigt … Bei großen wie auch kleinen Menschenmengen demonstrieren sie die übernatürlichen Wunderwerke Gottes durch den gleichen kraftvollen Geist, der Jesus von den Toten auferweckte.

Dr. Steve Anderson
Living in a Faith World Ministry

Die unzähligen Menschenleben, die um des Reiches Gottes willen transformiert und ausgerüstet wurden, bezeugen den großartigen Dienst, den Gott durch diesen außergewöhnlichen visionären Leiter vollbringt.

Pastor Bill Prankard
Bill Prankard Evangelistic Association

Pastor Maldonados Bücher sind sehr hilfreich; sie beinhalten großes Offenbarungswissen und geben ganz sicher göttliche Richtungsweisung … ich habe den Dienst von Pastor Maldonado sowohl von innen als auch von außen erlebt und ich liebe die Frucht von beidem.

Marilyn Hickey
Präsidentin Marilyn Hickey Ministries

Guillermo Maldonado hat sowohl die hispanischen wie auch die sonstigen Gemeinden herausgefordert, sich voll und ganz auf die Kraft Gottes zu verlassen, um unser Leben, unsere Gemeinden und Gemeinschaften und unsere Nationen durch seinen belebenden Geist zu transformieren.

Dr. Carlos Campo
Präsident, Regent University

Pastor Maldonado ist ein erfolgreicher und produktiver Autor, dessen Dienst die Gläubigen in aller Welt erreicht.

Dr. Eduardo J. Padrón
Präsident, Miami Dade College

Ich möchte drei Dinge über Dr. Maldonado sagen: 1. Er besitzt enormen Glauben und Vertrauen in Christus. 2. Er ist ein kraftvoller Diener des Reiches Gottes. 3. Er tut alles mit großer Integrität. Diese Kombination findet man nur selten!

Charles Green
Th.D., Litt.D., L.L.D

Guillermo Maldonados Integrität und Aufrichtigkeit zeigt sich an dem kraftvollen Werk Gottes durch seinen Dienst … überall auf der Welt.

Dr. Andre Roebert
Geschäftsführer und Gründer, TBN Africa and River Group

Guillermo Maldonados erfrischende Lehren geben Hoffnung und bieten Antworten auf die Probleme und Fragen des alltäglichen Lebens.

Jonás González
Präsident, Enlace television network

Pastor Maldonado war und ist ein echter Visionär für Christus. Er ist Pastor einer der größten multikulturellen Gemeinden in den Vereinigten Staaten von Amerika, ein erfolgreicher Autor und ein Prediger für die Nationen.

The Reverend Luis Cortes Jr.
Präsident und Gründer von Esperanza

Es gibt einen Bedarf für die Gaben und die Berufung von Guillermo Maldonado. Ich bin dankbar dafür, dass sich die Glieder des

Leibes Christi in der heutigen Zeit bewusst darüber sind, wie nötig die Demonstration von Zeichen und Wundern ist, für die Guillermo Maldonado ein Verbindungsmann ist.

Dr. Renny McLean
Präsident und Geschäftsführer von Global Glory, Inc.

Ich kenne Guillermo Maldonado seit Jahren und unsere Freundschaft ist in dieser Zeit gewachsen. Sein Dienst hat in Lateinamerika große Auswirkungen und Einfluss.

Marcos Witt
Co-Pastor, Lakewood Church, Lakewood, Texas

Inhalt

Kapitel 1

Wir sind geschaffen für die Herrlichkeit

Ist dir bewusst, dass du in erster Linie für die Herrlichkeit Gottes geschaffen wurdest? Bei der Schöpfung war die Herrlichkeit Gottes ein Geschenk an die Menschheit und sie ist ein Erbe für jedes Kind Gottes. Wenn wir in die Herrlichkeit Gottes eintreten, verweilen wir in seiner Gegenwart, empfangen seine Liebe und Gnade, erfassen sein Herz, lernen seinen Willen kennen und erleben seine göttliche Kraft. Diese Kraft verändert unser Leben, sie wirkt erlösend, heilend und befreiend und verursacht Zeichen und Wunder, die Gottes Majestät offenbaren. Viele Christen leben jedoch nicht in dieser Herrlichkeit. Während sie Gott tagein tagaus dienen, geben sie sich in ihrer Beziehung zu ihm aus den unterschiedlichsten Gründen mit viel weniger zufrieden.

Am Abend seiner Kreuzigung betete Jesus zu seinem himmlischen Vater:

> *Und die Herrlichkeit, die du mir gegeben hast, habe ich ihnen gegeben, dass sie eins seien, wie wir eins sind (Johannes 17,22).*

Jesus hat den Gläubigen die *gleiche* Herrlichkeit gegeben, die der Vater ihm gegeben hatte. Die Frage, die wir uns nun selbst beantworten müssen, ist: Was machen wir aus dieser Offenbarung? Wie können wir entsprechend der Herrlichkeit leben, die Jesus uns gegeben hat?

Gottes Herrlichkeit erleben

Bei der Herrlichkeit Gottes handelt es sich nicht um ein erlernbares theologisches Konzept. Sie ist vielmehr eine Realität, die kontinuierlich erfahrbar ist. Leider betrachten viele Theologen, Lehrer und Prediger die Herrlichkeit Gottes als eine Sache der Vergangenheit. Für sie ist es ein Geschehen aus biblischen Zeiten, das heutzutage nicht mehr erfahrbar ist. Aber die Herrlichkeit Gottes steht auch der heutigen Generation zur Verfügung. Es folgt das Zeugnis von Dr. Coradin, der zusammen mit seiner Familie die verwandelnde Kraft der Herrlichkeit Gottes erlebte, als sie unsere Gemeinde, King Jesus Ministry, besuchten:

Unsere Familie kam infolge der Einladung eines Freundes zur Gemeinde. Wir waren am Boden zerstört. Unser Sohn David hatte aufgrund eines Drogenproblems und damit verbundenem schlechten Verhalten einen Tag im Gefängnis verbracht. Dadurch verlor er sein Medizin-Stipendium für die Nova School of Medicine. Als wir auf den Parkplatz der Gemeinde fuhren, spürten wir, wie plötzlich eine übernatürliche Präsenz unser Auto erfüllte. Unser Sohn begann zu weinen und unter Schluchzen bat er Gott und uns, ihm zu vergeben. Meine Frau fing ebenfalls an zu weinen und zitterte am ganzen Körper. Ich selbst war wie gelähmt und völlig perplex. Wenn so etwas bei unserem ersten Besuch der Gemeinde auf dem Parkplatz passierte, was erwartete uns dann, wenn wir das Gemeindegebäude betreten würden?

Es dauerte fast dreißig Minuten, bis wir in der Lage waren, das Auto zu verlassen. Das Ergebnis dieses Gemeindebesuches war ein völlig veränderter David. Gott befreite ihn und verwandelte ihn in einen Evangelisten für Drogenabhängige, einen Hauskreisleiter, ein Mitglied des Evangelisations-Teams der Universität, einen Fürbittekämpfer und ein Vorbild für viele seiner alten Freunde. Ich selbst hatte meine Beziehung mit Gott und mit meiner Familie durch Alkoholismus vernachlässigt. Der Herr befreite mich von dieser Sucht und ich war wieder mit ihm versöhnt. Gott fing auch an, unsere Ehe wiederherzustellen. Meine Frau Joy wurde von Depressionen und ihrer Abhängigkeit von Antidepressiva freigesetzt. Diese Erfahrungen am eigenen Leib veränderten uns und gaben unserem Leben wieder einen Sinn. Nicht nur unsere Familie, sondern auch die zukünftigen Generationen bekamen ganz neu eine Bestimmung.

Jesus lebt und wirkt heute immer noch Wunder unter uns. In Medillin, Kolumbien, lebt eine Frau namens Johanna. Sie arbeitet mit Einrichtungen zusammen, in denen obdachlose Waisenkinder leben, die mit AIDS infiziert sind. Vor einem Jahr nahm sie Jesus als ihren Herrn und Erlöser an, als sie unsere Gemeinde in Miami besuchte. Dort wurde sie geschult, sich in der übernatürlichen Kraft Gottes zu bewegen. Als sie nach Kolumbien zurückkehrte, traf sie in dem Waisenhaus, wo sie gerade arbeitete, auf die vier Monate alte Ximara, die HIV-positiv diagnostiziert worden war. Die Liebe Gottes erfüllte Johanna und sie begann, für dieses kleine Mädchen zu beten. Im Gebet brach sie den Fluch, der durch ihre Blutlinie auf Xiamara übergegangen war. Johanna nahm die Kraft Gottes wahr und wusste, dass er etwas Übernatürliches getan hatte. Nach einer Reihe von Tests erklärte man das Mädchen Wochen später für vollkommen geheilt und gab sie zur Adoption frei. Johanna gab Zeugnis über dieses Wunder, das vor ihren Augen geschehen war. Heute lebt Xiamara mit liebevollen Eltern in einem wunderbaren Zuhause. Etwas ähnliches passierte auch mit der mit AIDS infizierten zwei Jahre alten Laura. Ihre Mutter, eine sechzehnjährige Prostituierte, hatte sie einfach verlassen. Laut den Ärzten gab es für das Mädchen keine Hoffnung auf Genesung. Johanna betete auch für Laura und durch die Kraft Gottes geschah ein kreatives Wunder. Das Immunsystem wurde erneuert und die Virus-Infektion ausgemerzt. Bei den letzten drei Untersuchungen von Laura waren die Ergebnisse immer negativ. Die Ärzte erklärten sie für gesund und auch sie wurde zur Adoption freigegeben.

Kannst du dir vorstellen, dass sich solche Wunder regelmäßig ereignen? Gott kann über alle Maßen mehr bewirken als jede Medizin oder ärztliche Heilkunst! Eine übernatürliche Kraft ist am Werk und sie kommt durch die Herrlichkeit Gottes.

Warum bewirkt die manifeste Gegenwart der Herrlichkeit Gottes solch einen dramatischen Unterschied im Leben von Menschen? Das liegt an der Natur seiner Herrlichkeit.

Das Wesen der Herrlichkeit Gottes

„Gewicht“

Kabod ist eines der bedeutungsvollsten Worte in der hebräischen Sprache. Seine wörtliche Bedeutung ist „Schwere“, jedoch wird der Begriff bildlich im Sinne von „Pracht, Reichtum, Herrlichkeit oder Ehre“ gebraucht; es ist etwas „Herrliches, Wunderbares“. Im Alten Testament wird das Wort *kabod* verwendet, um zum Beispiel den Reichtum, die Macht oder Majestät, die einflussreiche Stellung oder die große Ehre und Würde einer Person zu beschreiben (siehe z.B. 1.Mose 31,1; 45,13). Es kann aber auch Ruhm, Ansehen, Anerkennung, Schönheit, Pracht, Herrlichkeit, Stärke, Würde, Glanz, Achtung, Vortrefflichkeit, Heiligkeit und Größe zum Ausdruck bringen (siehe z.B. 2.Mose 28,2; Psalm 49, 17-18). So bringt die Herrlichkeit *(kabod)* Gottes alle seine Eigenschaften zum Ausdruck.

Heutzutage wird der Begriff *Gewicht* oft in ähnlicher Weise gebraucht. Beispielsweise wird gesagt, dass eine Person bei einem bestimmten Staatspräsidenten „viel Gewicht“ (Einfluss) hat, wenn dieser Präsident regelmäßig auf den Rat der Person hört. Oder wir können sagen, dass ein gläubiger Mensch „geistliches Gewicht“ (Substanz) hat, wenn er über einen reifen, ehrenhaften, demütigen und gerechten Charakter verfügt. Dieses geistliche Gewicht ist seine „Herrlichkeit“, die ihn von anderen abhebt.

Die Herrlichkeit Gottes ist die Quintessenz all dessen, was er ist.

Wir müssen verstehen, dass Gottes Herrlichkeit zum Bereich der Ewigkeit gehört. Sie ist unendlich, grenzenlos, ohne irgendwelche Beschränkungen und sie liegt außerhalb jedweder menschlicher Vorstellungskraft. Seine *manifeste* Herrlichkeit ist Ewigkeit, die auf der Erde sichtbar wird. Offenbarte Herrlichkeit ist die Auswirkung eines kraftvollen und unvergesslichen Zeichens von Gott, welches im natürlichen Bereich zu sehen und zu hören ist.

„Majestät“

Als nächstes schauen wir uns ein griechisches Wort an, das im Neuen Testament mit *Herrlichkeit* übersetzt ist. Als die ersten fünf Bücher der Hebräischen Schriften (der Pentateuch oder die Fünf Bücher Mose) zum ersten Mal ins Griechische übersetzt wurden, wählte man das Wort *doxa* für den Begriff der Herrlichkeit Gottes. Es drückt am besten die Bedeutung von *kabod* aus und mündet in der Vorstellung von Ansehen, Ehre, Ruhm, Lob, Würde, Pracht und Glanz. Diese als Septuaginta bekannte Übersetzung war die Erste, die das Wort *doxa* als Bezeichnung für die Majestät Gottes einsetzte.

Später verwendete man das gleiche Wort in einigen Versen des Neuen Testaments, u.a. auch in Bezugnahme auf Jesus (siehe z. B. Matthäus 16,27; Johannes 1,14). *Doxa* spricht davon, dass die wahre Majestät Gott als dem höchsten Regenten gehört – Majestät im Sinne von absoluter Perfektion in seinem göttlichen Wesen. In Bezug auf den Sohn weist es als höchste Stufe der Verherrlichung auf das majestätische Königtum des Messias hin. Es ist die Stellung, in die Gott der Vater Jesus erhob, nachdem er seine Pläne auf der Erde erfüllt hatte, nämlich Satan und den Tod zu besiegen.

Die Herrlichkeit einer Person findet sich in ihrem inneren Wert

Verbinden wir die verschiedenen Bedeutungen der Worte *kabod* und *doxa* miteinander, dann können wir sagen, dass die Herrlichkeit Gottes aus der totalen Summe seiner Eigenschaften, seines Charakters und seiner inneren Tugenden, dem Glanz seiner Gegenwart und der Pracht seiner Majestät besteht. Dementsprechend können wir schließen, dass die Herrlichkeit Gottes sein Wesen ist.

In der Schöpfung wurde die Herrlichkeit Gottes sichtbar

Die Herrlichkeit (Gegenwart) Gottes ist die geistliche Atmosphäre des Himmels, sowie Luft die physikalische Atmosphäre der Erde ist. Weil Herrlichkeit den Kern dessen ausmacht, wer Gott ist, ist darin alles vollkommen; nichts ist unvollkommen.

Diese Herrlichkeit war das Leben und die Umgebung, in welcher die ersten Menschen sich aufhielten. In einem Augenblick schuf Gott den ersten Menschen, Adam, aus dem Staub der Erde und gab ihm seinen *„Atem des Lebens"*:

> *Da bildete Gott, der HERR, den Menschen, aus Staub vom Erdboden und hauchte in seine Nase Atem des Lebens; so wurde der Mensch eine lebende Seele (1. Mose 2,7).*

Wirklich zu leben bedeutet demnach, ständig mit der Gegenwart Gottes verbunden zu sein – seinen Atem des Lebens einzusaugen.

In der Herrlichkeit Gottes wird jedes Bedürfnis erfüllt

Adam war nie ein Säugling, ein Kind oder ein Teenager. Deshalb musste er nicht wie wir einen Wachstumsprozess durchlaufen. Das trifft auch auf seine Frau Eva zu. Sie wurden als Erwachsene erschaffen und geformt. Am Anfang schuf Gott alle Dinge in ihrer fertigen Form, wobei er in jede Spezies Samen hineinlegt, damit sie sich reproduzieren konnte.

> *Und die Erde brachte Gras hervor, Kraut, das Samen hervorbringt nach seiner Art, und Bäume, die Früchte tragen, in denen ihr Same ist nach ihrer Art. Und Gott sah, dass es gut war (1. Mose 1,12).*

In der Herrlichkeit Gottes und seiner Gegenwart „ist" alles. Aus diesem Grund kann jedes Bedürfnis der Menschheit gedeckt werden, so dass wir vollständig oder vollkommen sind. In der Herrlichkeit *sind* Heilung, Befreiung und Wunder – sogar kreative Wunder wie neu entstehende Organe. Als anfangs die Menschen gebildet wurden, kannten sie weder Krankheit, Armut oder den Tod, denn in der Herrlichkeit gibt es das nicht. Sie hatten keinerlei Kenntnis oder Wissen von Krankheit oder Tod. Wie wir jedoch noch sehen werden, begannen sie diese Dinge zu erleben, nachdem sie gesündigt und gegen Gott rebelliert hatten und deshalb aus seiner Gegenwart entfernt werden mussten. Seit dieser Zeit unterliegen alle menschlichen Wesen dem Prozess von Geburt, Wachstum und schließlich Tod.

Die Gegenwart Gottes ist eine Umgebung

Um zu begreifen was es bedeutet, in der Herrlichkeit Gottes zu leben, müssen wir zuerst einmal den Unterschied verstehen zwischen der Umgebung, in welcher der Mensch vor dem Sündenfall im Garten Eden lebte, und der Umgebung, in welcher er nach dem Sündenfall lebte. Im 1. Mose sehen wir, dass Gott zuerst ein perfektes Umfeld entstehen ließ, bevor er die anderen Komponenten und Geschöpfe kreierte. Zum Beispiel erschuf er zuerst das Land und brachte dann Pflanzen und Bäume hervor, die in dem Boden und seinen Mineralien gedeihen würden. Diese Umgebung war demnach schon vorhanden, bevor Gott die Tiere erschuf, die diese Vegetation als Nahrung benötigten.

Bevor Gott etwas erschuf, bereitete er zuerst die Umgebung vor, die alles perfekt erhalten und versorgen würde.

Gott erschuf die Meere und Flüsse und danach die Fische und andere Lebewesen, die speziell dazu ausgerüstet waren, in der Umgebung von Wasser zu leben. Gott ließ das Himmelsgewölbe entstehen und kreierte dann die Sterne und Planeten. Er platzierte sie gemäß den Gravitationsgesetzen und Umlaufbahnen in das Firmament (siehe 1. Mose 1,9-25).

In gleicher Weise gestaltete Gott die idealen Voraussetzungen für die Menschen, als er den Garten Eden erschuf. Was war denn die perfekte Umgebung? Gott brachte Adam direkt in das Umfeld seiner Gegenwart und Herrlichkeit. Er sagte zu Adam nicht: „Ich möchte, dass du nach Eden suchst." Gott brachte ihn dorthin. Er ließ ihm keine Wahl, weil dies die einzige Umgebung war, in welcher Adam bestehen und gedeihen konnte. Und in diesem Lebensraum offenbarte Gott sich selbst und seine Wege den Menschen (siehe 1. Mose 1,26; 2,7-9).

Wir schauen uns die Bedeutung der Worte *Garten* und *Eden* vom ursprünglichen Hebräisch her einmal genauer an.

Das Wort *Eden* bedeutet Freude oder Vergnügen. Das Wort *Garten* bezeichnet eine Einfriedung oder einen eingezäunten Ort. Der Wortstamm hat die Bedeutung von beschirmen; es ist etwas, dass beschützt, verteidigt, bedeckt oder umgibt. Befinden wir uns in der Herrlichkeit, dann sind wir von Gottes Gegenwart umgeben und durch sie geschützt. Deshalb glaube ich persönlich nicht, dass Eden ein bestimmter geografischer Ort war, sondern ein sorgfältig vorbereitetes, entzückendes „Fleckchen" der Herrlichkeit, von Gott für den Menschen als Bleibe entworfen.

Weiter bin ich persönlich der Überzeugung, dass es sich bei Eden um einen „Zeitpunkt" handelt, in dem die Herrlichkeit Gottes sichtbar war. Warum gebrauche ich den Ausdruck „Zeitpunkt"? Weil Gott sich zum Wohl der Menschen in der Zeit (der natürlichen Dimension) sichtbar manifestiert und weil sich seine Herrlichkeit ständig bewegt. Wenn wir in der Gegenwart des Herrn sind, gehen wir *von Herrlichkeit zu Herrlichkeit* (2. Korinther 3,18). Niemand geht von einem Ort zu einem anderen, ohne sich zu bewegen. Gott ist aktiv, fortwährend in Bewegung und er manifestiert sich, wo er es möchte. Und wenn wir in ihm sind, dann bewegen wir uns mit ihm.

Fast alle in der Bibel erwähnten geografischen Orte wurden von Archäologen ausfindig gemacht. Jedoch ist Eden bisher nicht entdeckt worden. Warum? Weil es ein Ort war, ein bestimmter Zeitpunkt, wo die Gegenwart Gottes kam – und die Gegenwart war unablässig „in Bewegung". Als die Gegenwart sich bewegte, bewegte sich auch Adam.

Die Herrlichkeit Gottes war ursprüngliche die Umgebung, in welcher die Menschheit lebte.

Gott ist überall, zu jeder Zeit, aber er manifestiert sich nicht an allen Orten der Erde. Er zeigt sich dort, wo er willkommen ist und wo sich Menschen in der rechten Beziehung zu ihm befinden. Eden war eine Umwelt, welche ein „Tor" oder ein „Portal" zum Himmel war, weil Gott dort seine Herrlichkeit den Menschen sichtbar offenbarte. Sie waren in seinem Bilde geschaffen und standen in ungebrochener Gemeinschaft mit ihm. Die Gegenwart Gottes bei den Menschen war wahrhaftig der Himmel auf Erden.

Ich stelle Eden gerne dar als ein „Fleckchen auf der Erde zu einem bestimmten Zeitpunkt, wo die Gegenwart Gottes ein Tor zum Himmel ist". Jakob erhaschte einen flüchtigen Blick auf diese Art von Herrlichkeit, als er von einer Leiter träumte, die bis in eine Öffnung des Himmels reichte (siehe 1. Mose 28,12).

Die Menschheit verfehlt die Herrlichkeit Gottes

Denn alle haben gesündigt und erlangen nicht die Herrlichkeit Gottes (Römer 3,23).

Tragischerweise war das Leben der Menschen in der Herrlichkeit nicht von Dauer. Adam und Eva sündigten, indem sie sich entschieden, entgegengesetzt von dem zu handeln, was Gott ihnen gesagt hatte. Sie aßen von dem Baum der Erkenntnis von Gut und Böse. Als Resultat davon wurden sie vom Leben Gottes getrennt und aus dem Garten Eden – aus der Herrlichkeit – verbannt (siehe 1. Mose 3). Sie „verloren die Herrlichkeit Gottes".

Sünde bewirkte, dass der Mensch die Herrlichkeit Gottes verlor und aus seiner Gegenwart verbannt wurde.

Welche grundlegenden Veränderungen geschahen, als der Mensch sündigte? Die Bibel teilt uns mit, dass Gott Cherubim schickte, damit sie den Eingang zum Garten Eden bewachen – um die Herrlichkeit zu schützen. Denn die Herrlichkeit ist nicht ein Ort, sondern sie ist ein *Lebensraum*. Die Gegenwart Gottes ist rein, nicht verunreinigt. Die Menschheit fiel nicht aus einem Ort; sie fiel aus der Gegenwart Gottes, aus einer Umgebung der Herrlichkeit. Seit diesem Tag *mangelt* es der Menschheit als Ganzes an Seiner Herrlichkeit.

Neben dem Schutz seiner Gegenwart sorgte Gott dadurch auch für die Menschen vor. Er wollte nicht, dass wir zu ewigem geistlichen Tod verdammt sind. Dies hätte passieren können, wenn er nicht eingegriffen und die Menschheit vom Baum des Lebens abgesondert hätte, bis ihre Beziehung zu ihm wiederhergestellt werden konnte. Wie wir sehen werden, hatte Gott einen Plan zur Rettung und Erlösung der Menschheit, der sich im Lauf der Geschichte entfalten würde. Dies tat Gott sofort nach dem Sündenfall kund (siehe 1. Mose 3,15).

Als Adam und Eva sündigten, starb ihr Geist – die Quintessenz dessen, was sie als menschliche Wesen ausmachte, die im Bilde Gottes geschaffen waren. Sie begannen auch körperlich zu sterben. Allerdings lesen wir, dass es immerhin noch mehr als 930 Jahre dauerte, bevor Adams Körper vollständig aufhörte zu funktionieren (siehe 1. Mose 5,5). Ich glaube, dass die restliche noch in seinem Körper verbliebene Herrlichkeit ihn so lange körperlich am Leben hielt. Auch seine Nachkommen lebten aufgrund dieses Überrestes der damals noch auf der Erde vorhandenen Herrlichkeit Gottes sehr lange.

Leben außerhalb unserer natürlichen Umwelt

Wird etwas aus seinem natürlichen Lebensbereich entfernt, dann musst du es nicht töten, es wird von selbst sterben. Holst du zum Beispiel einen Fisch aus dem Wasser, wird er allmählich durch Ersticken verenden. Ähnlich ist es bei einer Pflanze, die man aus der Erde zieht und liegen lässt. Sie wird bald verwelken und aus Wasser- und Nährstoffmangel eingehen.

Das Geschaffene kann nicht unabhängig von seinem von Gott gegebenen Lebensraum existieren, es wird sonst sterben.

Im Fall von Adam und Eva entfernten sie sich im Grunde genommen selbst aus Gottes Gegenwart, indem sie sich gegen seine Wege entschieden. Sie trachteten nach einem Leben außerhalb der Parameter seiner Herrlichkeit und seines Schutzes, so dass sie verbannt werden mussten. Gott hatte den Menschen jedoch dazu geschaffen, in seiner Herrlichkeit zu leben; das war von Anfang an sein Plan. Aus diesem Grund sterben Menschen, wenn sie seiner Gegenwart entfremdet sind. Es ist der Lebensbereich, für den wir geschaffen wurden!

Genauso ist es heute: jeder Mensch erlebt einen Sterbeprozess, weil er getrennt ist von der Herrlichkeit und Gegenwart Gottes. Dieser Vorgang beginnt schon mit dem Zeitpunkt unserer Geburt. Genau dann wird dieser Fluch in uns und für uns wirksam, dass wir unter der „tickenden Uhr" leben und uns auf den unausweichlichen Tod zubewegen, der im Zusammenhang mit der gefallenen Menschheit steht.

Das Leben der Menschen auf der Erde unter dem Fluch der Sünde ist ein Leben der verlorenen Beziehung mit Gott, sowie der verloren gegangenen Möglichkeit, in seiner Herrlichkeit zu leben. Uns selbst überlassen sind wir nicht in der Lage, das wunderbare, großartige Leben zu führen, zu dem wir geschaffen wurden.

„Die Herrlichkeit ist vergangen"

Und sie nannte den Jungen Ikabod, um damit auszudrücken: Die Herrlichkeit ist von Israel gewichen! – weil die Lade Gottes weggenommen war und wegen ihres Schwiegervaters und ihres Mannes (1. Samuel 4,21).

In der Erzählung von Elis Tod, dem Hohepriester und Richter Israels, wird die Tragödie des Verlustes der Herrlichkeit Gottes auf Erden anschaulich dargestellt.

Eli war seit vierzig Jahren Richter in Israel und lebte in Silo, wo sich auch die Bundeslade (das Zentrum der Anbetung) befand. Als Eli erfuhr, dass die Bundeslade – der Ort der manifesten Gegenwart Gottes – von den Feinden der Israeliten, den Philistern, erbeutet worden war, fiel er rücklings vom Stuhl und brach sich das Genick. Seine Schwiegertochter hörte von seinem Tod und dem Tod ihres Ehemannes durch die Philister. Sie bekam vorzeitige Wehen und gebar einen Sohn. Bevor auch sie starb, gab sie ihm den Namen Ikabod und sagte: *„Die Herrlichkeit ist von Israel gewichen!"* Im Hebräischen bedeutet *Ikabod* Nicht-Herrlichkeit. Die manifeste Herrlichkeit Gottes war mit der Wegnahme der Bundeslade von Israel gewichen. Bis zu diesem Zeitpunkt war Silo das Zentrum der hebräischen Anbetung gewesen, erlangte dieses Ansehen aber nie wieder.

Es ist traurig, wenn die Gegenwart Gottes fortgeht, und kläglich mitanzusehen, wenn Gläubige, Gemeinden und Dienste versuchen, ohne diese Gegenwart „zu überleben". Sie haben nur einen Anschein von Heiligkeit und Frömmigkeit. Oberflächlich betrachtet scheint alles in Ordnung zu sein, aber in Wahrheit ist die Gegenwart Gottes im Inneren nicht mehr vorhanden. Siehst du eine Gemeinde, wo niemand errettet wird, die Menschen sich nicht verändern oder umgewandelt werden, Heilungen, Wunder und die Kraft Gottes nicht vorhanden sind und die Gegenwart Gottes nicht mehr länger ersichtlich ist, dann bedeutet es, dass dieser Ort ohne Herrlichkeit ist – und das ist gleichbedeutend mit Tod.

Wiederhergestellt zur Herrlichkeit

Die Bibel sagt: *„… weil er [der Herr] nicht will, dass jemand verlorengehe" (2. Petrus 3,9; Schlachter 2000).* Gott hat einen Weg bereitet, damit unsere Beziehung mit ihm wiederhergestellt wird und wir erneut in seiner Herrlichkeit leben können. Zu unserer

Rettung setzte er einen Plan in die Tat um, der folgendes beinhaltet: 1. Die Sendung seines Sohnes Jesus auf die Erde, wo er geboren wird und als Mensch heranwächst, der ein völlig sündloses Leben führt. 2. Das Sterben Jesus als Stellvertreter für uns; er nimmt unsere Strafe für die Sünde auf sich. 3. Die Auferweckung Jesu von den Toten und sein Aufstieg in den Himmel, wodurch er die Sünde und den Tod besiegt. Durch das Vergießen seines Blutes erlöste Jesus die Menschen von Sünde und Krankheit, und mit seiner Auferstehung eröffnete er uns den Zugang zu ewigem Leben.

Der eigentliche Zweck des Opfers von Jesus war, die Menschen wieder in den Bereich der Herrlichkeit Gottes zurückzuführen, für den wir geschaffen wurden.

> *Denn es geziemte ihm [Gott], um dessentwillen alle Dinge und durch den alle Dinge sind, indem er viele Söhne zur Herrlichkeit führte, den Urheber ihrer Rettung [Jesus] durch Leiden vollkommen zu machen (Hebräer 2,10).*

Wenn wir durch Jesus mit Gott versöhnt werden, empfangen wir seinen Heiligen Geist. Unser Geist wird vom Tod ins Leben gebracht und wir haben Zugang zu seiner Herrlichkeit. Im Geist können wir nun im Umfeld des Himmels leben. Körperlich sterben wir immer noch, weil unser Körper noch nicht in Herrlichkeit auferweckt wurde für die Ewigkeit – dieses Ereignis wird bei der Wiederkunft Jesu geschehen (siehe 1. Korinther 15,42-45).

Der Plan der Erlösung zeigt auf, dass, obwohl die Menschen sündigten, Gottes Absichten in dieser Reihenfolge ausgeführt werden: Zu Beginn der Schöpfung war die Herrlichkeit Gottes zugegen und sie wird sich in den letzten Tagen kraftvoll manifestieren. Sie wird in unserer Zeit sichtbar sein und wir werden wieder dahin zurückkehren, in seiner Gegenwart zu leben. Das Erlösungswerk von Jesu ermöglicht uns jetzt, auf die Herrlichkeit zuzugehen, hineinzukommen und noch einmal geistlich, seelisch und weitgehend auch körperlich gemäß der Herrlichkeit Gottes zu leben. Es mag nicht einfach sein, aber wir werden *„von Herrlichkeit zu Herrlichkeit“* (2. Korinther 3,18) gehen, wenn wir glauben und beharrlich sind. Seine Herrlichkeit ist in uns. Das Sühneblut Jesu schenkt uns den Zugang zum Vater und verbindet uns noch einmal mit seiner Gegenwart, während unser Körper noch darauf wartet, ebenfalls vollständig vom Tod erlöst zu sein.

Durch seinen innewohnenden Geist sind wir Träger der Gegenwart Gottes.

In Christus sind wir alle Träger eines „transportierbaren Garten Eden". Mit anderen Worten: Wo immer wir hingehen, tragen wir durch den in uns wohnenden heiligen Geist seine Herrlichkeit mit uns. Durch das Blut von Jesus haben wir Zutritt zu unserem ursprünglichen Lebensumfeld. Bleiben wir in unserem wahren Umfeld, werden wir wahres, echtes Leben haben. Jesus sagte: „*Ich bin der Weg und die Wahrheit und das Leben*" (Johannes 14,6) und: „*Wer in mir bleibt und ich in ihm, der bringt viel Frucht, denn getrennt von mir könnt ihr nichts tun*" (Johannes 15,5).

Erinnere dich, du bist gemacht für die Herrlichkeit – du sollst während deines Daseins beständig in der Gegenwart Gottes leben. Obwohl der Heilige Geist bereits in dir wohnt, musst du aktiv Gott und seine Herrlichkeit suchen: durch Anbetung, Lobpreis, Unterordnung unter seinen Willen und Glauben. Warum? Jesus sagte: „*Der Geist zwar ist willig, das Fleisch aber schwach*" (Matthäus 26,41; Markus 14,38). Bis zu dem Zeitpunkt, wo wir wieder in ununterbrochener Herrlichkeit leben werden, müssen wir die Herrlichkeit Gottes tagtäglich suchen!

Im nächsten Kapitel werde ich mitteilen, wie Gott auch in unseren Tagen seine Herrlichkeit wie zu biblischen Zeiten manifestiert.

Erfahrungen mit Gott

- Verpflichte dich, Gott jeden Tag für einen bestimmten Zeitraum zu loben und anzubeten, um eine Atmosphäre der Herrlichkeit zu erzeugen. Daraus bildet sich eine „Wolke der Herrlichkeit", aus der heraus Gott mit dir reden möchte. Stelle deshalb deine Ohren darauf ein, zu hören.

- Wenn du Probleme damit hast, Gott als deinen Vater anzuerkennen und dich als sein geliebtes Kind zu betrachten, dann bitte ihn, sich dir als Vater zu offenbaren, während du über Schriftstellen wie Matthäus 6,32-33 und Epheser 5,1 nachsinnst.

Kapitel 2

Die Schechina Gegenwart

Es gibt unzählige wunderbare Facetten in Bezug auf die Natur und den Charakter Gottes und gleichermaßen hat auch die Herrlichkeit Gottes zahlreiche Aspekte. Es ist immer noch Gottes Wunsch, denen diese Dimensionen seiner Herrlichkeit zu zeigen, die ihn lieben und ihm dienen.

Wo Gott seine Herrlichkeit manifestiert

Menschen, die nicht in eine Gemeinde gehen wollen, benutzen meiner Erfahrung nach häufig die Ausrede: „Gott ist doch überall." Sie machen sich keine Gedanken darüber, welche Gemeinde sie besuchen oder welcher Religion sie folgen sollen. Wenn nämlich Gott überall ist, dann hat ein bestimmter Ort oder eine Religionszugehörigkeit keinerlei Bedeutung für sie. Es ist wahr, dass Gott allgegenwärtig ist – überall gleichzeitig. Seine Herrlichkeit jedoch tritt nicht „überall" in Erscheinung, weil er sie generell nur in zwei Situationen sichtbar werden lässt:

- Wo er im Geist und in der Wahrheit angebetet wird
- Wo er fortwährend geehrt und offenbart wird

Im Alten Testament sehen wir die manifeste Herrlichkeit Gottes unter dem hebräischen Volk bzw. den Israeliten. Im Neuen Testament entdecken wir, dass sich seine Herrlichkeit sowohl unter den jüdischen wie auch den heidnischen Gläubigen an seinen Sohn Jesus Christus zeigt. Das Volk Gottes erlebte die Manifestation der Herrlichkeit Gottes in unmittelbarer Nähe. Sie erschien oft in Form einer Wolke, auch als *Schechina* bekannt. Das Wort schechina ist Hebräisch und bedeutet „Wohnstatt Gottes" oder „der Ruheort Gottes". Es beschreibt die überragende Gegenwart

Gottes, die den geistlichen Bereich überschreitet und sich in der materiellen Welt manifestiert. Schechina steht in Zusammenhang mit dem unmittelbaren und persönlichen Wirken Gottes - die Herrlichkeit und Pracht des Herrn, während er im Hier und Jetzt handelt, gegenwärtig ist, und es anderen ermöglicht, ihn zu erkennen.

Gott ist überall, aber er manifestiert seine Gegenwart nicht überall.

Wir können somit die Herrlichkeit Gottes auf zwei Weisen beschreiben: 1). Die *kabod* oder *doxa* Herrlichkeit, welche das Wesen, die Natur, die Eigenschaften und die unendliche Vollkommenheit Gottes ist - sein Charakter und seine Persönlichkeit oder wer er selbst ist. 2.) Die *schechina* Herrlichkeit, welche die sichtbare Manifestation seiner Gegenwart für die Menschheit ist. Das geschieht, wenn die Herrlichkeit Gottes den geistlichen Bereich überschreitet, um sich im natürlichen Bereich auszuwirken.

Manchmal wird Gott seine *schechina* Herrlichkeit - seine manifeste Gegenwart - den Menschen durch physische Phänomene wie Feuer oder Wolken offenbaren. Zu anderen Zeiten wird er seine *kabod* Herrlichkeit offenbaren - auch eine Seite seines Wesens. In seiner Souveränität ergreift Gott die Initiative und entscheidet, welchen Aspekt von sich er offenbaren will. Einer Sache können wir sicher sein: Es war immer der Wille Gottes, unter seinem Volk zu wohnen und sich der Menschheit zu zeigen. Wir werden uns einige Bibelstellen anschauen, die diese Wahrheit bestätigen.

Gott zeigte den Israeliten seine Herrlichkeit

Und es geschah am dritten Tag, als es Morgen wurde, da brachen Donner und Blitze los, und eine schwere Wolke lagerte auf dem Berg, und ein sehr starker Hörnerschall ertönte, so dass das ganze Volk, das im Lager war, bebte (2. Mose 19,16).

Dieser Bibelabschnitt macht deutlich, dass natürliche Erscheinungen auftraten, wenn sich im Alten Testament die Herrlichkeit Gottes zeigte. Seine Gegenwart war für die Sinne erkennbar. Das ganze Volk konnte es wahrnehmen und es veränderte ihr Leben. In ähnlicher Weise bekundete Gott dem Propheten Jesaja seine Heiligkeit und Herrlichkeit, begleitet von natürlichen Manifestationen (siehe Jesaja 6,3-4).

Wir können auch erkennen, dass Gott mit seinem Volk redete, wenn er sich selbst offenbarte. Findet eine Manifestation Gottes statt und wir hören seine Stimme nicht auf die eine oder andere Art und Weise, dann sind wir nur Zuschauer und nicht Beteiligte. Redet Gott aber zu dir und du nimmst in Empfang, was er sagt, dann wird es in dir Fuß fassen. Manchmal sprach Gott zu Einzelpersonen, wie etwa zu Mose aus dem brennenden Dornbusch oder zu Saulus (Paulus) auf der Straße nach Damaskus. Ab und zu redete Gott auch zu mehr als einer Person, wie beispielsweise zu Petrus, Jakobus und Johannes bei der Verklärung Jesu (siehe z. B. 2. Mose 3,1-6; Apg.9,1-8; Lukas 9, 28-35). Wenn Gott zu uns redet, kann er das mit einer hörbaren Stimme tun oder er spricht zu unseren Herzen.

Gott bekundete seine Herrlichkeit durch seinen Sohn Jesus

Die ultimative Manifestation seiner Herrlichkeit geschah, als Gott seinen Sohn Jesus Christus als unseren Erlöser auf die Erde sandte.

> *Nachdem Gott vielfältig und auf vielerlei Weise ehemals zu den Vätern geredet hat in den Propheten, hat er am Ende dieser Tage zu uns geredet im Sohn, den er zum Erben aller Dinge eingesetzt hat, durch den er auch die Welten gemacht hat;* ***er, der Ausstrahlung seiner Herrlichkeit und Abdruck seines Wesens ist*** *und alle Dinge durch das Wort seiner Macht trägt, hat sich, nachdem er die Reinigung von den Sünden bewirkt hat, zur Rechten der Majestät in der Höhe gesetzt (Hebräer 1,1-3).*

Jesus *sprach* das Wort Gottes und er *ist* das Wort Gottes (siehe Johannes 1,1). Er sagte folgendes: *„Ich und der Vater sind eins"* (Johannes 1,1), *„... dass der Vater in mir ist und ich in dem Vater"* (Johannes 10,38). *„Wer mich gesehen hat, hat den Vater gesehen ... der Vater aber, der in mir bleibt, tut seine Werke"* (Johannes 14,9-10). Durch seinen Charakter, seine Eigenschaften und sein Verhalten ließ Jesus uns den Vater kennenlernen. Ihn zu sehen war gleichbedeutend damit, die Pracht und das Abbild des Vaters zu sehen. Seine Substanz (sein Wesen) war seine Herrlichkeit und ihn zu hören war dasselbe, wie den Vater zu hören.

Für die Menschen ist Jesus die höchste Ausdrucksform von Gott; er ist die vollständige Offenbarung und Manifestation der Herrlichkeit des Vaters.

Nachdem Jesus in den Himmel aufgestiegen war, empfing der Apostel Johannes eine ähnliche Offenbarung der Herrlichkeit Gottes wie Jesaja. Sie zeigte, dass Gott mächtig und ewig ist (siehe Offenbarung 4,8) und offenbarte auch die Majestät Jesu (siehe Offenbarung 1,13-16).

Gott offenbart heute auch uns seine Herrlichkeit

Die Herrlichkeit Gottes zeigte sich jedoch nicht nur zu biblischen Zeiten. Folgender Bericht demonstriert was geschehen kann, wenn Gott heutzutage seine Herrlichkeit manifestiert. Vor einiger Zeit führte mich der Herr mit einem besonderen Auftrag nach Rosario, Argentinien. Ich sollte das Feuer seiner Gegenwart unter der Leiterschaft neu beleben und die Knechtschaft durch Religiosität zerstören. Sie war dort der Ersatz für die Kraft Gottes nach den großen Erweckungen der 1980iger und 1990iger Jahre geworden. Am letzten Tag der Treffen, während ich mehr als 3500 Leitern aus allen Teilen des Landes diente, kam eine Manifestation von „Feuer" auf die Versammlung herab. Die *Schechina* ließ die Anwesenden „brennen". Tausende schrien zu Gott. Mitten in diesem Geschehen kam eine junge Frau zum Altar, um

Zeugnis zu geben. Aufgrund eines Generationsfluches, der von ihrem Großvater über ihre Mutter auch sie getroffen hatte, fehlte ihr von Geburt an die linke Niere. Zu allem Übel war eine Operation erforderlich gewesen, um bei der rechten Niere ein Mindestmaß an Funktion wiederherzustellen. Als Folge ihrer körperlichen Verfassung konnte sie nur ein- oder zweimal am Tag zur Toilette gehen, selbst wenn sie große Mengen an Flüssigkeit trank.

Das Feuer der Herrlichkeit – Gottes Gegenwart – war auch am ersten Abend unserer Zusammenkünfte herabgekommen und da hatte sie ihr Wunder erhalten. Eine intensive Hitze mit der größten Auswirkung im Nierenbereich fuhr durch ihre linke Körperseite. In der darauf folgenden Nacht musste sie mehr als zehnmal auf die Toilette gehen. Ihr Arzt bestätigte am nächsten Tag nach Untersuchungen, dass sie nun auch eine linke Niere besaß und die rechte Niere ebenfalls perfekt arbeitete. Das war ein kreatives Wunder! Der eindeutige Beweis dafür, dass sie jetzt zwei gesunde Nieren hatte, waren ihre zahlreichen Abstecher zur Toilette. Gott gab ihr eine neue linke Niere und stellte die völlige Gesundheit ihrer rechten Niere wieder her. Weinend vor Ergriffenheit über ihr Wunder kam sie nun nach vorne und gab am letzten Abend unserer Treffen ihr Zeugnis. Jeder konnte ihre überwältigenden Gefühle und helle Freude sehen. Die Gegenwart Gottes war überall auf ihr. Der Herr hatte sie von dem Fluch befreit und vollständig geheilt.

Anbetung bewirkt, dass sich Gott offenbart und seine Herrlichkeit oder Gegenwart manifestiert.

Die argentinische Stadt Rosario wurde durch die Herrlichkeit Gottes erschüttert. Der Ort unserer Versammlung war durchflutet von seiner Gegenwart und mittendrin wurde ein Pastor von einer Gesichtslähmung geheilt; eine Frau wurde durch ein Wort der Erkenntnis namentlich bezeichnet und von vierzig Jahren Depression befreit; mehrere Personen, die von Geburt an taub waren, konnten perfekt hören; nicht vorhandene Organe wurden geschaffen; Beine, die zu kurz waren, wuchsen auf die normale

Länge; deformierte Rücken und Fersen wurden korrigiert und wiederhergestellt und Jesus wurde als der wahre und lebendige Gott verkündet, der nach wie vor Wunder unter seinem Volk wirkt. Die Herrlichkeit Gottes ist in Aktion und deshalb muss sie offenbart werden.

Wir müssen verstehen, dass eine Bewegung, eine Erweckung oder eine Ausgießung des Heiligen Geistes nicht auf einem „besonderen" Menschen beruht. Es geschieht vielmehr durch eine Person, die eine Offenbarung der Herrlichkeit Gottes hat und diese an das Volk Gottes überträgt (kommuniziert), welches es dann im Glauben empfängt.

„Zeige mir deine Herrlichkeit"

Ich glaube an gesunde biblische Lehre und unterrichte und praktiziere sie. Doch weiß ich, dass die Herrlichkeit Gottes mehr ist als eine Doktrin. Sie ist eine Realität, die wir erfahren können. Mose, David und andere Patriarchen sehnten sich nach diesem Erlebnis und jeder Gläubige heute ist ein Kandidat dafür.

> *Er [Mose] aber sagte: Lass mich doch deine Herrlichkeit sehen (2. Mose 33,18)!*

Mose wusste, dass die Herrlichkeit Gottes mehr war als ein theologisches Konzept. Deshalb bat er Gott darum, ihm seine Herrlichkeit zu *zeigen* – das intimste seines Wesens. Nachdem Gott Mose zuerst seine Herrlichkeit gezeigt hatte, gab er ihm das Gesetz (siehe 2. Mose 33,19–34,28).

Viele Menschen haben keine Vorstellung davon, was die Herrlichkeit wirklich ist. Sie haben sie noch nie erlebt; weder persönlich, noch durch eine Gemeinde oder einen Dienst. Was ich hier beschreibe, wird niemand völlig verstehen können, bis er es nicht selbst erlebt hat. Deshalb bete ich, dass du sogar beim Lesen dieses Buches übernatürliche Erlebnisse hast. Ich halte den Abschnitt „Erfahrungen mit Gott" am Ende jeden Kapitels für ausgesprochen wichtig. Lies das Buch nicht nur als eine intellektuelle

Bereicherung, sondern nutze es als einen Wegweiser, der dich in die Gegenwart Gottes hineinführt.

Noch einmal, das Reich, die Kraft und die Herrlichkeit Gottes sind nicht nur theoretische oder theologische Konzepte, sondern geistliche Wahrheiten. Ich lebe täglich danach und kann sie als wahr bestätigen. Es gibt himmlische Realitäten, die jeder Gläubige erleben kann. Bloße „Religion" wird niemals eine übernatürliche Erfahrung mit Gott hervorbringen, weil ihr die Herrlichkeit und das Leben des Herrn fehlt. Da dieser Unterschied von entscheidender Bedeutung ist, werden wir in den kommenden Kapiteln erörtern, wie „religiöse" Haltungen die Manifestation der Gegenwart Gottes verhindern können und wie du Religion ausüben um ihrer selbst willen überwinden kannst, um eine Begegnung mit deinem himmlischen Vater zu erleben.

Bekommen wir eine echte Offenbarung, missachten sie aber oder handeln nicht danach, führt das zu Religiosität.

Ohne eine kontinuierliche Offenbarung der Herrlichkeit Gottes werden wir uns früher oder später festfahren und zu *„alten Weinschläuchen"* (Lukas 5,37). Anders gesagt, wir werden dann nicht zulassen, dass Gott etwas Neues in unserem Leben wirkt, das uns Kraft und Heilung bringen würde. Oft sind wir so damit beschäftigt, den Schein zu wahren und Regeln zu erfüllen, dass wir letztendlich in Traditionen gefangen gehalten werden. Gott möchte, dass wir zu seiner Herrlichkeit zurückkehren. Er möchte uns auch in neue Bereiche seiner Herrlichkeit hineinführen, die wir nie zuvor erlebt haben.

Wenn sich die Herrlichkeit Gottes manifestiert, finden im Leben der Menschen radikale Veränderungen statt. Jesus ist immer noch derselbe (siehe Hebräer 13,8). Er verwandelt weiterhin das Leben von Menschen und tut Wunder. Überall auf der Welt bezeugen viele das Erscheinen von Gottes Herrlichkeit. Ich möchte von einem weiteren Beispiel erzählen, dass sich bei King Jesus International Ministry[1] zugetragen hat.

[1] Internationaler Dienst König Jesus

Eine junge Frau namens Jennifer kam zu uns in die Gemeinde und ihr Zeugnis hat mich tief berührt. Als sie uns ihre Geschichte mitteilte, brach fast die ganze Versammlung in Tränen aus. Ich weiß, dass sich viele junge Leute in ähnlichen Situationen wie der von Jennifer befinden. Sie war voller Rebellion, nahm Drogen und praktizierte seit dem 2. Schuljahr einen lesbischen Lebensstil. Als sie elf Jahre alt wurde, begannen ihre Eltern Marihuana und Alkohol für sie zu kaufen. Mit dreizehn war sie abhängig von dem Medikament Xanax[2] und mit fünfzehn von Kokain. Ihre Eltern gaben jeden Versuch auf, sie zu disziplinieren und warfen sie aus dem Haus, sodass sie obdachlos wurde. Mit sechzehn nahm sie Heroin und eines Morgens wachte sie an einem ihr unbekannten Ort auf und stellte fest, dass sie vergewaltigt worden war.

Solange Jennifer sich zurückerinnern konnte, war ihr Leben ein einziges Desaster. Sie hielt es keinen Tag ohne Drogen, Alkohol oder sexuelle Perversionen aus. Dazu litt sie auch noch an Bulimie. Eines Tages, als sie des Lebens müde war und kurz davor stand, Selbstmord zu begehen, besuchte sie unsere Gemeinde und die Gegenwart Gottes berührte sie. Sie warf sich vor den Altar und übergab ihr Leben Jesus. Von da an veränderten sich die Dinge. Jennifer war es gewohnt, ihre Eltern zu hassen, aber jetzt liebte sie die Eltern. Sie wurde frei von Bitterkeit, von der Scham über ihren lesbischen Lebensstil und von Depression. Mehrfach versuchte sie, von ihrer Drogenabhängigkeit frei zu werden, indem sie die Drogen auf dem Altar zurückließ, doch jedes Mal ging sie wieder zurück in die Welt und in ihre alten Gewohnheiten. Dieser Teufelskreis hielt an, bis sie eines Tages mit all ihrem „Ballast" zurück in die Gemeinde kam und sagte: „Ich will nie mehr in diese Art von Leben zurückkehren." Sie wurde ein neuer Mensch und schaute nie mehr zurück. Heute ist sie Leiterin eines „House of Peace" (Haus des Friedens) und Mentorin in der Gemeinde.

Das Wirken Gottes in Jennifers Leben ist deutlich wahrnehmbar und man kann daran erkennen, dass Gott befreit, heilt und uns vor den Einflüssen der Welt zu schützen vermag. Die Liebe

---

[2] Alprazolam (angstlösendes Beruhigungsmittel)

und Kraft von Gott verwandelte diese junge Frau sowohl innerlich wie auch äußerlich, als sie sich ihm ganz auslieferte. Nichts und niemand sonst – keine Psychologie, keine medizinische Behandlung oder ihre Eltern – kann sich ihr neues Leben als Verdienst zurechnen. Es wurde einzig und allein durch die Gegenwart und Kraft Gottes vollbracht.

Folge dem Wunder-Wirker

Zeugnisse wie das von Jennifer sind ungeheuer bewegend, doch lehre ich meine Gemeinde, dem Wunder-Wirker nachzufolgen und nicht den Wundern. Unsere Priorität liegt darin, Jesus nachzufolgen. Wenn wir das tun, wird Gott sein Wort durch Zeichen bestätigen (siehe Markus 16,20). Ich sehe und erlebe leidenschaftlich gerne Zeichen und Wunder. Aber meine stärkste Leidenschaft ist, Gott und seine Herrlichkeit in jeder Hinsicht zu kennen und sein Instrument zu werden, um mit dem Evangelium auf die Welt einzuwirken und Seelen zu gewinnen.

Als ich im Jahr 2005 die Pastoren José Luis und Rosa Margarita López kennenlernte, bestand ihre Gemeinde – New International Generation in Villahermosa, Tabasco, Mexiko – nach zwölf Jahren Dienst aus zweihundert Mitgliedern. Sie dachten daran, alles aufzugeben. Gott hatte José Luis viele Jahre zuvor von Alkoholismus und der Sucht nach Drogen und psychotropen Arzneimitteln[3] befreit. Margarita war von Bitterkeit und Unvergebenheit gegenüber ihrer Familie freigesetzt worden. Sie fingen an, Jesus voller Leidenschaft zu dienen und wurden Jahre später von ihrer Gemeinde als Pastoren gesalbt und ausgesandt, um eine eigenständige Gemeinde zu gründen. José gab seinen Beruf als Architekt auf und Margarita ihre Tätigkeit als Rechtsanwältin. Sie schlossen ihre Baufirma und verkauften die Betriebsausstattung in Vorbereitung auf ihren Dienst für den Herrn. Ohne Zweifel waren sie von Gott berufen worden. Als ich sie jedoch kennenlernte, setzten sie sich gerade damit auseinander, dass ihr Dienst nicht viel Frucht zeigte, egal, wie sehr sie sich auch

[3] Medikamente mit hohem Suchtpotenzial, die auf die Psyche einwirken

anstrengten. Sie hatten keine Vorstellung, was sie sonst noch tun könnten. Ihr Wunsch war, Gott zu dienen und gute Resultate zu sehen, aber da waren sie nun, festgefahren und unfähig, weiter vorwärtszukommen! Die beiden hatten inzwischen schon ihr Haus verloren und die Beziehung zu ihrem Sohn lief auch nicht gut. Nun war der Punkt in ihrem Dienst erreicht, wo sie sagten: „Herr, das war's. Wir geben auf!"

Unsere Priorität sollte sein, Gottes Herrlichkeit zu suchen. Dann werden uns Zeichen folgen.

Zu jener Zeit brachte Gott mich mit ihnen in Kontakt, um sie über die übernatürliche Kraft und Herrlichkeit Gottes zu lehren, sie darin zu schulen und damit auszurüsten. Sie selbst – nicht ihre Umstände – mussten sich als Erstes verändern. Beide waren einverstanden, sich von allen Hindernissen befreien zu lassen und meine Hilfe anzunehmen, um die Zuteilung der übernatürlichen Kraft Gottes empfangen zu können. Danach stellte Gott zuerst ihre Familie wieder her und dann die Gemeinde. Am Ende des Jahres war ihre Gemeinde auf eintausendfünfhundert Menschen angewachsen und bald darauf hatten sie zweitausendfünfhundert aktive Mitglieder.

Was war mein Part in dem Ganzen? Ich war ganz einfach Gott gehorsam. Als niemand mehr an das Pastorenehepaar glaubte, ermutigte ich sie und bot ihnen an, sie durch geistliche Vaterschaft abzudecken, was sie demütig annahmen. („Geistliche Vaterschaft" bedeutet für mich, sie zu lehren, trainieren und auszurüsten, damit sie die Absichten Gottes für ihr Leben erfüllen können.) Auch ihr Sohn Rodrigo folgte dem Ruf Gottes für sein Leben und ist nun der Jugendpastor. Heute haben sie eine solide Gemeinde mit mehr als neuntausend Mitgliedern. Der Weg dorthin war für dieses Ehepaar nicht einfach. Anstatt weiter unabhängig von irgendeiner geistlichen Unterstützung und Aufsicht zu dienen, versetzte sie ihre Entscheidung, sich geistlicher Leiterschaft zu unterstellen und Rechenschaft zu geben in die Lage, Gottes Vision und Pläne auszuführen und seine Herrlichkeit in

Mexiko sichtbar zu machen. Sie bewirken etwas in ihrer Nation. Das ist wunderbar!

Ein Grund für ihren Einfluss liegt darin, dass Pastor José Luis anfing, „übernatürlich" zu evangelisieren. Nicht länger mehr verlässt er sich auf menschliche Methoden der Evangelisation. Stattdessen erlaubt er dem Heiligen Geist, durch ihn Menschen zum Herrn zu ziehen. Dadurch besuchte auch ein junger Mann namens Cresencio ihre Gemeinde. Er erfuhr von Jesus und nahm ihn als seinen Herrn und Erlöser an. Nur kurze Zeit später wurde dieser junge Mann vor seinem Haus von sechs bewaffneten Männern, die unter Drogen standen, entführt. Diese Männer zwangen ihn unter Androhung mit dem Tod, mit ihnen in eine Bar zu gehen und für alles zu bezahlen, was sie in dieser Nacht bestellen würden. Auf dem Weg in diese Bar war Cresencio davon überzeugt, seine Familie nie wiederzusehen, da er kein Geld zum Bezahlen hatte. Der Heilige Geist brachte ihm jedoch die Predigt seines Pastors über die übernatürliche Macht Gottes ins Gedächtnis. Die Erinnerung an diese Botschaft erfüllte ihn mit Glauben und er begann zu beten. Während die Männer tranken, bat Cresencio darum, auf die Toilette gehen zu dürfen. In einer verdreckten, nach Urin stinkenden Kabine schloss er die Augen, betete eindringlicher als je zuvor und flehte Gott an, ihn von seinen Feinden zu befreien. Er zitterte und betete! Cresencio kann sich nicht erinnern, wie viel Zeit vergangen war, aber als er seine Augen wieder öffnete, war er nicht mehr in dieser Kabine, sondern stand auf der Straße. Gott hatte ihn aus der Gefahrenzone herausgeholt! Ohne zu zögern rannte er nach Hause und umarmte seine Frau, völlig außer Atem und geschockt über das, was er gerade erlebt hatte. Dann dankte er Gott für das Wunder. Diese Begebenheit erinnert mich an das Wunder in Apostelgeschichte 8,39: *Als sie aber aus dem Wasser heraufstiegen, entrückte der Geist des Herrn den Philippus, und der Kämmerer sah ihn nicht mehr.*

Wenn dieses Geschehen die Folge der Manifestation von Gottes übernatürlicher Kraft und Herrlichkeit im Leben eines Einzelnen war, würde uns das schon mehr als zufrieden stellen. Doch ein Wunder führt zu einem weiteren Wunder, und dann zu noch einem und es kommt zu einer Kettenreaktion. Ein paar Tage danach besuchte Cresencio seine Schwester in einer nahegelegenen Stadt. Er erfuhr, dass man bei ihr Arthrose festgestellt hatte – eine Krankheit, die im Verlauf zu Knochenverschleiß und Invalidität führt. Seine Schwester konnte selbst mit Hilfe eines Rollators kaum gehen und war in einem sehr labilen Zustand. Als der junge Mann sie so sah, berührte ihn das sehr. Er dachte, wenn Gott ihn von einem Ort zu einem anderen versetzen konnte, um ihm das Leben zu retten, dann könnte er sicher auch seine Schwester heilen. Cresencio legte ihr die Hände auf und betete, genauso, wie er es schon viele Male bei Pastor José Luis gesehen hatte. Seine Schwester wurde auf der Stelle geheilt! Sie stand auf und war in der Lage, ohne Hilfe ihres Rollators gehen. Sie konnte sich gar nicht mehr daran erinnern, wann ihr das zum letzten Mal möglich gewesen war.

Cresencio ist nur einer von mehr als viertausend jungen Leuten, die die Gemeinde in Villahermosa besuchen. Und er ist nicht der Einzige mit erstaunlichen Zeugnissen über die übernatürliche Kraft des lebendigen Gottes. Seit dem Tag, als der Sohn des Pastors, Rodrigo, den Ruf Gottes für sein Leben annahm, ist die Jugendgruppe massiv gewachsen. Wir haben Pastor Rodrigo trainiert und ausgerüstet, sich in der übernatürlichen Kraft und Herrlichkeit Gottes zu bewegen. Ich stellte ihn in Miami an die Seite unseres Jugendpastors, damit er lernen konnte, die Dinge so zu tun, wie Gott es mir beigebracht hatte. Nun macht er in seinem Land das Gleiche. Tausende von jungen Mexikanern werden von ihm gelehrt, trainiert und zugerüstet, sich ebenfalls in der übernatürlichen Kraft zu bewegen, und der Herr reagiert darauf mit Zeichen und Wundern. Zum Beispiel leitete er die Jugendlichen seiner Gemeinde dazu an, das städtische Krankenhaus an einem bestimmten Wochenende zu besuchen und dort für Kranke zu beten. Patienten mit Krebserkrankungen wurden geheilt! Menschen, die am offenen Herzen operiert worden waren, erlebten ebenfalls vollständige Heilung. Andere, die in der Notfall-Ambulanz warteten, wurden auch geheilt. Die Ärzte konnten bei ihnen nichts mehr feststellen, was nicht in Ordnung war. Gott heilte jeden! Als Folge davon kamen am nächsten Sonntag alle, die Heilung erlebt hatten, in die Gemeinde und gaben ihr Zeugnis weiter. Das alles sind Dinge, die heute durch die Herrlichkeit Gottes auf der Erde bewirkt werden.

Die Herrlichkeit in deinem Leben

Erlebst du in deinem eigenen Leben die Herrlichkeit Gottes? Du brauchst eine Offenbarung über die Herrlichkeit Gottes, damit du ihre Manifestationen erleben kannst. Dann, wenn du mit der Gegenwart Gottes in Berührung kommst, wirst du verändert, umgewandelt und zu mehr geistlicher Leidenschaft entfacht. Bleibe nicht in deinem jetzigen Zustand – es gibt in Gott noch viel mehr für dich als das, was du momentan erlebst.

Wir wollen nun weiter erforschen was es bedeutet, in die Herrlichkeit Gottes einzutreten und in seiner Gegenwart zu leben.

Erfahrungen mit Gott

- Schreibe täglich deine übernatürlichen Erfahrungen mit dem lebendigen Gott auf.
- Erzähle anderen von deinen Erlebnissen und berichte davon, wie „übernatürliches evangelisieren“ dich in die Lage versetzt, aufgrund der Kraft und Herrlichkeit Gottes Menschen für Christus zu erreichen.

Kapitel 3

Offenbarungen und Manifestationen der Geheimnisse der Herrlichkeit Gottes

Wir leben in einem Zeitalter, in dem das natürliche Wissen exponentiell zunimmt. Die Wissenschaften gewinnen neue Erkenntnisse, innovative Technologien werden entwickelt, neue Heilbehandlungen entdeckt und in vielen Bereichen des menschlichen Strebens tauchen neue Ideen und kreative Schöpfungen auf. Auch Gott eröffnet uns gegenwärtig neue Bereiche der Erkenntnis und des Wissens über ihn. Er wollte nie für sein Volk ein Mysterium sein und hat deshalb durch die Zeitalter hindurch seine Natur und Macht auf vielerlei Weise sichtbar gemacht. In diesem neuen Abschnitt seines Plans für die Menschheit hat er damit angefangen, der heutigen Generation seine Herrlichkeit zu offenbaren. Damit setzt er die letzte Phase auf der Erde in Gang, um unzählige Menschen zum Glauben an ihn zu bewegen. Schon die Apostel und Propheten der Bibel sprachen von dieser Generation. Paulus schrieb beispielsweise:

> *Wegen dieser Errettung haben die Propheten gesucht und nachgeforscht, die von der euch zuteil gewordenen Gnade geweissagt haben (1. Petrus 1,10; Schlachter 2000).*

Auf welche Weise Gott seinem Volk Wissen und Erkenntnis erschließt, zeigt zum Beispiel der folgende Bericht: Auf einer meiner Reisen nach Mexiko führte mich der Heilige Geist dazu, Pastor Jorge Pompa als einen geistlichen Sohn anzunehmen. Zu dieser Zeit waren 120 Menschen in seiner Gemeinde in Monterrey, Nuevo León. Pastor Pompa „nahm" von meinem Geist (siehe 4. Mose 11,17) und unsere Pastoren schulten ihn und rüsteten ihn mit allem aus, was Gott uns gegeben hatte, bis die Gaben zu fließen begannen und sich Wachstum zeigte. Gott führte ihn auf eine neue Ebene von Autorität und Herrschaft.

Der Unterricht durch die „Supernatural Fivefold Ministry School"[4], die von unseren Pastoren speziell für das Training von Leitern und Pastoren durchgeführt wird, war eine große Hilfe für Pastor Pompa. Während einer Unterrichtseinheit über Mut und Kühnheit im Geist rief ich meine jungen Leute zum Zeugnisgeben nach vorne. Die Leiter sollten hören, wie sie die Kraft Gottes auf den Straßen verkündeten und freisetzten. Später diente ich der Leiterschaft mit dem Abendmahl und setzte Mut und Kühnheit über sie frei.

Als Pastor Pompa in sein Land zurückkehrte, zeigte Gott ihm, dass es bis spätestens 24. Februar einen Attentatsversuch auf den Bürgermeister der Stadt geben würde. Die empfangene Kühnheit anwendend, schickte Pastor Pompa dem Bürgermeister eine dringende Nachricht, in der er um ein Treffen bat. In seiner Stadt ist es für einen normalen Bürger sehr schwierig, einen Termin mit dem Stadtoberhaupt zu bekommen, aber er erhielt eine Einladung in das Büro des Bürgermeisters. Als er zu der angegeben Zeit dort erschien, sagte er: „Herr Bürgermeister, ich bin weder ein Niemand, noch jemand, der von Emotionen geleitet wird. Ich bin gekommen um ihnen mitzuteilen, dass Gott mir gesagt hat, dass es vor dem 24. diesen Monats einen Mordanschlag auf sie geben wird." Der Bürgermeister blieb ruhig und sehr ernst. Der Pastor warnte ihn dann und sagte, dass der einzige Weg für seine Rettung durch Gott darin läge, mit seinen Zauberpraktiken aufzuhören, weil diese für Gott ein Gräuel sind. Der Mann senkte den Kopf und fing an zu weinen. Pastor Pompa betete für ihn und verkündete, dass er nicht sterben würde. Als er fertig war, gestand ihm der Bürgermeister, dass er einen Drohbrief erhalten hatte. Darin stand, man würde ihn töten, wenn er die Stadt nicht bis zum 24. Februar verlassen hätte. Nun musste er nicht fortgehen! Die Kraft Gottes wirkte zu seinen Gunsten und bis heute beschützt Gott ihn und seine Familie. Der Mut von Pastor Pompa führte dazu, dass er als erster christlicher Pastor die Schlüssel

[4] Schule des übernatürlichen fünffältigen Dienstes

der Stadt erhielt. Seine Gemeinde ist inzwischen auf eintausendfünfhundert Mitglieder angewachsen.

Ein weiteres erstaunliches Zeugnis von Pastor Pompa handelt von Gottes übernatürlichem Eingreifen bei dem schuldenfreien Bau des eigenen Gemeindegebäudes in Monterrey. Während der Bauphase stürzte ein neununddreißigjähriger Bauarbeiter namens Francisco aus ca. 4m Höhe ab. Er erlitt eine schwere Kopfverletzung mit einer zehn Zentimeter tiefen Wunde und starb auf der Stelle. Die Leute in der Gemeinde riefen die Rettungssanitäter und verständigten den Pastor über das Geschehen. Als Pastor Pompa von Franciscos Unfall erfuhr, trug er seinen Leuten auf dafür zu sorgen, dass man den Leichnam nicht vor seiner Ankunft fortbrachte. Auf seinem Weg zur Unfallstelle schrie er zu Gott, denn er wollte nicht, dass in der Gemeinde ein Todesfall zu verzeichnen wäre. In der Zwischenzeit versuchten die Sanitäter alles in ihrer Macht stehende, um den Bauarbeiter wiederzubeleben, aber sein Herz hatte aufgehört zu schlagen und so erklärten sie ihn für tot.

Als Pastor Pompa eine halbe Stunde später eintraf, hatten die Sanitäter den Leichnam zugedeckt und wollten ihn abtransportieren. Sie sagten: „Pastor, er hat keinen Puls. Wir können nichts mehr für ihn tun." Aber Pastor Pompa betete trotzdem und sprach: „Ich treibe dich aus, du Geist des Todes! Ich setze die Kraft der Auferstehung von Jesus Christus über Francisco frei!" Plötzlich öffnete der Mann seine Augen und sagte langsam: „Ich höre dich!" Die Sanitäter hatten keine Erklärung dafür, wieso der Mann in der Lage war zu reden und seine Augen zu öffnen, obwohl kein Puls da war. Als Francisco dann schließlich völlig wach war, brachten sie ihn zum Röntgen und für weitere Untersuchungen ins Krankenhaus. Auf dem Weg in die Klinik begann sich auch seine Wunde zu schließen, so dass beim Röntgen keine Schädigung festgestellt werden konnte. Abgesehen davon fühlte sich der Mann auch völlig wohl. Er litt weder an Prellungen, Quetschungen oder an Gedächtnisverlust. Francisco wurde noch am gleichen Tag aus dem Krankenhaus entlassen und als Krönung des Ganzen ging er von dort sofort wieder zurück zur Gemeindebaustelle. Das war ein großartiges Wunder – die in seinem Diener innewohnende Herrlichkeit Gottes brachte den Toten zurück ins Leben! Pastor Pompa hat gelernt, sich, wo auch immer er ist, in der Herrlichkeit Gottes zu bewegen und sie sichtbar werden zu lassen. Wenn du Gottes Offenbarung darüber empfängst, wie man sich im Übernatürlichen bewegt, kannst du das Gleiche tun.

Da die Offenbarung (geistliche Erkenntnis und Verständnis) über die Herrlichkeit ein entscheidender Schritt dafür ist, in der Gegenwart Gottes zu leben, wollen wir uns folgendes anschauen:

- Was ist Offenbarung
- Welche Dienste im Leib Jesu sind dazu berufen, sie wiederherzustellen
- Wie schafft man den Übergang von elementarer christlicher Lehre zu Offenbarung
- Wie hängen Offenbarung und die Manifestation der Herrlichkeit Gottes zusammen
- Wie vermeidet man Extreme und Missbrauch bei den Manifestationen

Wir werden lernen, wie man Offenbarung empfängt, sich darin bewegt und sie durch Heilungen, Zeichen und Wunder sowie Demonstrationen der Kraft Gottes manifestiert. Das oberste Ziel des Ganzen ist es, die letzte Ernte vor der Wiederkunft Christi einzuholen.

Zwei Arten von Wissen

Um ein Verständnis zu bekommen, was Offenbarung ist, müssen wir zuerst einmal zwischen zwei Arten von Wissen unterscheiden: 1.) Wissen, dass wir durch unsere physischen Sinne erhalten und 2.) Wissen, das offenbart wird.

1. Mentales, sensorisches oder natürliches Wissen

Die erste Art von Wissen ist eine wissenschaftliche, theoretische und praktische Kenntnis, die durch die Sinne erhalten wird – sehen, hören, fühlen, riechen und schmecken. Es sind Informationen oder Daten, die in der natürlichen Welt erworben und umgesetzt werden. Nach mentalem, sensorischem oder natürlichem Wissen muss geforscht werden – es erfordert Lernen und Disziplin. Menschen, die nur gemäß dieser Art von Wissen und Erkenntnis leben, argumentieren oft so: „Ich glaube an das, was ich sehe, höre, fühle, schmecke und rieche. Ich glaube an das Materielle, denn ich kann es mit meinen Sinnen begreifen. An Gott glaube ich nicht, denn ich kann ihn nicht sehen und er redet nicht zu mir.

Wunder liegen außerhalb der mentalen, sensorischen oder natürlichen Wissensbereiche und können nicht wissenschaftlich erklärt werden.

Niemand kann Gott nur anhand von Informationen durch die Sinne erkennen – wenngleich solche Informationen für das Leben in der natürlichen Dimension der Erde lebensnotwendig sind. Gott schuf die irdische Dimension und manifestiert sich in ihr, obwohl er nicht zu ihr gehört. Er befindet sich jenseits dieser Dimension.

2. Offenbartes (geistliches) Wissen oder Offenbarung

Die zweite Art von Wissen ist jenes Wissen, das durch Gott geoffenbart wird:

> *Dem aber, der euch zu festigen vermag ... gemäß der Offenbarung des Geheimnisses, das von ewigen Zeiten her verschwiegen war, das jetzt aber offenbar gemacht worden ist ... (Römer 16,25-26).*

In dieser Schriftstelle ist das Wort „*Offenbarung*" eine Übersetzung des griechischen Wortes *apokalypsis* und bedeutet: offenbaren, eine Bedeckung wegnehmen, enthüllen, aufdecken, etwas sichtbar machen, das vorher verborgen war. Offenbartes Wissen kommt direkt oder indirekt vom Geist Gottes in den Geist einer Person, nicht in ihren Verstand oder ihre Sinne (siehe z. B. Matthäus 16,15-17). Es braucht keine Zeit des Lernens, weil das Wissen oder die Erkenntnis sofort gegeben wird; es wird in einem

Augenblick enthüllt. Man kann es weder in einem Buch noch irgendwelchen anderen Informationsquellen entdecken. Es ist etwas, das man quasi „zwischen den Zeilen liest".

Offenbarung ist ein Fragment göttlichen Wissens, das der Person, die diese Offenbarung empfängt, vorher nicht bekannt war. Ein „*Wort der Erkenntnis*" (1. Korinther 12,8) ist zum Beispiel ein kleines Bruchstück des gesamten Wissens von Gott, welches der Heilige Geist in diesem Moment weitergibt.

Im Himmel werden Dinge nicht erlernt, sie sind einfach bekannt oder offenbar.

Somit ist Offenbarung geistliches Wissen über Gott und seine Wege; es kommt plötzlich wie eine treibende Kraft in unseren Geist hinein und bringt uns voran. Es ruft Bewegung im Geist hervor und stimuliert, aktiviert und beschleunigt unseren Geist. Offenbarung ist wie ein Fenster zwischen Zeit und Ewigkeit, durch welches Gottes Perspektive zu uns Menschen gelangt. Und Offenbarung verlangt nach Veränderung.

Leben, dass nur auf natürlichen Erkenntnissen beruht

Der Mensch sollte ursprünglich das Leben durch Erkenntnis im Geist erleben und verstehen. Doch als sich Adam und Eva zum Ungehorsam gegenüber Gott entschieden und vom „Baum der Erkenntnis des Guten und Bösen" aßen, trat ein Wechsel hin zu natürlicher Erkenntnis ein.

> *Aber vom Baum der Erkenntnis des Guten und Bösen, davon darfst du nicht essen; denn an dem Tag, da du davon isst, musst du sterben (1. Mose 2,17).*

Wir haben gesehen, dass der Geist von Adam und Eva starb, als sie sündigten. Als Resultat davon standen ihnen nicht mehr beide

Arten der Erkenntnis zur Verfügung, sondern sie hatten nur noch seelische und auf den Sinnen beruhende bzw. natürliche Erkenntnisse. Sünde zerstörte ihre Verbindung zu ihrer geistlichen Quelle und zu geistlicher Erkenntnis. Von diesem Moment an betrachteten sie alles aus der Perspektive natürlicher Erkenntnis und natürlichem Wissen. Wenn du dein Leben alleine nur auf natürlichem Wissen gründest, dann ist das, was du erkennst und wahrnimmst, nur ein Schatten von dem, was wirklich ist. Deine Sichtweise ist verzerrt.

Adam tauschte geistliche, geoffenbarte Erkenntnis gegen Erkenntnis durch die Sinne ein.

Um diesen Aspekt zu verdeutlichen, betrachten wir einmal die Gabe der Prophetie. Zu prophezeien bedeutet, aus der Perspektive Gottes heraus zu sprechen, und die Quelle dieser Sichtweise ist der Heilige Geist. Er enthüllt, was im Sinn oder im Herzen Gottes vorgeht (siehe 1. Korinther 2,10). Prophetie wird immer *„Erbauung, Ermahnung und Tröstung“* (1. Korinther 14,3) zur Verfügung stellen, damit die Menschen dahin kommen, zu sehen, was Gott sieht, und sie sich in einer Realität bewegen, die der natürlichen übergeordnet ist. Es ist wie ein Sprung in die Zukunft in Gott oder das Verkünden dieser herrlichen Zukunft in der Gegenwart.

Der Mangel an offenbarter Erkenntnis ist charakteristisch für geistlichen Tod, denn wir leben nicht entsprechend der geistlichen Realität. Immer dann, wenn wir auf natürliche Erkenntnisse vertrauen, um im Übernatürlichen zu agieren, essen wir im Grunde genommen vom Baum der Erkenntnis von Gut und Böse. Die natürliche Erkenntnis bietet Informationen über Fakten und Daten, ohne jedoch die Fähigkeit zu besitzen, anhaltende Umgestaltung zu bewirken. Sie entstammt dem menschlichen Sinn und nicht dem Sinn Gottes. Offenbarte Erkenntnis bringt von innen her kommende Kraft zur Umgestaltung mit sich und verdrängt jede rationale Analyse.

Offenbarung beseitigt die Grenzen zum Unmöglichen

Wären die Menschen nie in Sünde gefallen, dann wüssten wir gar nicht, wie es ist, nur entsprechend den natürlichen Erkenntnissen zu leben. Auf der anderen Seite wäre uns auch nicht bekannt, dass es so etwas wie „unmögliche" Dinge gibt. Wir wären gar nicht in der Lage, die Begrenzungen des natürlichen Bereichs wahrzunehmen. Das war die Denkweise von Adam vor seinem Ungehorsam. *Unmöglich* gab es in seinem Wortschatz nicht. Wenn jedoch göttliche Offenbarung durch intellektuelle Bildung verdrängt wird, dann versuchen wir, die Offenbarung in Begrenzungen hineinzuzwängen, die der Verstand vorgibt, statt umgekehrt.Doch das ist nicht möglich, weil Offenbarung natürlicher Erkenntnis übergeordnet ist. Obwohl es gut ist, eine Ausbildung zu erhalten und professionell zu sein, kann eine Offenbarung von Gott uns dazu befähigen, unsere Ziele viel effektiver zu erreichen als es Jahre der Ausbildung vermögen.

Manche Theologen studieren Gott jahrzehntelang, aber sie lernen ihn nicht wirklich kennen, weil sie keine Offenbarungen vom Heiligen Geist annehmen. Andere hingegen haben zusätzlich zu ihrem Verständnis von Theologie eine innige Kenntnis Gottes, weil sie die Offenbarungen in Empfang nehmen. Offenbarung ermöglicht uns den Zugang zur geistlichen Welt und den höheren Ebenen des Glaubens; die Grenzen zum Unmöglichen werden beseitigt.

Eine Frau aus unserer Gemeinde berichtete, dass sie im dritten Schwangerschaftsmonat die verheerende Nachricht bekam, dass das Baby in ihrem Mutterleib tot war. Die Herztöne waren selbst nach etlichen Versuchen durch das medizinische Personal nicht mehr feststellbar. Mehrere Ärzte bestätigten diese Diagnose und sagten, der Fötus müsse entfernt werden. Die Frau jedoch entschied sich, diesen Befund nicht zu akzeptieren; sie machte sich den in ihr wohnenden Glauben Gottes zu Eigen und vertraute auf ein Wunder. Obwohl sie sich ängstigte, erfüllte der Heilige Geist sie mit Glauben. Weil diese Frau ihr Baby nicht verlieren wollte, fing sie an, frühmorgens an den von meiner Frau geleiteten Gebetstreffen teilzunehmen.

Eines Morgens bekam meine Frau durch ein Wort der Erkenntnis den Eindruck, sie solle für eine Frau beten, die Probleme mit ihrem ungeborenen Kind hat. Als die Frau nach vorne kam, fühlte sie plötzlich Bewegungen in ihrer Gebärmutter. Durch die machtvolle Hand Gottes lebte dieses Baby wieder! Die werdende Mutter vergoss Freudentränen und dankte Gott. Das durch den Heiligen Geist geoffenbarte Wort der Erkenntnis rettete das Leben dieses Kindes. Die Lösung der Ärzte war Abtreibung, aber Gottes Lösung ist Auferstehung und Leben.

Vernunft, gesunder Menschenverstand und Logik dienen der Seele, während Offenbarung dem Geist dient.

Dic Geschichte ist hier aber noch nicht zu Ende. Die anfängliche Überraschung der Ärzte wich neuen Zweifeln. Gegen Ende der Schwangerschaft sagte man ihr bei einer weiteren Untersuchung, dass wieder keine Herztöne zu hören seien und dieses Mal das Baby auf jeden Fall herausgeholt werden müsse. Frustration, aber auch eine große Entschlossenheit, nicht aufzugeben, kamen auf die Frau. Anstatt zu kapitulieren entgegnete sie: „Nein! Das ist nicht wahr. Ich vertraue Gott und ich weiß, dass er mein Baby in meinem Leib am Leben erhält." Danach zeigten weitere Untersuchungen, dass es dem Kind gut ging und der Herzschlag normal war. Man teilte ihr aber mit, dass aufgrund der Zeitspannen, in denen der Herzschlag aufgehört hatte, ihr Kind mit schweren Behinderungen auf die Welt kommen würde. Erfüllt mit dem Glauben Gottes wies die werdende Mutter diese negative Diagnose von sich. Zur Ehre Gottes können wir sagen, dass ihr Kind jetzt ein hübscher und vollkommen normaler vierjähriger Junge ist; gesund an Verstand und Körper. Ein Wort der Erkenntnis, vom Heiligen Geist übermittelt, regelte das, wozu die Ärzte nicht in der Lage waren.

Apostel, Propheten und Offenbarungserkenntnis

Viele Gemeinden, Dienste, Seminare, christliche Universitäten und Bibelschulen sind randvoll mit intellektueller Bildung, aber es fehlt ihnen an übernatürlicher Offenbarung. Wenn Erkenntnis nur um der Erkenntnis willen gesucht wird und nie praktisch angewendet wird, dann wird sie – so gut sie auch ist – keine Frucht bringen. Zum Beispiel werden in den meisten Bibelschulen und theologischen Seminaren die Studenten gelehrt zu predigen, aber nicht, wie man die Stimme Gottes hört. Wie können wir etwas Frisches anbieten, das in sich das Leben Gottes trägt, wenn wir ihn heute, im Hier und Jetzt, nicht hören? In der Bibel finden wir die folgende Aussage, als der Prophet Samuel als kleiner Junge im Tempel aufwuchs: *Und das Wort des HERRN war selten in jenen Tagen; Visionen gab es nicht häufig* (1. Samuel 3,1). Die Berufung Samuels war Gottes Antwort auf diese Notlage.

Die Funktion des Apostels und Propheten sind zwei Ämter des fünffältigen geistlichen Dienstes in der Gemeinde. Ihnen hat Gott die Aufgabe anvertraut, offenbarte Erkenntnis an sein Volk weiterzugeben (siehe Epheser 4,11-12). Auch wenn einige Leute behaupten, diese neutestamentlichen Ämter seien nicht mehr länger in Kraft, gibt es für solche Statements keinen biblischen Rückhalt. Damit die Gemeinde gesund sein und ihre Aufgaben erfüllen kann, sind alle gottgegebenen Ämter nötig. Wenn die Funktion des Apostels nur auf die ursprünglichen Jünger von Jesus beschränkt war, so wie es einige behaupten, dann wären Paulus und Jakobus (der Bruder von Jesus, der den Jakobusbrief verfasst hat) nicht als Apostel bezeichnet worden.

Die Heilige Schrift verändert sich nicht. Sie ist das Fundament unseres Glaubens und Wirkens. Apostel und Propheten werden immer noch benötigt: zum Aufbau von Gemeinden, um Gläubige zu lehren und festigen und um neue, frische Offenbarungen über die Art und Weise zu geben, wie Gott in der heutigen Zeit wirken will.

Wir müssen begreifen, dass echte Offenbarung die grundlegende biblische Lehre nicht hinfällig macht oder umgekehrt. Wenn wir es verstehen, in der Gemeinde Lehre und Offenbarung miteinander zu verbinden, kann damit eine Ausgewogenheit wiederhergestellt werden, während wir geistlich wachsen.

Um es noch einmal festzuhalten: Ich glaube, praktiziere und unterrichte Glaubenslehre und Theologie, die unterstützen, was die Bibel lehrt. Ich besitze den Magister Abschluss in praktischer Theologie von der Oral Roberts Universität und verteidige die gesunde Lehre von Jesus Christus als Herrn und Erlöser. Und da ich in der Funktion eines Apostels diene, habe ich gelernt, im Leben von tausenden neuen Gläubigen ein solides biblisches Fundament zu legen, und das sowohl in der Ortsgemeinde wie auch weltweit. Darüber hinaus ermutige ich meine Leiter, die biblischen Lehren zu studieren und darin gefestigt zu werden. Infolgedessen sind die meisten der ehemals Neubekehrten in meiner Gemeinde jetzt Jünger, Leiter, Mentoren, Älteste, Seelsorger und Pastoren, die ihre eigenen unverkennbaren Früchte aufweisen – und all das, weil ihr geistliches Leben auf korrekter Lehre gegründet ist. Ich gebe diese Erklärung ab, damit niemand irrtümlicherweise annimmt, dass ich Lehre oder Theologie ablehne bzw. herabsetze und gleichzeitig frische, neue Offenbarungen favorisiere.

Warum ist Offenbarung oder offenbarte Erkenntnis so selten?

Ich glaube, dass die Offenbarungen in der Gemeinde Jesu abnehmen, wenn der Dienst der Apostel und Propheten verworfen wird. Paulus schrieb:

> *Durch Offenbarung ist mir das Geheimnis kundgemacht worden ... das Geheimnis Christi ... wie es jetzt offenbart ist seinen heiligen Aposteln und Propheten durch den Geist (Epheser 3,3-5).*

Der Dienst der Apostel und Propheten besteht in Durchbruch, geistlichem Kampf und Befreiung. Sie sind auch dafür verantwortlich, die übernatürliche Kraft Gottes in der Gemeinde freizusetzen. Leider sind Apostel und Propheten durch Administratoren mit einer intellektuellen Ausbildung ersetzt worden, denen es an apostolischer und prophetischer Denkweise mangelt. Von Natur aus haben Apostel Pläne, Entwürfe und Projekte von Gott, welche die Gemeinde und das Reich Gottes aufbauen und die Gesellschaft ringsum beeinflussen. Sie erhalten den geistlichen Plan, der uns leitet und aufzeigt, wie wir Dinge bewerkstelligen können. Sie sind weise Baumeister des Reiches Gottes und ihr Herz konzentriert sich darauf, die Offenbarungen Gottes auf die Erde zu bringen. Paulus schrieb:

> *Ich nach Gottes Gnade, die mir gegeben ist, habe den Grund gelegt als ein weiser Baumeister; ein anderer baut darauf. Ein jeder aber sehe zu, wie er darauf baut (1. Korinther 3,10).*

Propheten bringen das zum Ausdruck, was Gott gerade sagt und tut (siehe Amos 3,7). Sie sehen und sprechen aber auch von der Zukunft und den Geheimnissen Gottes. Ein Großteil der Gemeinden hat über Jahre den Dienst der Propheten von sich gewiesen. Meiner Meinung nach sind auch der Anstieg und die Popularität der „Psycho- oder Seelenbranche" eine Folge davon. In den Menschen ist eine Leere, die sie mit etwas größerem oder tieferen als sich selbst füllen möchten. Sie wünschen sich Richtungsweisung und Erkenntnis über das, was die Zukunft bringt. Dabei realisieren sie nicht, dass diese Wünsche in Wirklichkeit ein Verlangen nach der Verbindung mit dem wahren Gott und seinem übernatürlichen Reich wiederspiegeln. Die Menschen kommen in die Gemeinde, weil sie nach einem Wort von Gott hungern, das Sinn macht und ihnen eine Bestimmung gibt. Aber viele gehen dann wieder ohne eine Antwort, weil in den meisten Gemeinden die Stimme des Propheten zum Schweigen gebracht wurde.

Die Offenbarung über den Leuchter und die Olivenbäume

> *Und er (der Engel)sprach zu mir (der Prophet Sacharja): Was siehst du? Und ich sagte: Ich sehe: und siehe, ein Leuchter ganz aus Gold und sein Ölgefäß oben auf ihm und seine sieben Lampen auf ihm, je sieben Gießröhren für die Lampen, die oben auf ihm sind; und zwei Ölbäume neben ihm, einer zur Rechten des Ölgefäßes und einer auf seiner Linken (Sacharja 4,2-3).*

Sacharjas Vision beschreibt einen Leuchter mit sieben Lampen, welcher als Sinnbild für die Gemeinde steht, sowie zwei Olivenbäume, von denen Öl in die Lampen fließt, was ein Sinnbild für den Heiligen Geist ist. Das Öl - sauber, rein und frisch - hält die Lampen auf solch eine Weise am Brennen, dass das von ihnen ausgehende Licht hell und klar ist. Sacharja versteht diese Vision nicht und muss deshalb Gott danach befragen.

> *Was sind diese zwei Ölbäume zur Rechten des Leuchters und zu seiner Linken? … Da sprach er: Dies sind die beiden Gesalbten, die bei dem Herrn der ganzen Erde stehen (Sacharja 4,11+14).*

Ich glaube, dass aus prophetischer Sicht die beiden Olivenbäume Mose in seinem Amt als Apostel und Elia in seinem Amt als Prophet symbolisieren, denn die Zeichen der im Buch der Offenbarung beschriebenen „*zwei Zeugen*“ ähneln denen, die im Dienst von Mose und Elia während ihres Lebens auf der Erde geschahen.

> *Und ich werde meinen zwei Zeugen Vollmacht geben, und sie werden 1260 Tage weissagen, mit Sacktuch bekleidet. Diese sind die zwei Ölbäume … (Offenbarung 11,3-4).*

Das bedeutet nicht, dass die Gemeinde ohne diese Ämter weitermachen soll, bis sich das Buch der Offenbarung erfüllt hat; eher sind sie ein Abbild dessen, was kommen wird. Beide Ämter haben die Funktion, die Gemeinde durch Offenbarung und Anleitung bis zu den letzten Tagen am Leben zu erhalten. Jesus wird eine Gemeinde haben, die mit brennenden Lampen seine Ankunft erwartet. Wie sollen Sünder zu Jesus kommen, wenn inmitten von Dunkelheit kein Licht ist, das sie führt? Wie sollen Gläubige von Herrlichkeit zu Herrlichkeit verwandelt werden, wenn es keine frische Offenbarung gibt, die es ihnen ermöglicht, von einer Dimension der Herrlichkeit zur nächsten zu gehen?

Die beiden Olivenbäume, die auf jeder Seite des Leuchters stehen, sind die symbolische Darstellung dessen, was heutzutage in der Gemeinde geschieht. Sie repräsentieren das apostolische und prophetische Amt. Von ihnen fließt reines und frisches Öl, was ein Symbol für Offenbarung (offenbarte Erkenntnis) ist. Leitung und Prophetie sind der Brennstoff, der die Gemeinde mit strahlendem Licht versorgt. Wenn das Öl aufhört zu fließen, wird das Licht des Leuchters erlöschen und Chaos setzt ein.

Noch einmal, beide Ämter verkünden, was Gott heute auf der Erde sagt und tut. Wenn die Rolle der Apostel und Propheten von der Gemeinde abgelehnt wird, dann wird das Licht ausgelöscht und Dunkelheit breitet sich aus. Wenn sie dagegen ihre Funktionen ausführen können, werden die anderen drei Ämter des fünffältigen Dienstes so wirken können, wie es beabsichtigt ist: der Pastor kümmert sich um die Herde, der Evangelist gewinnt Menschen für Jesus und der Lehrer unterrichtet die Gemeinde – und alle zusammen als Einheit bringen die Ernte ein.

Die Folgen eines Mangels an offenbarter Erkenntnis

Wir wollen uns einmal näher anschauen was passiert, wenn das Licht der Offenbarung verlöscht ist und Dunkelheit die Norm ist.

1. Die Menschen sind unbeherrscht und demoralisiert

Wo keine Vision ist, geht das Volk zugrunde (Sprüche 29,18, wörtlich übersetzt aus der King James Version der Bibel).

Wo es kein Wort von Gott gibt, sind die Menschen hemmungslos (zügellos) (Sprüche 29,18; wörtlich übersetzt aus der Holy Bible, New Century Version).

Ohne Prophetie werden die Menschen demoralisiert (Sprüche 29,18; wörtlich übersetzt aus der New American Standard Bible).

Das hebräische Wort, welches in den oben genannten Bibelübersetzungen mit *Vision, Wort* und *Prophetie* wiedergegeben wurde, ist das Wort *chason,* welches auch *Offenbarung, Orakel* oder *göttliche Mitteilung* bedeutet. *Chason* bezieht sich auf eine neue Offenbarung von Gott, die aufzeigt, was er jetzt sagt und tut (frisches Öl - immer frisch). Es ist mehr als nur die Bibel zu lesen und zu unterrichten; es ist mehr als eine biblische Lehre. Es ist *rhema*, ein „Jetzt-Wort" von Gott; es ist das Manna, mit dem Gott heute versorgt - es ist nicht für gestern oder für morgen. Morgen wird es eine andere frische Offenbarung geben, die uns weiter voranbringt, so dass wir unsere Richtung und unseren Fortschritt nicht verlieren. Dies ist die Offenbarung des Heiligen Geistes. Ohne *chason* sind die Menschen zügellos, verloren, ohne Bestimmung, ohne moralischen Halt. Sie gehen zugrunde. Wir leben in Zeiten der Dunkelheit, Verwirrung und Unsicherheit. Wir brauchen mehr als je zuvor die frischen Offenbarungen Gottes.

2. Die Menschen kommen um

Mein Volk kommt um aus Mangel an Erkenntnis. Weil du die Erkenntnis verworfen hast, so verwerfe ich dich, dass du mir nicht mehr als Priester dienst. Du hast das Gesetz deines Gottes vergessen, so vergesse auch ich deine Kinder (Hosea 4,6).

Ein Mangel an offenbarter Erkenntnis führt zu Vernichtung. Der Prophet Hosea warnt Israel und weist darauf hin, wie entscheidend wichtig es ist, die Wege des Herrn zu erkennen, zu verstehen und sie zu gehen. Göttliche Offenbarung abzulehnen ist gleichbedeutend mit Verachtung oder Geringschätzung gegenüber dem, was Gott sagt. Jeder Weg, der nicht zu Gott führt, endet im Abgrund des Todes. Wir müssen uns entscheiden, wem oder was wir glauben.

Ruben, ein neues Mitglied in unserem Dienst, musste sich entscheiden, dem Weg Gottes zu glauben statt dem Weg des Todes. Als er zum ersten Mal eine unserer Tochtergemeinden besuchte, litt er seit sechs Jahren an seltenen Zysten, die zunehmend in seinem Gesicht und auf seinen Beinen wuchsen. Jedes Mal, wenn er ein Bad nahm, weiteten sie sich auf wie ein kleiner Blumenkohl. Völlig verzweifelt stand er kurz davor, das Angebot eines Zauberers anzunehmen. Der hatte ihm gesagt, dass nur eine bestimmte Art von Zauberei ihn heilen könne, und er würde es sogar ohne Bezahlung für ihn tun. Ruben sagte nicht sofort zu, aber er dachte darüber nach, denn er wünschte sich so sehr ein Ende seiner Qualen. Zu dem Zeitpunkt besaß er keine Offenbarung darüber, dass Gott ihn heilen konnte.

Der Feind wird dich in jedem Bereich zerstören, wo es dir an Erkenntnis fehlt.

Als Ruben in dieser Nacht schlief, gab ihm der Herr einen Traum. Darin sah er, wie eine gigantische Hand, deren Zeigefinger nach unten zeigte, sich ihm immer weiter näherte. Dann sagte eine Stimme: „Ich bin dein Heiler." Ruben glaubte das sofort. Am nächsten Morgen waren die Zysten vollständig ausgetrocknet und verschwunden! Sie kamen nie wieder zurück. Gott hatte seine Haut wiederhergestellt. Weil er nein zu dem Zauberer gesagt hatte, heilte Gott ihn auf souveräne Weise. Als ein Zeichen für das erlebte Wunder sind heute nur noch ein paar Narben zu sehen.

Ist dir aufgefallen, wie der Feind Ruben aufgrund seiner mangelnden Erkenntnis fast getäuscht hätte? Das ist eine Lektion für jeden Gläubigen. Wäre nicht die Gnade Gottes gewesen, wäre Ruben in der Täuschung des Zauberers zugrunde gegangen. Wie viele tausende von Gläubigen sind durch Mangel an Erkenntnis krank, depressiv und vom Feind geknechtet?

Das Licht in der Gemeinde ist am Erlöschen

Und der Junge Samuel diente dem HERRN vor Eli. Und das Wort des HERRN war selten in jenen Tagen; Visionen gab es nicht häufig. Und es geschah in jener Zeit, dass Eli an seinem Ort lag – seine Augen aber hatten angefangen, schwach zu werden, so dass er nicht mehr sehen konnte -, und die Lampe Gottes war noch nicht erloschen, und Samuel lag im Tempel des HERRN, wo die Lade Gottes war (1. Samuel 3,1-3).

In den Tagen des Priesters Eli gab es keine Visionen. Das frische Wort von Gott und geoffenbarte Erkenntnis waren selten. Bildlich gesprochen war das Licht der Lampe Gottes dabei, auszugehen.

Leiter, die keine Offenbarung oder frische Erkenntnis von Gott für ihren Dienst bekommen, werden bedeutungslos.

Heute herrscht ein ähnlicher Zustand. Vielen Menschen fehlt es an Richtungsweisung, Vision und echter prophetischer Offenbarung von Gott. Sie sind ungezügelt und wissen nicht, wohin sie gehen. Aus diesem Grund stellt Gott den Dienst der Apostel und Propheten wieder her. Wie ich schon sagte: Ihre Aufgabe ist es, Offenbarung zu bringen und Gemeinde zu bauen mit dem Ziel, dass die Menschen in der Wahrheit wandeln und nicht zugrunde gehen.

Der Zweck und die Wichtigkeit von Offenbarung

Wahre Offenbarung steht im Einklang mit dem, was der Heilige Geist gegenwärtig offenbart oder wie er zurzeit wirkt. Meistens geschieht es durch die geistlichen Ämter von Aposteln und Propheten, dass die verschiedenen Dienste der Herrlichkeit Gottes auf Erden geoffenbart werden. Apostel und Propheten werden ihrer Rolle nicht deswegen gerecht, weil sie „besser“ sind als Pastoren, Lehrer oder Evangelisten; sie üben einfach ihre geistlichen Ämter aus und setzen ihre Gaben ein. Sobald Gott einem Apostel oder Propheten etwas offenbart, kann nichts es aufhalten; es muss freigesetzt werden. Jedes Mal, wenn der Heilige Geist durch diese Ämter Offenbarung in die Gemeinde bringt, werden die Menschen herausgefordert: sich zu verändern, zu wachsen, in die Reife zu kommen, zu neuen Ebenen aufzusteigen, neue Ziele zu erreichen, neue geistliche Gebiete einzunehmen, die vom Feind besetzt wurden und das Königreich Gottes auszubreiten.

Der Zweck von Offenbarung ist nicht, uns selbstzufrieden zu machen. Vielleicht verstehen wir sie nicht immer, aber das ist auch nicht nötig, um ihr zu gehorchen. Unser Part besteht darin, sie zu empfangen. Es sei daran erinnert, dass in früheren Zeiten die Propheten Botschaften von Gott verkündeten, die sie auch nicht immer verstanden. Aber sie waren gehorsam und machten sie publik. Und das, was sie weitergaben, kam in der von Gott festgesetzten Zeit zustande – oder wird noch geschehen.

Der Hauptzweck von Offenbarung ist, uns in eine übernatürliche Erfahrung in der Gegenwart Gottes zu führen, damit wir umgestaltet werden.

Einige glauben, Offenbarung wird gegeben, damit wir uns mehr Wissen aneignen können, damit wir intelligenter oder weiser aussehen oder um uns einfach mehr Informationen über die Bibel zu vermitteln, aber nichts davon trifft zu. Offenbarung ist dazu da, Menschen umzugestalten und das Reich Gottes auf der Erde auszubreiten. Aber damit wir diese Resultate sehen, müssen wir der Offenbarung auch Folge leisten.

> *Damit ich mich wegen der einzigartigen Offenbarungen nicht überhebe, wurde mir ein Stachel ins Fleisch gestoßen: ein Bote Satans, der mich mit Fäusten schlagen soll, damit ich mich nicht überhebe (2. Korinther 12,7; Einheitsübersetzung).*

Der Apostel Paulus hatte diesen „*Stachel im Fleisch*" nicht, weil er ein guter Prediger war oder weil er den Armen und den Witwen half – obwohl das gute Dinge sind. Ich glaube, er hatte den Stachel nicht nur, um ihn demütig zu halten, sondern auch wegen der Offenbarungen, die er mit sich trug. Der Teufel hasst es, wenn Gläubige nach frischer Offenbarung von Gott trachten. Er möchte, dass wir auf der Stelle treten statt geistlich voranzukommen. Wenn wir eine Offenbarung von Gott mit uns tragen, bleiben wir nicht länger gewöhnliche Menschen, denn die Offenbarung lässt uns andersartig werden. Sie unterscheidet uns von der Masse unserer Generation. Wir müssen uns entscheiden: wollen wir „religiöse" Menschen sein mit einem Anschein von Heiligkeit oder werden wir Menschen sein, die hören, gehorchen und Erfahrungen aus erster Hand mit der offenbarten Erkenntnis von Gott machen? Entscheiden wir uns, entsprechend der Offenbarung zu leben, dann müssen wir auch bereit sein, dafür verfolgt zu werden (siehe Matthäus 5,10-12).

Wir brauchen heute mehr als je zuvor Durchbruch in allen Bereichen unseres Lebens: persönlich, familiär, gesellschaftlich, beruflich und im geistlichen Dienst. Viele Gläubige haben Stillstand; sie kommen nicht weiter oder wachsen nicht, sie erleben keine Segnungen und nehmen das neue Land nicht ein, das Gott uns gegeben hat. Wir sollten sagen: „Schluss damit!" und anfangen, um ein göttliches *Rhema* zu bitten, das uns aus der eingefahrenen Spur herauszieht und uns weit über unsere Begrenzungen hinausbringt.

Erfahrungen mit Gott

- Gründet sich deine Erkenntnis von Gott auf natürliches Wissen oder auf Offenbarung? Wenn es nur (oder hauptsächlich) auf natürlichen Erkenntnissen basiert, dann fehlt dir eine entscheidende geistliche Verbindung mit ihm. Bete, dass Gott dir eine frische Offenbarung seiner selbst schenkt, damit du in eine tiefere Beziehung mit deinem himmlischen Vater hineinkommen kannst.

- Bitte Gott um ein göttliches *Rhema*, um dich aus allen „Spurrillen“ herauszuziehen, die sich möglicherweise in verschiedenen Bereichen deines Lebens auswirken: persönlich, familiär, gesellschaftlich, beruflich und im geistlichen Dienst. Denke daran: Er kann dich weiter voranbringen, als du dir überhaupt vorstellen kannst.

Kapitel 4

Von elementarer Lehre zu Offenbarung

Wie können wir den Wechsel von reiner Wissens-Lehre zu einem Leben in der „Jetzt"-Offenbarung Gottes schaffen? Der erste Schritt besteht darin, das zu glauben, was wir bereits wissen, und entsprechend zu handeln. Zu Jesu Zeiten waren die Pharisäer eine der führenden Gruppen von Juden. Sie waren sehr bewandert in Theologie und Lehre und hielten sich rigoros an ihre Gebräuche. Die Pharisäer legten das Gesetz von Mose aus, hatten aber ein erhebliches Problem: sie praktizierten selber häufig nicht das, was sie über das Gesetz lehrten, und das machte sie zu „religiösen" Menschen. Sie besaßen einen Anschein von Frömmigkeit - häufiges beten, fasten und den Zehnten geben - aber es fehlte ihnen an moralischer Autorität. Jesus wies sie zurecht und nannte ihre Taten heuchlerisch (siehe z. B. Matthäus 23). Da solch ein Verhalten leicht auf andere übergreifen kann und sie geistlich verunreinigt, sagte Jesus zu seinen Jüngern:

Hütet euch vor dem Sauerteig der Pharisäer, welcher die Heuchelei ist (Lukas 12,1; Schlachter 2000)!

Lebe in der Realität der Schrift

Wenn wir uns als Gemeinde einmal selbst genauer betrachten, werden wir feststellen, dass sich seit jenen Tagen nicht viel verändert hat. Eine große Zahl von Christen behaupten, an das Übernatürliche zu glauben. Sie sagen, sie wollen Wunder erleben, die Kraft und die Herrlichkeit sehen und Erweckung haben. Aber sie bewegen sich kaum jemals über die Theorie hinaus, weil sie sie weigern, die wahre Kraft Gottes zu akzeptieren, zu erfahren und darin zu leben. Dadurch gleicht ihr Verhalten dem der Pharisäer, die nicht taten, was sie predigten.

Intellektuelles Wissen von biblischen Wahrheiten zu haben bedeutet nicht, dass wir sie auch erfahren haben.

Ich habe hunderte von Pastoren getroffen und unzählige Versammlungen besucht und alle beteuerten, an Heilungen und Wunder zu glauben, aber für die Kranken wurde nur selten gebetet. Sie sagen, sie glauben an die Gaben des Heiligen Geistes, aber die Manifestationen des Geistes erleben sie nur selten. Sie behaupten, an Befreiung zu glauben, praktizieren aber das Austreiben von Dämonen nicht. Sie geben an, dass sie an die Taufe mit dem Heiligen Geist glauben einschließlich des Beweises durch das Reden in anderen Sprachen[5], aber die meisten ihrer Mitglieder sprechen nicht in anderen Sprachen.

Sie haben reine Theorie – Information – ohne sie jedoch zu erleben. Sie sind der Stimme Gottes nicht gehorsam. Wenn du an meinen Worten zweifelst, dann frage dich einmal: „Wann hat das letzte Mal eine blinde Person in meiner Gemeinde ihr Augenlicht zurückbekommen oder ein Gehörloser sein Gehör? Wann wurde zuletzt jemand von Krebs geheilt?"

Ein Pastor in Honduras, der sich mit seiner Gemeinde unter dem „Dach" von King Jesus Ministry befindet, ist für den Punkt, den ich hier machen möchte, ein vertrauenswürdiger Zeuge. Er berichtet, wie sein Übergang von Lehre zu Offenbarung ablief.

Mein Name ist Alejandro Espinoza. Ich bin Arzt und Pastor der Misión Internacional El Shaddai in San Pedro Sula, Honduras. Über zehn Jahre lang übten meine Frau Julissa und ich zusammen unseren Beruf als Ärzte aus. Gott beschenkte uns mit zwei wunderbaren Kindern, Julissa und Isaac. Wir waren auch zehn Jahre in einer anderen Denomination als Pastoren tätig und dienten Gott aus Liebe. Für diese Erfahrung sind wir Gott außerordentlich dankbar, denn sie war wirklich gut. Ich muss jedoch eingestehen, dass alles innerhalb einer religiösen Atmosphäre ablief. In dieser Denomination bestand eine besondere Vorliebe für Struktur, Programme und Regeln, woraus sich eine

[5] Zungenrede

bestimmte Ordnung und rein menschliche Führung entwickelte. Die übernatürliche Kraft Gottes wurde ignoriert und durch Routine, Tradition und Passivität ersetzt. Nur selten gab es Manifestationen des Reiches Gottes; Wunder geschahen nur vereinzelt und sie waren ohne Bedeutung oder Offenbarung für die Menschen. Das Übernatürliche wurde nicht in Betracht gezogen, sondern vielmehr abgelehnt und kritisiert.

Wir sind Gott so dankbar, dass wir durch die geistliche Vaterschaft von Apostel Guillermo Maldonado und seiner Frau, Prophetin Ana Maldonado, verändert wurden und wir durch sie diese Offenbarung bekamen. Sie vermittelten uns Identität, gaben uns ein Erbe und übertrugen Gaben, Feuer, Leidenschaft und Vision auf uns. Wir hörten damit auf, aus eigener Kraft zu arbeiten und von unserem Verstand geleitet zu werden und fingen an, der Leitung und den Offenbarungen des Heiligen Geistes zu folgen. Den Nachweis dafür sieht man an der Frucht in unserem Dienst. Als wir unter die geistliche Abdeckung von „King Jesus International Ministry" (Ministerio Internacional El Rey Jesús) kamen, hatten wir achtzig Mitglieder in unserer Gemeinde. Heute, fünf Jahre später, sind wir eine Gemeindefamilie mit über zweitausend Menschen und unter unserer geistlichen Abdeckung befinden sich weitere zehn Gemeinden unseres Landes. In der besten Lage der Stadt kauften wir Land, um dort unser Gemeindegebäude zu errichten. Zusätzlich erwarben wir eine Radiostation, die das gesamte Gebiet und somit fast eine Million Haushalte erreicht. Die kreativen Wunder, Heilungen und Errettungen nehmen kein Ende. Wir haben erlebt, wie Knochen wachsen, Blinde sehen, Taube hören, Lahme gehen, Zysten verschwinden und die dämonisch Belasteten frei werden. Wir können die Wiederherstellung von Ehen und die Befreiung von Drogensucht bezeugen. Unser geistlicher Sohn Carlos, in dessen Vergangenheit Drogen und Gewalttätigkeit an der Tagesordnung waren, beschloss zu dem Zeitpunkt, als er fünf Schüsse aus einer Neun-Millimeter-Pistole abbekommen und überlebt hatte, einen neuen Weg einzuschlagen. Er übergab sein Leben an den Herrn Jesus, wurde frei von Drogen und gewinnt jetzt Seelen für Christus. Das ist das sichtbar gewordene Reich Gottes! Alles, was in dem Dienst von „Ministerio Internacional El

Rey Jesús" geschieht, findet auch in unserer Gemeinde statt. Es fließt die gleiche Salbung und Herrlichkeit, weil wir das Training, das wir kontinuierlich bekommen, auch anwenden. Ich kann mit den Worten von Jesus sagen, dass wir „von neuem geboren" wurden (Johannes 3,3). Religion hatte uns nur zurückgehalten, aber das Königreich Gottes schenkte uns nicht nur Leben, sondern auch die Befähigung, Früchte hervorzubringen und zu vermehren. Wir lebten in Dunkelheit, unsere Lampe war aus. Aber aufgrund von Offenbarung zeigt sich heute die Herrlichkeit Gottes! Religion spricht das Äußere an, wogegen das Königreich Gottes das Herz verwandelt. Wir sind hungrig und durstig nach Gott und trachten voller Leidenschaft nach Veränderung und radikaler Umgestaltung. Gott wirkt etwas Neues in unserer Stadt!

Baue auf dem Fundament elementarer Lehre auf

Deshalb wollen wir das Wort vom Anfang des Christus lassen und uns der vollen Reife zuwenden und nicht wieder einen Grund legen mit der Buße von toten Werken und dem Glauben an Gott, der Lehre von Waschungen und der Handauflegung, der Totenauferstehung und dem ewigen Gericht (Hebräer 6,1-2).

Der Autor des Hebräerbriefes gibt hier einen Überblick über das Fundament christlicher Lehre, das denjenigen vermittelt werden soll, die in eine Beziehung mit Jesus eintreten. Das Ziel dieser Lehre ist, die Gläubigen aufzubauen, zu bestärken und ihnen dadurch zu ermöglichen, fest im Glauben zu verwurzeln. Wenn dieses Fundament einmal gelegt ist, fangen wir an, darauf aufzubauen. Gläubige sollen bewandert sein im „*Wort der Gerechtigkeit*" und „*... ihre Sinne durch Übung geschult haben zur Unterscheidung des Guten und des Bösen*" (Hebräer 5,13-14; Schlachter 2000). Wollen wir im Glauben wachsen, dann brauchen wir Offenbarung oder geoffenbarte Erkenntnis. Offenbarung ist das Fleisch des Wortes, weil es ein Wort für heute für jemanden ist. Es kann nicht nur durch das studieren des Wortes Gottes geschehen, sondern dadurch, dass der Heilige Geist es erleuchtet.

Lehre ist das Fundament, auf dem man einen neuen Gläubigen aufbaut. Das bereitet ihn darauf vor, Offenbarungen zu empfangen.

Du kaufst nicht Land in einer Wohngegend, nur um es dir jeden Sonntag anzuschauen und dann für den Rest der Woche nicht mehr zu beachten. Nein! Wenn du Land gekauft hast, errichtest du ein Fundament, um dann darauf ein Haus – einen Wohnort – zu bauen, damit du oder jemand anderes dort leben kann. Im geistlichen Bereich ist der Vorgang ähnlich. Jesus hat einen hohen Preis bezahlt, um Menschen von Sünde und Tod zu erlösen. Er ruft die Gemeinde dazu auf, bei jedem ein Fundament der Glaubenslehre zu legen, um darauf einen Wohnort für die Gegenwart Gottes zu errichten, entsprechend den geoffenbarten Plänen des Heiligen Geistes. Erinnere dich, Gott wohnt nicht in Gebäuden aus Stein oder Zement. Er wohnt in irdischen Gefäßen – in uns (siehe 2. Korinther 4,7)!

Allerdings fangen viele Menschen nicht wirklich an zu bauen. Sie bleiben auf dem Fundament christlicher Lehre stehen und verzichten auf Offenbarung – nicht, weil sie diese ablehnen, sondern weil es sie in Angst versetzt, sich von einem Ort zum nächsten zu bewegen, eine Verpflichtung einzugehen und den Preis zu zahlen. Lehre für sich allein bringt keine geistlichen Bewegungen oder Erweckungen hervor. Offenbarung erzeugt eine Bewegung des Heiligen Geistes, denn sie deckt auf, was Gott aktuell in unserer Mitte sagt und tut.

Bewege dich hin zu neuen Ebenen

Jeder Übergang oder Wechsel beinhaltet auch Risiken, denn es bedeutet, von einem bekannten zu einem unbekannten Ort zu ziehen. Die meisten Menschen fürchten sich vor dem Unbekannten; deshalb bleiben sie lieber an dem Platz, wo sie es bequem und gemütlich haben. Die Menschen, die sich nicht weiterbewegen – solche ohne Offenbarung – werden wahrscheinlich nie erleben, wie die Kraft Gottes durch sie hindurchfließt. Wir müssen ein Verlangen haben, auf andere Ebenen zu kommen, andere Dimensionen zu erreichen, in neue Gebiete vorzudringen und danach, uns in höheren Bereichen des Glaubens, der Salbung, der Herrlichkeit, der Reife und des Wachstums zu bewegen. Das christliche Leben ist als ein tägliches Abenteuer gedacht, denn jede neue Herausforderung erfordert Glauben. Wenn wir uns anpassen – uns niederlassen – treten wir auf der Stelle und das gefällt Gott nicht.

Lehre ist die Milch des Wortes Gottes und Offenbarung das Fleisch.

Momentan findet viel Wandel statt: die Gemeinde wechselt von Lehre über zu Offenbarung, von biblischen Grundlagen zur Bewegung des Heiligen Geistes, von den Wurzeln zur Frucht, von Salbung zur Herrlichkeit, von geistlicher Taubheit zum Hören der Stimme Gottes, von Gemeinde zum Königreich, von altem Wein zu neuem Wein, von Theorie zu Erfahrung, von Theologie zur Demonstration, von Wissen zur Manifestation, von nur Worten hin zu konkreten Werken und vieles mehr. Wenn wir von dem einen zum anderen überwechseln, weisen wir damit das Frühere nicht von uns. Auch geben wir damit nicht zu verstehen, dass es schlecht oder unbedeutend war oder ist. Es bedeutet vielmehr, dass Gott uns in neue, tiefere und umfassendere Gebiete in ihm führen möchte – und nur eine solide Grundlage wird die Stabilität und Festigkeit des Gebäudes gewährleisten.

Denn rede ich jetzt Menschen zuliebe oder Gott? Oder suche ich Menschen zu gefallen? Wenn ich noch Menschen gefiele, so wäre ich Christi Knecht nicht (Galater 1,10).

Viele der Bewegungen und Erweckungen des Heiligen Geistes sind auf der Strecke geblieben, weil Leiter mehr danach trachteten, den Menschen zu gefallen als Gott. Offenbarung fordert die Menschen heraus, zu neuen Ebenen und Gebieten aufzusteigen, aber ich betone es noch einmal, wir können es uns nicht leisten, auf einer bestimmten Ebene stehen zu bleiben und auf der Stelle zu treten. Gott ruft jeden Gläubigen auf zu wachsen und in die Reife zu kommen. Er drängt uns, den Übergang zu vollziehen. In diesem Punkt haben die Apostel von heute eine große Aufgabe zu verrichten. Ihre Bestimmung ist, das Feuer zu entfachen und dadurch die neuen Bewegungen und Erweckungen herbeizuführen. Die Apostel zünden das Feuer an, weil sie nicht bereit sind, ihre Grundsätze aufzugeben. Sie befinden sich immer an der vordersten Front dessen, was Gott sagt und tut. Apostel positionieren sich in den vordersten Reihen, während sie das Reich Gottes in Kraft ausbreiten, Seelen für Christus gewinnen, Wunder wirken und der Gemeinde Richtungsweisung und Vision geben. Sie spornen die Gläubigen an, zu evangelisieren. Sie sind ihrer Generation offenbarungsmäßig voraus und das ist mit ein Grund dafür, dass sie oft nicht akzeptiert, sondern abgelehnt und sogar verfolgt werden. Viele Menschen können die Apostel nicht verstehen, weil diese als Erste etwas sehen und begreifen, was den anderen noch verborgen ist.

Wurde erstmals eine auf die Schrift gegründete Wahrheit der Gemeinde offenbart, stufte man sie häufig als falsch ein.

Menschen, die noch im Basiswissen feststecken, sind nicht offen dafür, Offenbarung oder geoffenbarte Erkenntnis anzunehmen. Viele sind der Ansicht, dass es nicht noch mehr zu wissen oder zu erleben gibt. Andere mögen die Vorstellung nicht, es gebe noch mehr zu lernen. Ihnen fehlt es an genügend Demut, irgendetwas Neues zu empfangen. Weil sie auf den Grundlagen des Glaubens stehen bleiben und sich nicht weiter voran bewegen, bleiben sie geistliche „Kleinkinder".

Normalerweise sind das die Menschen, welche die Bewegungen und Erweckungen Gottes sowie deren Initiatoren kritisieren. Erst wenn es zu spät ist – nachdem sie die von Gott gesalbten

Personen abgelehnt, verfolgt, verraten und moralisch fertig gemacht haben – erkennen sie manchmal, dass es sich um echte, authentische Bewegungen Gottes gehandelt hatte. Wenn ich solche Dinge mitbekomme, frage ich mich: *Kann denn etwas falsch sein an einer Bewegung, die tausende von Menschen zur Errettung führt? Wo zahllose Ehen wiederhergestellt werden, Tausende geheilt und von Depression, Alkohol und Drogensucht geheilt werden? Wo zigtausende junge Menschen die Straße und ihre Gangs verlassen und heimkehren zu ihren Eltern, voller Reue für ihr Tun? Kann diese Bewegung oder Erweckung falsch sein, wenn unzählige Menschen auf rechte Weise wachsen und gedeihen? Ist irgendetwas nicht richtig an diesen Dingen?* Ich denke nicht. Wenn Jesus verherrlicht und erhöht wird, kann nichts falsch daran sein. Leider sehen Leiter und andere Gläubige durch ihre „Gedankenfestungen“ und festgefahrenen Vorstellungen („alter Wein“ – Menschen, voll mit Theorien, aber ohne übernatürliche Manifestationen) solche Ereignisse als unrichtig an und streiten ab, dass Gott dahinter steht.

Es ist ein großer Unterschied, ob man 1) falsche bzw. fehlerhafte Theologie, Unordnung aufgrund von unbiblischem Verhalten oder Auswüchse korrigieren will oder 2) eine echte Bewegung Gottes aufgrund eigener Ansichten oder eingefahrener Denk- und Handlungsstrukturen im Keim ersticken will. Wollen wir mit dem Schritt halten, was Gott derzeit unter seinem Volk tut, dann müssen wir lernen, zwischen diesen Sachlagen zu unterscheiden. Tun wir das nicht, dann ist das vielleicht nicht nur für unsere eigene geistliche Gesundheit und unser geistliches Wachstum hinderlich, sondern auch für das von anderen.

Ich beging auch einmal den Fehler, das Kind mit dem Bade auszuschütten. Für mich galten Propheten heutzutage nicht mehr, weil einer von ihnen mich verletzt hatte. Ein Prophet kam zu meiner Gemeinde und fing an, zu „prophezeien“. Was er sagte, rief jedoch nur Verwirrung unter den Leuten hervor und deshalb forderte ich ihn auf, zu gehen (siehe 1. Korinther 14,29,33). Reagiert man aber auf einen Fehler, ohne ihn in die richtige biblische Perspektive zu rücken, begeht man einen weiteren Fehler. Stattdessen müssen wir auf die Wahrheit eingehen.

Das geschieht, indem man sich selbst fragt: „Was sagt die Bibel in Bezug auf Propheten (oder sonstige Angelegenheiten)?"

Später lernte ich zwischen echten und falschen Propheten zu unterscheiden. Zum Beispiel konnten wir unser derzeitiges Gemeindegebäude im Wert von 27 Millionen Dollar als Resultat eines prophetischen Wortes schuldenfrei errichten. Der Prophet sagte zu mir: „Dies ist der Ort und du wirst es schuldenfrei bauen." Ich nahm dieses Wort an als ein Wort von Gott und bewegte mich darin. Hätte ich folgendermaßen reagiert: „Nein, ich höre auf keinen Propheten mehr", dann wäre meiner Gemeinde ein großer Segen entgangen. Kennen wir das ganze Wort Gottes, dann können wir auf alle Situationen reagieren.

Aufgrund von Erfahrungen kann man keine Lehre erstellen; aber alle Lehre, die von Gott kommt, wird dazu führen, Erfahrungen mit ihm zu machen.

Das Wort Gottes sagt:

Wenn jemand seinen Willen tun will, so wird er von der Lehre wissen, ob sie aus Gott ist oder ob ich aus mir selbst rede (Johannes 7,17).

Ich wuchs in einer Gemeinde auf, die für ihre gesunde Lehre bekannt war. Regelmäßig riet der Pastor zur Vorsicht in Bezug auf falsche Lehren, falsche Propheten und rein emotionale Erfahrungen. Seine Absichten waren gut, denn er wollte seine Gemeindemitglieder schützen und vor Täuschung und Verführung bewahren. Er war ein Mensch voller Ehrfurcht vor Gott und mit einem Eifer für gesunde Lehre. Allerdings blockierte seine Überfürsorglichkeit das Übernatürliche – Heilungen und Wunder gab es nicht. Die Angst davor, getäuscht zu werden, hinderte die Menschen daran, die übernatürliche Kraft und Gegenwart Gottes zu erleben. So etwas geschieht oft in Gemeinden mit einem Pastor, der theologisch gesehen über großes Wissen, Konzepte und Theorien verfügt, aber nur wenig oder gar keine Erfahrung mit der Person des Heiligen Geistes hat. Wir sollten uns die Frage stellen, wer denn nun eigentlich in die Irre geführt oder getäuscht wird. Der Prediger, der von übernatürlichen Erfahrungen berichtet? Oder derjenige, der aus Angst vor Täuschung sich selbst dieser Erfahrungen beraubt? Die Menschen, die in der Furcht leben, verführt oder getäuscht zu werden, mögen denken, dass ihre Motivation in Ordnung ist. Ihnen entgeht dadurch aber das Wunderbare, das Gott sich für sie wünscht, nämlich eine enge Beziehung mit ihm zu haben und Kraft von ihm zu empfangen, um ihm zu dienen.

Dem Empfangen von Offenbarungen stehen meist solche Gläubige ablehnend gegenüber, deren Kopf voller Theorie steckt, denen es aber an Erlebnissen fehlt.

Ich denke, so wie es auch aus Hebräer 6 hervorgeht, dass, wenn einmal das Fundament gelegt ist, wir uns weiterbewegen müssen hin zu den Offenbarungen von Geheimnissen, hin zu neuen Bereichen des Glaubens, hin zu Salbung und Herrlichkeit, bis wir die Welt beeinflussen. Die Furcht vor Täuschung kann uns nicht aufhalten, denn wenn unsere Herzen rein sind und wir nach dem hungern, was echt und frisch von Gott kommt, wird der Herr uns beistehen.

Ich habe Gläubige und Leiter getroffen, die immer wieder fragen: „Ist das alles, was Gott für mich hat? Wo ist der Gott der Macht und Wunder? Ist Jesus eine historische Person oder der lebendige Christus? Kann der Herr immer noch die gleichen Wunder tun wie in der Bibel? Wo ist der Gott von Mose, der das rote Meer geteilt hat? Wo ist der Gott von Josua und Elia, der den Fluss Jordan geteilt hat?

Gott hat sich nicht verändert. Er ist derselbe gestern, heute und in Ewigkeit (siehe Hebräer 13,8). Ich kann aus eigener Erfahrung bezeugen, dass Gott existiert und auch in unserer Zeit weiterhin Wunder tut.

Haben wir keine übernatürlichen Erlebnisse mit der Gegenwart Gottes, dann sind wir in Bezug auf seinen Willen für uns schon getäuscht worden.

Vor einiger Zeit traf ich Luis, den Pastor einer Gemeinde in Miami. Sein Gesundheitszustand war miserabel. Er litt an Diabetes und sein Blutzuckerspiegel war von 200 mg/dl – was schon hoch ist – auf 600 mg/dl angestiegen; es bestand Lebensgefahr. Viermal täglich behandelten die Ärzte ihn mit Insulin, bis hin zu einem Maximum von sechsunddreißig Einheiten. Der Zustand seiner Bauchspeicheldrüse und anderer Organe verschlechterte sich zusehends und er bekam starke Nierenschmerzen. Die Krankheit erreichte ein Stadium, in dem er Blut im Urin hatte und sein Inneres einer offenen Wunde glich. Luis konnte sich nur sehr eingeschränkt ernähren und wegen der chronisch starken Schmerzen kaum bewegen. Er kam sich vor wie ein „lebender Toter". Die optimistischste Prognose besagte, dass er höchstens noch drei Jahre zu leben hätte.

Die Tochter von Luis ist Mitglied unserer Gemeinde. Eines Tages schenkte sie ihrem Vater mein Buch „Übernatürlich in Gottes Kraft leben"[6]. Als er angefangen hatte darin zu lesen, betete er: „Herr, ich möchte diesem kraftvollen Gott begegnen, von dem dieses Buch berichtet. Ich möchte Zeichen und Wunder erleben. Ich will den lebendigen Gott erfahren, der in mir lebt." Und bevor Luis das Buch zu Ende gelesen hatte, erlebte er in seinem Körper die Herrlichkeit Gottes. In einem Nu sank sein Blutzuckerspiegel auf einen normalen Wert von 96 mg/dl. Seit diesem Zeitpunkt braucht er keine Insulingaben mehr und seine Bauchspeicheldrüse und Nieren funktionieren wieder einwandfrei. Das ist die Herrlichkeit Gottes! Jesus wirkt nach wie vor Wunder. Bist du bereit für dein Wunder?

Menschen mit Liebe zur Wahrheit können nicht getäuscht werden. Höre nicht auf die Meinung von Menschen, die selbst nie übernatürliche Erfahrungen gemacht haben.

[6] © 2012 Verlag Gottfried Bernard

Was ist die Verbindung zwischen Offenbarung und Manifestation?

Häufig trifft man auf Menschen, die allem Anschein nach tiefe Offenbarungen haben, aber es gibt keine Manifestationen oder Demonstrationen dessen, was sie lehren. Die Lehren mögen tiefgehend sein, doch wird das Leben oder der Dienst dieser Menschen nicht von einer Bewegung des Heiligen Geistes begleitet. Dies scheint darauf hinzudeuten, dass die Offenbarungen nicht von Gott, sondern vom menschlichen Intellekt kamen. Stammt Erkenntnis, Offenbarung und Lehre von Gott, dann ruft das übernatürliche Manifestationen und Lebensveränderungen hervor. Das Königreich, die Macht und die Herrlichkeit Gottes bestehen nicht nur aus Worten, sondern aus Kraft, die das in die Sichtbarkeit bringt, was gelehrt wird (siehe 1. Korinther 4,20). Wir müssen deshalb nicht nur wissen, was Offenbarung bedeutet, sondern auch ein Verständnis über Manifestationen bekommen und was das zur Folge hat.

Wird Gott offenbart, werden sich Aspekte von ihm manifestieren

Eine Manifestation ist eine übernatürliche Bezeugung, die wir mit unseren Sinnen wahrnehmen können. Wenn Gott geoffenbart wird, werden sich einige Aspekte von ihm manifestieren oder den menschlichen Sinnen kundtun. Das hat große Auswirkungen und verursacht Veränderungen. Durch Wunder werden die Herzen der Menschen empfänglich für die Wirklichkeit der Existenz Gottes. Wenn sie seiner Kraft und Liebe begegnen, werden sie von ehrerbietiger Furcht erfüllt.

> *Und einer (Seraph) rief dem andern zu und sprach: Heilig, heilig, heilig ist der HERR der Heerscharen! Die ganze Erde ist erfüllt mit seiner Herrlichkeit (Jesaja 6,3).*

Die Bibel erklärt, dass die ganze Erde erfüllt ist mit der Herrlichkeit Gottes. Deshalb fragen vielleicht einige: „Wenn das wahr ist, wieso sehen wir dann nicht ständig überall auf der Erde die Manifestationen dieser Herrlichkeit?" Mit anderen Worten: Warum erleben wir nicht auf spürbare Weise, wie Gott auf der ganzen Welt Machttaten, Zeichen und Wunder tut?

Es ist nicht schwer, etwas zu predigen oder zu lehren, was wir nicht vorzeigen oder beweisen müssen.

Wie ich bereits erwähnt habe, Gott ist überall - er ist omnipräsent[7] – aber er manifestiert sich nicht überall. Seine Herrlichkeit zeigt sich nur dort in spürbarer und sichtbarer Weise, wo er im Geist und in der Wahrheit angebetet wird (siehe Johannes 4,23) und wo Offenbarung vorhanden ist und im Glauben empfangen wird. Diese Wahrheit müssen wir verstehen, wenn wir von der Offenbarung übergehen wollen in die Manifestation.

Denn die Erde wird davon erfüllt sein, die Herrlichkeit des HERRN zu erkennen, wie das Wasser den Meeresgrund bedeckt (Habakuk 2,14).

Der Vers ist eine wundervolle Verheißung von Gott für diese letzten Tage. Der Herr verspricht uns so viel Erkenntnis seiner Herrlichkeit, dass die Manifestationen unseren ganzen Planeten erfüllen werden. Bemerkenswerte, außergewöhnliche Wunder, wie sie noch nie zu sehen waren, werden anfangen zu geschehen. Warum? Weil die Menschheit die geoffenbarte Erkenntnis der Herrlichkeit des Herrn empfängt.

---

[7] Allgegenwärtig, immer und jederzeit anwesend

Unser Glaube ist in dem Bereich stark, in dem wir geoffenbarte Erkenntnis haben

Haben wir Erkenntnisse oder Offenbarungen von Gott bekommen und gehen im Glauben darin vorwärts, werden wir kontinuierlich Manifestationen seiner Gegenwart erleben. Das geschieht, weil wir die Gesetze von Raum, Zeit und Materie überschreiten und der Wille Gottes auf der Erde in Kraft ausgeführt wird. Es gibt für die Manifestationen der Herrlichkeit in unserem Leben ein Grundprinzip: Unser Glaube wird immer in dem Bereich am stärksten sein, in dem wir die größte geoffenbarte Erkenntnis besitzen. Wenn dein Glaube also in einem bestimmten Bereich schwach ist, liegt das daran, dass du dort einen Mangel an Offenbarung hast. Deine Unkenntnis – Mangel an geistlichem Licht oder Offenbarung – gibt dem Feind einen Zugang zu dir. Er beginnt, in diesem Bereich eine oder mehrere Gedankenfestungen zu errichten, um dich dort einzuschließen, dich von Gott zu isolieren und dich zu vernichten. Diese Situation wird sich jedoch verändern, wenn du Offenbarung bekommst.

Jene aber zogen aus und predigten überall, während der Herr mitwirkte und das Wort durch die darauf folgenden Zeichen bestätigte (Markus 16,20).

Offenbarung führt uns zu den Manifestationen der Herrlichkeit Gottes; ohne sie kann man die Herrlichkeit nicht sehen.

Um Offenbarungen zu empfangen und entsprechend zu handeln, musst du kein Prediger oder Leiter in deiner Gemeinde sein. So wie er es schon in der Urgemeinde getan hat, macht der Herr es auch mit der Gemeinde des einundzwanzigsten Jahrhunderts: Er gebraucht ganz gewöhnliche Menschen, um seinen Willen auf der Erde umzusetzen.

Franklin ist einer der vielen tausend Jünger in unserer Gemeinde. Er erfuhr, dass eine seiner Mitarbeiterinnen, die an starken Depressionen litt, sich mit einer Pistole in den Kopf geschossen hatte. Sie überlebte und die Kugel wurde durch eine Operation entfernt. Franklin fühlte sich vom Herrn geführt, ins Krankenhaus zu gehen und für sie zu beten. Er war sich aber nicht sicher, ob man ihm gestatten würde, seine Mitarbeiterin auf der Intensivstation zu besuchen. Als er dort ankam, traf er auf etliche weinende Menschen – alle befürchteten das Schlimmste. Eine Krankenschwester hielt ihn auf und fragte: „Wer sind sie und was machen sie hier?" Franklin erwiderte: „Gott schickt mich. Ich bin gekommen, um für meine Mitarbeiterin zu beten und dann gehe ich wieder." Darauf antwortete die Schwester: „Gehen sie rein und beten sie. Und, falls möglich, salben sie sie mit Öl."

Wo echte Offenbarung von Gott vorliegt, muss es auch sichtbare Manifestationen geben, die den göttlichen Ursprung dieser Offenbarung bestätigen.

Die junge Frau lag schon eine Woche im Koma, ohne auf irgendwelche Reize zu reagieren. Nachdem Franklin jedoch Worte des Lebens über ihr freigesetzt hatte, begann sie sich schnell zu erholen. Sie konnte plötzlich ihre Hände und Füße bewegen und versuchte sogar, die Schläuche zu entfernen, die sie mit den Maschinen und Monitoren verband. Alle waren völlig verblüfft! Am nächsten Tag wurde die Frau nicht nur von den Maschinen getrennt, sondern sogar aus der Klinik entlassen. Sie nahm Jesus als ihren Herrn an und wurde von Depressionen und dem Geist des Selbstmordes befreit. Gott rettete diese junge Frau aus dem Griff des Todes! Ich wiederhole: Gott wird jeden gebrauchen, der sich ihm zur Verfügung stellt. Dort, wo die Offenbarung des Willens Gottes reichlich vorhanden ist, wird sich seine Herrlichkeit manifestieren!

Extreme und Missbrauch von Manifestationen

So wunderbar die Manifestationen der Herrlichkeit Gottes auch sind, müssen wir doch aufpassen, unseren Fokus nicht zu verlieren. In der Tat müssen wir dem Wunderwirker folgen statt den Wundern. Wir wollen uns deshalb in Bezug auf Manifestationen einige Extreme und Missbräuche anschauen und davon lernen, damit wir immer Gott die Ehre geben.

1. Die geistliche Integrität wird nicht aufrechterhalten

Wir haben erlebt, wie Leiter im Leib Jesu in der Kraft Gottes wirkten und große Manifestationen seiner Herrlichkeit aufweisen konnten, aber dann aufgrund von moralischen Fehlern oder der Akzeptanz falscher Lehre scheiterten. Solche Situationen können verschieden Gründe haben, wie z. B. a) unzulängliche Charaktereigenschaften, b) geistlicher Autorität wird keine Rechenschaft gegeben oder es gibt keine angemessene geistliche Abdeckung, c) Manifestationen hervorzubringen hat Vorrang vor allem anderen, was zu Extremen führt oder d) das Aufheben der Grundlagen des Wortes Gottes. Wenn wir es vermeiden, die gleichen Fehler zu machen, oder korrigieren wir sie sofort, dann gibt es keinen Grund dafür, sich nicht im Übernatürlichen zu bewegen. Wir wollen uns an die Männer und Frauen der Bibel erinnern, wie auch an all die Menschen quer durch die Jahrhunderte hindurch bis heute, die im Übernatürlichen gewirkt und ihren geistlichen Lauf erfolgreich abgeschlossen haben.

2. Fixierung auf Manifestationen

Ein anderes Extrem tritt auf, wenn Menschen sich hauptsächlich auf die Manifestationen konzentrieren, weil sie diese widerlegen wollen. Sie möchten genau wissen, wo in der Bibel Beispiele für diese speziellen Zeichen oder besonderen Kraftdemonstrationen zu finden sind. Doch was ist, wenn diese Besonderheiten dort nicht drin stehen? Es gibt beispielsweise keinen biblischen Bericht über eine übergewichtige Person, die plötzlich kiloweise Gewicht verliert, nachdem für sie gebetet wurde. Genau das ist aber in einigen Treffen passiert, an denen ich teilgenommen habe. In Bezug auf diese Art von Phänomenen haben wir als Quellenangabe nur 1) die Bestätigung durch den Heiligen Geist in uns, dass diese Manifestation von Gott ist oder 2) ein *Rhema*-Wort – ein Wort von Gott, das sich an die gegenwärtigen Umstände richtet –

und ein *Rhema* wird nie im Gegensatz zur Bibel stehen. Der Herr tut nichts, was seinem Wort widerspricht. Wir müssen uns solche Fragen stellen wie: „Ist Gewichtsverlust etwas Gutes für diese Menschen?“ „Fördert die gemachte Erfahrung bei der Person die Liebe zu Gott?“ „Habe ich Frieden über die Situation?“

Sich abseits vom Wort Gottes auf die Herrlichkeit zu fokussieren führt in Unausgewogenheit.

Ich habe vorher Beispiele von zwei Propheten genannt, die meine Gemeinde besuchten. Als der erste Prophet kam, bescherte uns das Verwirrung unter den Leuten. Als uns aber der zweite Prophet besuchte und darüber sprach, dass wir unser neues Gemeindegebäude schuldenfrei bauen würden, hatte ich Frieden darüber. Wir müssen beachten, dass Manifestationen wie beispielsweise plötzlicher Gewichtsverlust *Zeichen* sind und keine Lehre. Nachdem diese Art von Manifestation aufgetreten war, verkündete ich nicht, dass nun jeder Gewichtsverlust erleben müsse, um errettet zu werden oder um die echte Gegenwart Gottes zu erleben. Die eigentliche Frage lautet: Ergreift Gott die Initiative? Ist er am Werk? Wir wissen, dass dies der Fall ist, wenn das Werk im Einklang steht mit Gottes Wesen und Charakter und dies auch in den betroffenen Menschen hervorbringt.

3. Die Versuchung, die eigene Geistlichkeit unter Beweis zu stellen

Benutzen wir Manifestationen als ein Mittel, unsere „Geistlichkeit“ zu beweisen, missbrauchen wir sie. Beachte im folgenden Text, wie der Feind versucht, Jesus zu einem Wunder zu verführen, um seine Identität als Sohn Gottes zu beweisen.

> *Und der Versucher trat zu ihm hin und sprach: Wenn du Gottes Sohn bist, so sprich, dass diese Steine Brote werden! Er aber antwortete und sprach: Es steht geschrieben: „Nicht von Brot allein soll der Mensch leben, sondern von jedem Wort, das durch den Mund Gottes ausgeht“ (Matthäus 4,3-4).*

Der Teufel wollte Jesus zu einer sündhaften Reaktion verführen. Er sollte seine Macht demonstrieren als Beweis dafür, dass er der Wunderwirker ist. Der Sohn Gottes hatte nicht nur die Macht, Steine in Brot zu verwandeln. Er konnte auch Wasser in Wein verwandeln, zur Speisung von Tausenden Brot und Fische vermehren, Menschenmassen heilen und sogar Tote auferwecken. Jesus wusste, wer er war und welche Kraft in ihm war und das bewahrte ihn davor, in die Falle von Eitelkeit und Ichbezogenheit zu tappen, die der Versucher ihm gestellt hatte.

Die Versuchung sich zu beweisen ist kein triftiger Grund, um die Macht und Herrlichkeit Gottes zu manifestieren.

Als Jesus Wunder tat, wollte er damit nicht etwas beweisen, sondern den Vater verherrlichen und Menschen segnen. Er tat niemals etwas, um sich selbst zu erhöhen, obwohl Satans Verführungsversuch ihn genau dazu bringen sollte. Wenn wir die Kraft Gottes demonstrieren, müssen wir besonders darauf achten, nicht von falschen Motiven geleitet zu sein, die letztendlich nur der Befriedigung unseres eigenen Ichs dienen. Diejenigen, die ihr Ego befriedigen wollen, werden aufgrund ihres Stolzes fallen und die Schwere ihrer Fehler kann sie zerstören.

Auf meinem Weg mit Jesus bin ich an Orte gereist, wo Leute mir geschickt zu verstehen gaben: „Wenn du ein Mann Gottes bist, warum holst du dann diese Person nicht aus dem Rollstuhl heraus?“ Andere kritisierten mich in aller Öffentlichkeit, weil ich zehn taube Menschen nach vorne auf die Plattform geholt hatte, um für sie zu beten, und nur fünf von ihnen geheilt wurden. Sie urteilten über mich, indem sie sagten: „Beweise, dass du ein echter Diener Gottes bist und heile sie alle!“ Mein Job ist es, für die Kranken zu beten, aber ihre Heilung ist etwas zwischen ihnen und Gott. Wenn Menschen solche Dinge zu mir sagen, gebe ich immer die gleiche Antwort: „Ich bin nicht hierhergekommen, um etwas über mich zu beweisen, sondern um den Willen Gottes zu tun und zu zeigen, dass Jesus lebt. Er hat mich gesandt, sein Volk zu segnen, und mehr will ich gar nicht tun.“ So vermeide ich es, der Versuchung des Feindes zu erliegen.

Jedes Mal, wenn wir unsere Gaben oder Salbung gebrauchen, um uns selbst zu erhöhen, um einen Nutzen daraus zu ziehen oder eine besondere Position zu bekommen, kommerzialisieren wir die Salbung.

Indem ich meine Identität in Christus bekräftige, vereitele ich jede verdrehte Absicht, Anhänger für mich selbst zu gewinnen oder Türen zu öffnen, die Gott nicht für mich geöffnet hat. Ich weigere mich, in diese Falle zu geraten! Wir sollten niemals irgendeiner Form von Druck oder Erwartung erliegen, um die Kraft Gottes zu manifestieren oder irgendeine andere Maßnahme zu ergreifen.

Ausgewogenheit zwischen Theologie und Manifestation

Überall dort, wo ich zum Predigen eingeladen bin, nehme ich mir Zeit, um das Wort Gottes gründlich zu lehren. Ich unterrichte die Menschen in Theologie, Erkenntnis und Offenbarung in Bezug auf das, was Gott im Begriff ist zu manifestieren. Meiner Erfahrung nach wird sonst das, was sie von mir übertragen bekommen, nicht in ihnen bleiben. Sie werden dann auch nicht reproduzieren können, was sie mich haben tun sehen. Gott lehrte mich folgendes: Wird den Menschen nicht das Wissen vermittelt und gibt man ihnen keine Richtlinien als Rückhalt für die Manifestationen, dann sehen sie auch keine Veranlassung dazu, diese Dinge zu praktizieren.

Ich möchte nochmals betonen, dass ich fest sowohl an biblisches Wissen wie auch an Manifestationen glaube und beides praktiziere. Ich betrachte die Gaben des Geistes als sehr wichtig und ich weiß, dass Offenbarung (offenbartes Wissen) und Theologie (verstandesmäßiges Wissen) Hand in Hand gehen müssen, um geistliche Manifestationen zu bewirken. Ich achte stets darauf, dass das Wort Gottes die Erfahrungen oder Manifestationen, die auftreten, auch bestätigt. Die Jugend in meiner Gemeinde ermutige ich dazu, Theologie zu studieren, allerdings nur in Institutionen, die auch an die Manifestationen des Heiligen Geistes glauben. Dort sollten keine Lehrer und Theologen tätig sein, welche die Manifestationen des Geistes ablehnen und selbst auch nicht die Erfahrung der Taufe im Heiligen Geist erlebt haben.

Offenbarung oder Wissen durch den Heiligen Geist aktiviert die Menschen.

Mein apostolischer Ruf ist es, Gläubige zu lehren, zu trainieren und auszurüsten. Ich möchte nicht nur einer von wenigen sein, die Gott dazu gebraucht, seine Zeichen und Wunder zu tun. Mein Herzenswunsch ist es, tausende von Leitern auszurüsten, damit sie andere auf gleiche Weise trainieren und anleiten, diesen Weg zu gehen und Seelen zu gewinnen. Ich habe mich in die neue Generation investiert, die Gott dabei ist zu erwecken, und kann erstaunliche Ergebnisse bezeugen. Ich wünsche mir, dass du die gleichen Resultate erzielst, indem du dein biblisches Wissen mit Offenbarung verbindest und Gott die Erlaubnis gibst, seine Herrlichkeit durch dich sichtbar werden zu lassen!

Die Herrlichkeit ist bei uns

Gottes Herrlichkeit ist hier bei uns auf der Erde, genauso wie die Bibel es sagt (siehe Habakuk 2,14). Um Zugang zu dieser Herrlichkeit zu erhalten und sie sichtbar werden zu lassen, brauchen wir nur die Erkenntnis Gottes, so wie sie uns durch den Heiligen Geist geoffenbart wird. Die Männer und Frauen, die in der übernatürlichen Kraft Gottes Zeichen und Wunder getan haben, bekamen eine Offenbarung durch den Geist Gottes und das macht den Unterschied. Im nächsten Kapitel werden wir erfahren, wie man sich von der Salbung zur Herrlichkeit bewegt und wie man Offenbarungen von Gott erhält.

Erfahrungen mit Gott

- In welchen bisherigen Manifestationen der Herrlichkeit stagnierst du? Vielleicht ist es die Betonung auf die Geistestaufe, welche durch die Azusa Street Erweckung aufkam? Oder es ist vielleicht die „Wort des Glaubens" Bewegung. Diese und andere Bewegungen waren von Gott gegeben, aber er bewegt sich immer weiter und wir müssen mit ihm gehen, um ein frisches Wort für heute zu bekommen. Bitte Gott, dir ein „Jetzt" Wort zu offenbaren.
- Bedenke: auf einen Fehler zu reagieren kann dazu führen, dass wir einen weiteren Fehler begehen. Wenn du bisher aus Furcht vor Missbrauch übernatürlichen Manifestationen gegenüber zu ängstlich oder zu übervorsichtig warst, studiere das Wort Gottes. Bitte den Herrn um Unterscheidungsfähigkeit, damit du zu einem größeren biblischen Verständnis und in ein Gleichgewicht in Bezug auf ihn gelangst.

Kapitel 5

Der Übergang von Salbung zur Herrlichkeit

Ohne eine kontinuierliche Offenbarung der Herrlichkeit Gottes werden wir geistlich stehenbleiben. Wie schon früher erwähnt werden wir dann zu „alten Weinschläuchen“. In die Herrlichkeit Gottes einzutreten erfordert Offenbarung, und um Offenbarung zu empfangen ist ein Verständnis der Wechselbeziehung zwischen drei Dimensionen des Übernatürlichen wichtig: 1. Glaube, 2. Salbung und 3. Herrlichkeit. Wir werden uns nun alle drei Bereiche anschauen und dann herausfinden, was die wesentlichen Schritte sind, um von der Salbung in die Herrlichkeit überzuwechseln.

Drei Dimensionen des Übernatürlichen

1. Glaube

In Römer 12,3 heißt es, dass jeder ein „Maß des Glaubens“ von Gott bekommen hat. Er hat uns dieses Maß an Glauben gegeben, damit wir fähig sind, mit dem geistlichen Reich zusammenzuwirken, während wir körperlich auf der Erde leben. Glaube ist die geistliche Antenne eines Christen, um über die Begrenztheit der natürlichen Dimension hinaus zu „hören“. Es ist *„die Substanz von den Dingen, auf die gehofft wird, der Beweis von nicht gesehenen Dingen“* (Hebräer 11,1, wörtlich übersetzt, King James Version).

Kurz bevor Jesus Lazarus von den Toten auferweckte, sprach er zu Marta, der Schwester von Lazarus: *„Habe ich dir nicht gesagt, wenn du glaubtest, so würdest du die Herrlichkeit Gottes sehen“* (Johannes 11,40)? Glaube ist die Voraussetzung dafür, die Herrlichkeit zu sehen, denn Glauben zu haben bedeutet, dass du an das glaubst, was Gott tun kann. Es ist die Fähigkeit, das „Vernunftwidrige“ oder „Unmögliche“ zu glauben.

Der Glaube wurde uns gegeben, damit wir über die Zeit hinaus in die Ewigkeit hineinreichen können.

Für etwas zu glauben mit dem uns von Gott zugeteilten Maß des Glaubens ist etwas anderes, als wenn Gott seinen eigenen Glauben anwendet. Das Letztere ist der Bereich der „Herrlichkeit“ – was Gott selbst glaubt und tut im Vergleich zu dem, was wir aufgrund unseres Glaubens glauben und kraft unserer Salbung in der Lage sind zu tun. Aber unser Glaube ist die Voraussetzung dafür, um Gott selbst in der Dimension des Glaubens zu erleben.

2. Salbung

Es gibt verschiedene Gesichtspunkte, die wir bei der Salbung bedenken müssen. So wie jedem Gläubigen ein Maß des Glaubens gegeben wurde, wurde ihm auch ein Maß an Salbung zugeteilt oder eine bestimmte Gabe bzw. Gaben, um die Absichten Gottes zu erfüllen (siehe beispielsweise 1. Korinther 12, 4-11). Die Salbung ist die Kraft Gottes, die Gläubigen zur Verfügung gestellt wird, damit sie das Werk des Dienstes ausführen können. Man setzt sie auch ein, um Männer und Frauen in den Dienst auszusenden (siehe Epheser 4,11-13; Apostelgeschichte 13,1-3). Im Alten Testament fiel die Herrlichkeit des Herrn auf die Stiftshütte, nachdem die Priester, der Altar und die Geräte gesalbt worden waren (siehe 2. Mose 40). Die Salbung ist also die durch uns wirkende Kraft Gottes, um seinen Willen auf der Erde auszuführen. Vielleicht sagt er zu einer Person: „Du bist dazu berufen, ein Missionar zu sein. Damit du in die Lage versetzt wirst, diese Berufung zu erfüllen, gebe ich dir einen Anteil von meiner Kraft und den nötigen Glauben.“

Nach meiner Erfahrung besteht jedes Maß an Salbung, das einem Gläubigen gegeben wird, aus mehreren Ebenen. Eine Ebene entspricht einem „Schritt“, den man machen oder hinaufsteigen muss, während man sich in der Salbung bewegt , darin Fortschritte macht und in Relation dazu geistlich wächst. Keine Stufe kann übersprungen werden, denn jede Stufe repräsentiert einen wesentlichen Aspekt der Reife in geistlichen Dingen. Wir müssen von Stufe zu Stufe oder von Ebene zu Ebene gehen, ohne eine davon auszulassen, bis wir die Ebene erreichen, wo wir das Maß der empfangenen Salbung voll entwickelt haben. Erreichen wir die letzte Stufe, können wir hinsichtlich unserer Salbung nichts weiter tun – wir haben die Fülle dieses Maßes erreicht. An diesem Punkt gibt es für uns nur noch die Möglichkeit, in die Herrlichkeit zu gelangen.

Ein anderer Aspekt der Salbung besteht darin, dass der Glaube eines Christen die Salbung aus einem anderen Gläubigen herausziehen kann. Mit anderen Worten: eine Person kann durch ihren Glauben nach der Salbung einer anderen Person „verlangen“, um selbst darin zu wirken. Nehmen wir einmal an, ich predige gerade und muss plötzlich mitten in meiner Botschaft anhalten, um für jemanden unter den Zuhörern zu beten, weil diese Person gerade ihren Glauben einsetzt und denkt: „Ich glaube, dass er jetzt zu mir kommt, um mir die Hände aufzulegen und für Heilung zu beten, denn ich brauche ein Wunder.“ Glaube lockt die Salbung an. Wir sehen also, dass der Glaube und die Salbung zusammenarbeiten.

Ein Diener Gottes kann die Salbung nicht auf Menschen herabzwingen – sie müssen sich die Salbung durch Glauben aneignen.

Die Salbung zu haben ist nicht das Gleiche wie sich in der Herrlichkeit zu bewegen, die alle Eigenschaften Gottes beinhaltet. Die Salbung ist ein Teil von Gott, der durch uns wirkt. Sie ist auch nur eine von mehreren Seiten seiner Macht. So wird zum Beispiel die Macht oder Kraft Gottes im Bereich des Dienstes *Salbung* genannt, während sie im Bereich des Rechts *Autorität* heißt und im Bereich des geistlichen Kampfes als *Macht* bezeichnet wird. Im Bereich von Gebieten oder Ländern wird sie *Herrschaft* genannt, was der höchste Grad an Macht ist. Diese Macht erhielt Adam, nachdem er erschaffen worden war. Wir können uns also nicht einfach auf „die Macht oder Kraft Gottes" beziehen, als wäre es alles das Gleiche.

Abschließend noch eins: aus 2. Korinther 5,4-5 geht hervor, dass Gott uns den Geist als eine „*Garantie*", „*Anzahlung*" oder „*Unterpfand*" für die Herrlichkeit gegeben hat. Das ist das Kennzeichen unserer Bestimmung (siehe Epheser 1,13-14). Die Salbung (wie auch der Glaube) bereitet uns darauf vor, die Herrlichkeit zu empfangen - Gottes manifeste Gegenwart. Kurz gesagt: Glaube ruft die Salbung hervor, aber die Salbung ruft die Herrlichkeit hervor.

3. Herrlichkeit

Kennen wir die Prinzipien, welche die Gaben des Heiligen Geistes aktivieren, können wir durch Glauben und mittels der Salbung darin agieren. Mit der Herrlichkeit jedoch verhält es sich anders. Die Herrlichkeit ist die manifeste Gegenwart - *Shekina* - Gottes. Sie bezeugt den Himmel und „*die Kräfte des zukünftigen Zeitalters*" (Hebräer 6,5) und wirkt gemäß der Souveränität Gottes. Er macht was er will, wann er es will und auf die Art und Weise, wie er es will und das unabhängig von unserem Glauben, unseren Gaben oder unserer Salbung. Gott führt sein Werk ohne die Mitwirkung eines Menschen aus. Ich bin der festen Überzeugung, dass die letzte Bewegung Gottes auf der Erde nicht durch einen Mann oder eine Frau kommt, sondern direkt von Gott selbst.

Wenn sich die Herrlichkeit Gottes manifestiert, geschieht das durch die Initiative und Souveränität von Gott, nicht durch Menschen.

Die Gegenwart Gottes kann man weder auslösen, hervorrufen noch erzeugen. Jedoch kann seine Gegenwart durch Anbetung angezogen werden. Gott hat schon oft ohne meinen Glauben oder meine Salbung Menschen in einem Gottesdienst geheilt, befreit und verändert; das waren souveräne Handlungen unseres himmlischen Vaters. Ist die Gegenwart Gottes präsent, denken wir nicht darüber nach, welche Person uns etwas von dieser

Herrlichkeit übertragen kann. Gott übernimmt die Initiative und handelt entsprechend seinem Willen. Die Herrlichkeit oder Gegenwart Gottes macht alle Gaben, Salbungen, Glauben oder geistlichen Funktionen überflüssig – wobei natürlich all diese Dinge auch von ihm kommen und von ihm dazu benutzt werden, seine Gemeinde aufzubauen.

„Unter der Salbung wirken" gegenüber „die Herrlichkeit erleben"

Zum besseren Verständnis der Herrlichkeit möchte ich den Gegensatz beschreiben zwischen dem Dienen unter der Salbung und dem Erleben der Herrlichkeit.

Zusammenarbeit mit Gott

Wenn ich unter der Salbung wirke, spüre ich, wie Kraft aus mir herausströmt. Als beispielsweise die Frau mit dem Blutfluss den Saum des Gewandes von Jesus berührte, sagte er: *„Wer ist es, der mich angerührt hat? ... ich habe gespürt, dass Kraft [dynamis] von mir ausgegangen ist"* (Lukas 8,45-46). Bei mir ist es vergleichbar. Das liegt daran, dass die Kraft Gottes *durch* mich wirksam ist, indem sie meine Mitarbeit nutzt. Handle ich unter der Salbung, bin ich am Ende meines Dienstes sehr müde, denn Gott gebraucht meine Menschlichkeit.

Als Gläubige wissen wir genauso wie Jesus, dass die Salbung aktiv ist, wenn wir spüren, wie Kraft aus uns hervorgeht. Prediger erleben das häufig. Im Glauben fordern Menschen etwas von der Salbung oder dem Mantel eines Mannes oder einer Frau Gottes und empfangen, wonach sie sich sehnen.

Ausruhen in Gott

Wenn Gott sich in seiner Souveränität dazu entschließt, alleine zu handeln und wir seine Herrlichkeit erleben, dann geschieht das im Rahmen von Ausruhen oder Ruhen, da wir nicht irgendetwas „tun". Wir beten einfach nur an. In einem Stadion betete ich zusammen mit vierzehntausend Menschen Gott an; wir riefen zu ihm und wurden von ihm berührt, als er mitten unter uns kam.

Unter der Salbung arbeiten wir, aber in der Herrlichkeit Gottes ruhen wir aus.

Als ich einmal in einer unserer Tochtergemeinden in Orlando zum Predigen war, fingen wir an, Gott anzubeten. Plötzlich kam seine Gegenwart. Viele der Anwesenden sahen die *Shekina*-Wolke. Ich sah sie damals zwar nicht, konnte sie aber wahrnehmen. Sie bewegte sich in einem bestimmten Abschnitt des Publikums, Menschen in diesem Bereich begannen zu weinen und wurden geheilt und befreit. Weder ich noch jemand anderes hatte sie berührt. Dann kam eine ganze Reihe von Menschen nach vorne, um mitzuteilen, was mit ihnen passiert war. Zweieinhalb Stunden lang ging das so weiter und zahlreiche Menschen wurden geheilt und befreit. Einer Frau aus dem Publikum hatte man wegen einer Krebserkrankung die Gebärmutter entfernt. Sie kam nach vorne zum Altar und sagte immer wieder: „Ich habe etwas gespürt!" Zwei Wochen später ging sie zum Arzt und man bestätigte ihr, dass sie eine nagelneue Gebärmutter bekommen hatte. So etwas geschieht in der Herrlichkeit!

Die Salbung wurde gegeben, um die Kranken zu heilen. Aber in der Herrlichkeit werden wir mit einer übernatürlichen Immunität gegenüber Krankheiten eingehüllt.

Ist die Herrlichkeit gegenwärtig, fühle ich mich am Ende eines Gottesdienstes immer noch frisch statt müde. Das liegt daran, dass Gott nicht durch mich wirkt, sondern unabhängig von mir.

Soll man auf Gott in seiner Herrlichkeit warten, oder soll man mittels der Salbung die Initiative ergreifen?

Weil Gott uns die Salbung gegeben hat, aber auch unabhängig von uns handelt, müssen wir lernen, beide Situationen zu unterscheiden und wie sie zusammenarbeiten. Manche sagen: „Ich diene nie, solange Gott es mir nicht sagt." Sie meinen Jesus nachzuahmen, der sagte: *„Der Sohn kann nichts von sich selbst tun, außer was er den Vater tun sieht; denn was der tut, das tut ebenso auch der Sohn"* (Johannes 5,19). Was geschieht dadurch? Diese Leute warten darauf, dass Gott in seiner Herrlichkeit erscheint und unmissverständlich zu ihnen spricht, und sie tun am Ende nichts. Sie erkennen nicht, dass auf diese Art und Weise von Gott zu hören nur eine Dimension oder ein Teilaspekt von dem ist, wie er arbeitet. Es gibt nämlich bestimmte Dinge, die wir schon zu tun beauftragt wurden, wie z. B. die gute Nachricht des Evangeliums an solche Menschen weiterzugeben, die sie noch nicht gehört haben. In Lukas 9,2 heißt es: *Und er* [Jesus] *sandte sie* [seine Jünger], *das Reich Gottes zu predigen und die Kranken gesund zu machen.*

Wir sagen nicht: „Na ja, ich warte einfach auf Gott, bevor ich evangelisieren gehe." Das wäre extrem. Natürlich müssen wir auf seine Führung hören, wie auch anderen von Jesus erzählen. Und wir sollten auf Gott warten, um zu sehen, ob er seine Herrlichkeit manifestieren möchte. Tut er dies aber nicht, dann sollen wir in der Salbung handeln, die er uns gegeben hat. Bestimmte Dinge hat er uns schon aufgetragen zu tun und die Salbung dafür hat er uns auch gegeben. Wenn Gott also die Initiative nicht ergreift, machen wir mit diesen Dingen weiter.

Menschen wissen, dass sie sich in der Dimension der Herrlichkeit Gottes bewegen, wenn sie nicht länger mehr ihren Glauben oder ihre Salbung gebrauchen müssen.

Dann gibt es auch Menschen, die zu einem anderen Extrem neigen, indem sie Gott überhaupt keinen Raum zum Wirken geben. Sie warten gar nicht auf ihn. Einige Pastoren zum Beispiel haben bereits einen konkreten Plan über den Ablauf ihres Gottesdienstes und welche Elemente darin enthalten sein sollen. Sie ziehen nie den Umstand in Betracht, dass der Heilige Geist sich vielleicht auf eine andere Weise bewegen möchte. Sie lassen Gott bei ihren Plänen außen vor, während er in Wirklichkeit sagt: „Ich möchte euch besuchen; ich will kommen und meine Herrlichkeit zeigen. Ich habe vor, mich unter euch mit Heilung und Befreiung zu bewegen." Tragischerweise wird er daran gehindert, wenn der Pastor und die Versammlung keinen Raum für ihn und sein Wirken lassen. Wir erkennen also, dass wir eine Balance brauchen zwischen dem Agieren unter der Salbung und dem Freiraum für Gott, auf die von ihm gewählte Art und Weise zu wirken.

Die Herrlichkeit würdigen

Die meisten Gläubigen haben noch nie die Herrlichkeit Gottes erfahren. Aber viele von denen, die sie erlebten, wussten in ihrer Gegenwart nicht, wie sie sich verhalten sollten. Und leider bemerken manche die Gegenwart Gottes gar nicht, wenn sie sich manifestiert. Solche Situationen führen dazu, dass Menschen nicht so auf die Herrlichkeit reagieren, wie sie sollten. Das passierte auch Usa, der die Lade Gottes berührte (die Bundeslade), als sie von König David nach Jerusalem gebracht wurde.

> *Und als sie zur Tenne Nachons kamen, griff Usa zu und hielt die Lade Gottes fest, denn die Rinder glitten aus. Da entbrannte des HERRN Zorn über Usa und Gott schlug ihn dort, weil er seine Hand nach der Lade ausgestreckt hatte, sodass er dort starb bei der Lade Gottes (2. Samuel 6,6-7).*

In diesen Versen steckt eine wichtige Warnung. Usa, dessen Name *Stärke* bedeutet, fiel tot um, weil er die von Gott gegebenen Anweisungen nicht befolgte. Die Bundeslade hätte niemals auf einem von Tieren gezogenen Karren transportiert werden dürfen (siehe Vers 3). Stattdessen hätten Leviten (siehe 5. Mose 10,8) die

Lade mit Hilfe von Holzstangen auf ihren Schultern tragen müssen (siehe 2. Mose 25,13-15). Im Alten Testament war es selbst den Priestern nicht gestattet, die Bundeslade zu berühren oder ihren Inhalt zu inspizieren. Obwohl Usa zum Stamm Levi gehörte, erwies er der Gegenwart Gottes, repräsentiert durch die Bundeslade, nicht den nötigen Respekt, indem er versuchte, die Lade in seiner eigenen Kraft vor einem Sturz zu bewahren. Dieser Vorfall zeigt uns, dass wir mit der Gegenwart Gottes in unserem Leben oder bei unseren Versammlungen nicht zu lässig umgehen sollten, das wäre ein Gräuel! Das Schicksal von Usa lehrt uns, Gott ehrerbietig zu begegnen. Er ist der Einzige, der aller Ehre und Anbetung würdig ist. Diese Verse machen deutlich, wie wichtig die Kenntnis und das Verständnis über die Herrlichkeit Gottes ist, sodass wir uns darin bewegen, darin leben und sie erfahren können, ohne ihn zu beleidigen. Ansonsten setzen wir uns selbst der Disziplinierung oder Bestrafung aus, Tod inbegriffen.

Wichtige Schritte für den Übergang von Salbung zur Herrlichkeit

Da die Gläubigen vielfach mit der Salbung vertraut sind, aber wenig über die Manifestation der Herrlichkeit Gottes wissen, wollen wir uns als nächstes einige grundsätzliche Schritte anschauen, wie man von der einen Dimension in die nächste kommt.

1. Verstehe die Offenbarung von den drei übernatürlichen Dimensionen

Wie wir gesehen haben, ist es für uns nicht das Gleiche, wenn wir Glauben ausüben, uns in der Salbung bewegen oder eine geistliche Gabe einsetzen, wie für Gott, wenn er Dinge durch seine Kraft und Majestät so tut, so wie er es will. In der Herrlichkeit Gottes ist Zeit nicht existent. Sind wir z. B. eine Stunde in seiner Gegenwart, kommt uns das oft vor wie wenige Minuten. Genauso, wenn wir mit Hilfe der Salbung ein Jahrzehnt gebraucht haben, um etwas aufzubauen, kann das in einem Jahr oder weniger erfolgen, wenn wir beständig in der Herrlichkeit bleiben. Ich persönlich kann die Auswirkungen dieser Veränderung in meinem Leben bezeugen. Aber zuerst musste ich die Offenbarung über die drei übernatürlichen Dimensionen aktiv annehmen und das Gleiche gilt für dich auch.

Aus Mangel an Offenbarung und Erkenntnis haben viele Gläubige die Herrlichkeit Gottes noch nie erlebt.

Viele Jahre lang habe ich im Glauben und in der Salbung gelebt, mich darin bewegt und darüber geschrieben. In meinem Dienst erlebte ich viele Heilungen und Wunder, und das war sehr kraftvoll. Es kam aber eine Zeit, wo ich spürte, einen Höhepunkt erreicht zu haben, über den hinaus nichts weiter mehr geschah. Ich war jedoch hungrig nach mehr von Gott. Ich sehnte mich nach kreativen Wundern, übernatürlicher Versorgung, Zeichen und Machttaten sowie radikalen Lebensveränderungen. Ich besaß den dafür erforderlichen Glauben, aber nichts dergleichen geschah. Ich war überzeugt davon, dass Gott neue Organe erschaffen und jedwede Art von Krankheit heilen kann. Ich begann nach Menschen Ausschau zu halten, die ein neues Organ benötigten, nicht laufen konnten oder an einer unheilbaren Krankheit litten. Ich betete für sie, aber nichts passierte. Ich schloss daraus, dass mein Glaube größer war als meine Salbung.

Wir haben vorher besprochen, dass jeder Gläubige ein gewisses Maß an Glauben und an Salbung erhalten hat. Ich hatte jedoch eine Stufe erreicht, wo mehr nötig war als die Salbung, und so begann ich, nach einer höheren Ebene in Gott zu suchen. Unterdessen führte Gott meine Frau zu Jesaja 60, wo die Herrlichkeit Gottes und die Segnungen, die auf uns kommen, beschrieben werden. Sie betete schon drei Monate lang für dafür. In dieser Zeit erzählte mir ein Freund und Apostel von seiner Offenbarung über die drei Dimensionen des Übernatürlichen. Wie gesagt, ich hatte über Glauben und Salbung gepredigt und geschrieben, aber ich hatte sie noch nie miteinander verbunden und zusammen wirkend betrachtet. Das vervollständigte die Offenbarung, so dass ich mich hingeben konnte, um in den Bereich der Herrlichkeit hineinzukommen. In dieser Dimension wäre nicht mehr mein Glaube oder meine Salbung in Aktion, sondern Gott.

Offenbarte Erkenntnis führt uns in die Herrlichkeit hinein, aber was uns dort bleiben lässt, ist Hunger und Durst nach Gott.

Als ich diese Offenbarung verstanden hatte, lernte ich, Gott Gott sein zu lassen, mit ihm zu fließen und ihm zu erlauben „alles zu geben, was er hatte". Die Herrlichkeit begann, sich in sichtbarer Weise zu manifestieren! Menschen wurden von unheilbaren Krankheiten geheilt. Kreative Wunder geschahen: Etliche bekamen neue Organe, wie z. B. neue Nieren, andere erhielten neue Knochen und Knorpel und es wuchs sogar neues Haar, wo Leute vorher kahl gewesen waren. Im Leben vieler Menschen geschahen drastische Veränderungen, sowie übernatürliche Versorgung mit Finanzen. Als mir klar wurde, dass auch Gott die Initiative ergreifen könnte, schlussfolgerte ich: „Warum ihn nicht gleich wirken lassen?"

Nachdem ich die Offenbarung über die drei Dimensionen des Übernatürlichen empfangen hatte, lernte ich zu unterscheiden, wann ich die Initiative mittels der Salbung ergreifen sollte oder wann ich Gott die Initiative überlassen konnte, mit seiner Herrlichkeit zu kommen, so wie oben beschrieben. Ich lernte auch zu erkennen, wann Glaube, wann die Salbung und wann die Herrlichkeit in Aktion war. Vertraue auf Gott, dass er dich auf ähnliche Weise durch diesen Prozess führt, während du von der Salbung in die Herrlichkeit überwechselst.

2. Erneuere deinen Sinn gemäß der Perspektive Gottes

Um in der übernatürlichen Kraft des Reiches Gottes zu operieren, bedarf es der Erneuerung unseres Sinns. Nur dadurch werden wir in die Lage versetzt, die Dinge aus der Perspektive Gottes heraus wahrzunehmen. Um brauchbar für das Reich Gottes zu sein gibt es keinen anderen Weg, als durch eine erlöste Denkweise transformiert oder umgestaltet zu werden. Christen beten oft für Transformation von Nationen, aber die Bibel lehrt uns, dass zuerst einmal wir ein anderes Aussehen benötigen.

> *Und nach sechs Tagen nimmt Jesus den Petrus und Jakobus und Johannes, seinen Bruder, mit und führt sie abseits auf einen hohen Berg. Und er wurde vor ihnen umgestaltet. Und sein Angesicht leuchtete wie die Sonne, seine Kleider aber wurden weiß wie das Licht (Matthäus 17,1-2).*

Das griechische Wort, das in dieser Passage mit *umgestaltet* übersetzt wird, ist das gleiche Wort, das in Römer 12,2 mit *verwandelt* wiedergegeben wird: *„werdet* ***verwandelt*** *durch die Erneuerung des Sinnes, dass ihr prüfen mögt, was der Wille Gottes ist: das Gute und Wohlgefällige und Vollkommene.“* Das griechische Wort ist *metamorphọō* und bedeutet: verwandeln oder umgestalten in eine andere Form, eine Metamorphose oder Formwechsel. Als Jesus umgestaltet wurde, spiegelte er die Realität der kommenden Welt wieder und offenbarte seine Herrlichkeit. Die Jünger hatten bisher mitbekommen, wie er unter der Salbung lebte und wirkte. An diesem Tag aber sahen sie zum ersten Mal seine Herrlichkeit – die Herrlichkeit, die er zurückgelassen hatte, als er in diese Welt kam. Und wenn wir unseren Sinn seiner Natur gemäß erneuern, werden auch wir die Realität seiner Herrlichkeit wiederspiegeln.

Ein erneuerter Sinn ist das unentbehrliche Werkzeug, um die Realität, die Macht und die Herrlichkeit des Reiches Gottes auf die Erde zu bringen.

Einen erneuerten Sinn zu haben macht uns nützlicher für Gott, denn es bedeutet, dass unsere Gedanken auf einer Linie sind mit seinen Gedanken. Dadurch wird ermöglicht, dass das, was im Himmel ist, sich kontinuierlich auf der Erde in Form von Zeichen und Wundern manifestiert. Ein nicht erneuerter Sinn kann das Übernatürliche nur ab und zu erleben. Wenn das passiert, gibt Gott den Menschen eine Geschmack des Übernatürlichen, um in ihnen ein Verlangen danach zu wecken.

Bist du bereit, deinen Sinn zu erneuern? Bist du vorbereitet, um den Wechsel von der Salbung in die Herrlichkeit zu vollziehen? Wünschst du dir, die Herrlichkeit Gottes zu erleben? Da der Prozess der Umgestaltung unseres Sinnes so wichtig ist, werden wir ihn in Kapitel 8 und 9 genauer untersuchen.

3. Gestatte Gott, Gott zu sein

Wir müssen Gott das tun lassen, was er möchte, anstatt zu versuchen, alles selbst zu machen.

> *„Seid still und erkennt, dass ich Gott bin; ich werde erhaben sein unter den Völkern, ich werde erhaben sein auf der Erde" (Psalm 46,11; Schlachter 2000).*

Eins unserer Hauptprobleme als Menschen ist, dass wir immer in Kontrolle sein wollen. Wir haben religiöse Strukturen und starre Glaubensgemeinschaften geschaffen (entweder absichtlich oder automatisch), die den Fluss des Heiligen Geistes unterbrechen oder abstellen. Aber was würde geschehen, wenn wir uns entschließen würden, auf Gott zu warten? Wenn wir ihm erlauben würden, die Initiative zu ergreifen? Wenn wir einfach lernen würden, in seiner Herrlichkeit zu ruhen?

Gestatte dem Heiligen Geist, sich so zu bewegen, wie er es möchte und wann er es möchte. Lerne, ihm zu vertrauen, denn er hat bereits die Herrschaft oder Kontrolle über alles!

Wie man Offenbarungen vom Heiligen Geist bekommt

Am Ende dieses Kapitels möchte ich noch ein paar Richtlinien geben, wie du Offenbarungen empfangen kannst, während du dich Gott und seiner Herrlichkeit näherst.

1. Lass dein Herz erfüllt sein mit Ehrfurcht vor Gott

Das Geheimnis des Herrn ist für die, welche ihn fürchten [Ehrfurcht], und seinen Bund lässt er sie erkennen (Psalm 25,14; Schlachter 2000)

Gott teilt seine Geheimnisse nur denjenigen mit, die ihm mit Ehrfurcht und Respekt begegnen. Er tut das nicht mit seinen Feinden, die seine Geheimnisse verachten und ablehnen und auch nicht mit solchen, die voller Selbstgefälligkeit gegenüber ihm und seinen Wegen sind. Innige Gemeinschaft mit Gott ist Teil seines Bundes, den wir in Jesus Christus mit ihm haben, und seine Offenbarungen schenkt er den von Herzen Demütigen. Menschen, die Gott gegenüber keine Ehrfurcht zeigen, können die Wahrheiten, die das Wort Gottes lehrt, nicht empfangen. In solchen Fällen hängt ihre Aufnahmefähigkeit der Wahrheit nicht davon ab, wie die Prediger oder Lehrer sie vermitteln, sondern vom Zustand ihres Herzens. Möchtest du also Offenbarungen erhalten, dann pflege eine innige Beziehung mit Gott und zeige Ehrfurcht vor Gott.

Das ist der einzige Weg, um Resultate zu erhalten, wie beispielsweise bei Celia und ihrem Ehemann. Sie baten den Herrn um Hilfe, als bei ihrem zweijährigen Sohn Autismus festgestellt wurde. Bei dieser Entwicklungsstörung haben Kinder Schwierigkeiten, mit anderen zu kommunizieren oder zu interagieren und oft gibt es auch körperliche Herausforderungen.

Der Neurologe teilte den Eltern mit, er könne ihrem Sohn ein Medikament zur Beruhigung von Angstzuständen verordnen, wenn er in die Schule käme, aber momentan könne er nur etwas verschreiben, was helfen könnte, seine Lebensqualität zu verbessern. Mehr wäre nicht möglich. Cecilia dagegen glaubte an Jesus und brachte ihren Sohn zu einer Wunder-und Heilungsveranstaltung. Sie selbst ging durch einen Prozess der inneren Heilung und Befreiung und begann, unser Gebetstreffen am frühen Morgen in der Gemeinde zu besuchen. Sie fastete und betete unter der Leitung des Heiligen Geistes und bekam eine Offenbarung, wie sie für ihren Sohn beten sollte. Im Glauben salbte sie jeden Tag ihren Sohn, während sie Gottes Wort über ihm aussprach.

Cecilia fing an, die Heilung ihres Sohnes mit den Augen des Glaubens zu sehen, bis es Realität wurde. Sie erklärte, dass seine Neuronen sich entsprechend dem perfekten Plan Gottes auszurichten hatten. Sie prophezeite auch, dass seine Stimmbänder gelöst würden, um zu predigen und für andere zu beten und hob hervor, dass er übernatürliche Intelligenz besitzen würde. Seitdem haben sich die Dinge radikal verändert. In dem Jahr, als ihr Sohn in die 1. Schulklasse kommen sollte, wurde er gleich in die 3. Klasse versetzt. Seine übernatürliche Intelligenz ist offenkundig. Obwohl er gerade erst sieben Jahre alt ist, spricht und liest er besser als ein Zehnjähriger. Und während er früher Schwierigkeiten beim Essen hatte, ist sein Essverhalten heute normal – er mag sogar Spinat und Möhren!

Dies ist ein Beispiel für ein Leben unter der Herrlichkeit Gottes. Die Mutter des Jungen erhielt die Offenbarung aufgrund ihrer Ehrfurcht vor Gott und ihrer Hingabe, ihn zu suchen. Zwar gibt es für Autismus menschlich gesehen keine Heilung, aber für Gott ist nichts unmöglich!

2. Kenne die grundlegenden Wahrheiten des Evangeliums

Es ist wichtig, dass die grundlegenden christlichen Wahrheiten fest in unserem Herzen verankert sind. Das beinhaltet z. B. die Natur des dreieinigen Gottes – Vater, Sohn und Heiliger Geist –, die göttliche Inspiration der Heiligen Schrift, die jungfräuliche Geburt Jesu, die Wiedergeburt durch Buße von Sünde und Glaube an das Opfer Jesu für uns am Kreuz, die Auferstehung Jesu von den Toten, beständiger Glaube an Gott durch Jesus, die Wassertaufe, die Taufe im Heiligen Geist, das Auflegen der Hände für Heilung und Aussendung, die Wiederkunft Christi, ewige Belohnungen und ewiges Gericht sowie der neue Himmel und die neue Erde. Wenn diese Wahrheiten in unserem Herzen eingraviert sind, dann sind die Fundamente unseres „geistlichen Hauses" vorbereitet und Gott wird Offenbarungen für uns freisetzen.

Die Grundwahrheiten zu achten und danach zu leben legt die Basis dafür, dass Gott in uns leben und uns Offenbarungen schenken kann.

3. Praktiziere, achte und befolge die Wahrheiten, die du bereits kennst.

Wenn du nicht bereit bist, etwas zu tun, dann bist du aus Gottes Sicht auch nicht bereit dafür, es zu wissen. Sich biblisches Wissen anzueignen ist nicht dazu gedacht, Informationen über Gott zu sammeln und anzuhäufen, sondern das Wort Gottes ist eine Einladung des Heiligen Geistes, Gott auf übernatürliche Weise zu erleben.

Offenbarung wird nicht zu unserer Offenbarung, es sei denn, wir befolgen sie und setzen sie in die Tat um.

Viele Menschen mit der Denkweise der Welt würden sagen: „Wissen ist Macht." Das ist jedoch nur eine Halbwahrheit, denn Wissen wird nur dann zu einer Macht, wenn es auch angewandt wird.

4. Erkenne, dass Offenbarung nur für diejenigen ist, die nach Gott hungern und dürsten.

Er [Jesus] aber antwortete und sprach zu ihnen: Weil euch gegeben ist, die Geheimnisse des Reiches der Himmel zu wissen, jenen aber ist es nicht gegeben (Matthäus 13,11).

Hier stellt Jesus zwei verschiedene Arten von Menschen vor: „*jene*" (die Pharisäer – und jeder, der ähnlich „religiös" ist) und „*euch*" (die Jünger – und jeder, der aktiv und aufrichtig Jesus nachfolgt). Die meisten der Pharisäer häuften Wissen über die Schrift nur aus lauter Eitelkeit an; sie hatten gar nicht die Absicht, dem Geist des Gesetzes zu folgen oder dadurch umgestaltet zu werden. Deshalb offenbarte Jesus ihnen *„die Geheimnisse des Reiches der Himmel"* auch nicht. Ähnlich ist es bei vielen Christen in der Gemeinde; sie wollen sich mit biblischem Wissen füllen, sind aber nicht gewillt, das Wort Gottes zu befolgen. Kurz gesagt, ihre Motivation ist Stolz und nicht Liebe für Gott (siehe 1. Korinther 8,1).

Ist bei dem Streben nach Wissen und Erkenntnis nicht Liebe die Motivation, wird das erlangte Wissen nur zu Eitelkeit und Aufgeblasenheit führen.

Im Gegensatz dazu hungerten und dürsteten die Jünger Jesu nicht nur danach, das Wort Gottes zu hören und zu lernen, sondern sie wollten es auch befolgen. Darum gab Jesus ihnen die Offenbarungen über das Reich Gottes. Das Gleiche gilt immer noch all denen, die nach ihm hungern und dürsten. Das Allerbeste dabei ist, dass Gott versprochen hat, denjenigen die Geheimnisse zu offenbaren, die ein tiefes Verlangen nach dem Voranschreiten des Reiches Gottes haben, wie auch ihren Kindern.

Das Verborgene steht bei dem HERRN, unserm Gott; aber das Offenbare gilt uns und unsern Kindern für ewig, damit wir alle Worte dieses Gesetzes tun (5. Mose 29,29).

Was ist denn geistlich gesehen ein Geheimnis? Es ist etwas, das nicht auf natürliche Weise wahrgenommen oder erkannt werden kann; es muss durch den Heiligen Geist geoffenbart werden. Ein Geheimnis ist Wissen, das nur Gott hat. Und noch einmal, es kann nur denjenigen aufgedeckt werden, die nach Gott hungern und dürsten; wer nichts von ihm wissen will, dem wird es vorenthalten und bleibt es verborgen. Wenn wir die Geheimnisse Gottes aufrichtig suchen, weil wir ihn und seine Wege besser verstehen möchten, werden wir sie mit Hilfe des Heiligen Geistes empfangen. Er wird uns bei unserer Suche behilflich sein und sie für uns enthüllen.

Das Wissen über die Herrlichkeit gehört zu dem Bereich der Geheimnisse Gottes.

Rufe mich an, dann will ich dir antworten und will dir Großes und Unfassbares mitteilen, das du nicht kennst (Jeremia 33,3).

Rufen wir aus der Tiefe unseres Herzens zu Gott, dann wird er große und verborgene Dinge offenbaren, solange wir sie zur Förderung seiner Absichten einsetzen wollen. Die Gemeinde muss diese verborgenen Dinge wissen, um die Herrlichkeit Gottes auf der Erde sichtbar werden zu lassen und um die Seelen zu sammeln, die bereit für die Ernte sind.

> *... sondern wie geschrieben steht: „Was kein Auge gesehen und kein Ohr gehört hat und in keines Menschen Herz gekommen ist, was Gott denen bereitet hat, die ihn lieben." Uns aber hat Gott es offenbart durch den Geist ... (1. Korinther 2,9-10).*

Es überrascht nicht, in der heutigen Zeit eine Generation anzutreffen, die sich nach diesen Geheimnissen sehnt – nach den wunderbaren, verborgenen Dingen, die im Wort Gottes verheißen sind. Menschen rufen verzweifelt Tag und Nacht: „Herr, ich möchte das „Neue". Ich will deine Herrlichkeit sehen. Ich will die großen Manifestationen des Herrn, des Gottes Israels, erleben." Diese Einstellung motiviert Gott dazu, Offenbarungen und Erkenntnisse zu enthüllen, wie es sie noch nie vorher gegeben hat (siehe Habakuk 2,14). In jeder Stadt, Nation und jedem Kontinent wird Erweckung entstehen und das Königreich Gottes wird sich auf der ganzen Erde ausbreiten.

Die Transformation einer einzelnen Person kann Familien, Städte, Nationen und die Welt verwandeln.

5. Bitte um den Geist der Weisheit und Offenbarung

> *... und ich gedenke euer in meinen Gebeten, dass der Gott unseres Herrn Jesus Christus, der Vater der Herrlichkeit, euch gebe den Geist der Weisheit und Offenbarung in der Erkenntnis seiner selbst (Epheser 1,16-17).*

Wir müssen täglich um „*den Geist der Weisheit und Offenbarung*" bitten. In diesem Zusammenhang ist es wichtig zu wissen, was der Unterschied zwischen Weisheit und Erkenntnis ist. Was ist Weisheit? Es ist die Fähigkeit zu wissen, wann und wie wir unser Wissen bzw. unsere Erkenntnis anwenden sollen. Bei der Führung und Leitung anderer ist Weisheit besonders hilfreich.

> *Wenn das Eisen stumpf geworden ist und niemand die Schneide schleift, so muss man seine Kräfte mehr anstrengen. Aber ein Vorteil ist es, die Weisheit richtig anzuwenden (Prediger 10,10).*

> *Die Zunge der Weisen fördert Erkenntnis, aber der Mund der Toren lässt Narrheit sprudeln (Sprüche 15,2).*

Obwohl Weisheit und Wissen verschiedenartig sind, arbeiten sie zusammen. Weisheit gibt die Richtung vor, während Wissen die Informationen liefert. Du kannst die Weisheit besitzen, um etwas zu tun, wenn es dir aber an dem entsprechenden Wissen fehlt, wirst du nicht viel bewerkstelligen. Hast du andererseits das Wissen, aber nicht die Weisheit, wie du dein Wissen anwenden kannst, ist das auch unzureichend. Viele Leute haben großes Wissen, wenden es aber nicht richtig an, weil sie nicht verstehen, wie sie es mit ihrem Alltagsleben verbinden können. Gottes Weisheit ist einfach und praktikabel. Sie gibt Anleitung und Unterweisung, wie man leben und das Wissen von Gott effektiv anwenden kann.

Der Geist der Weisheit und Offenbarung erleuchtet unsere Herzen und unseren Verstand, während er dabei ist, uns zu verwandeln. In seiner Zeit hier auf der Erde handelte Jesus im Geist der Weisheit und Offenbarung. Er lehrte seine Jünger, dass Zeichen und Wunder nicht zum Bereich des Natürlichen oder Normalen gehören, sondern zur übernatürlichen Dimension. Jedes Wunder, das Jesus tat, war das Resultat einer Offenbarung, die er vom Vater oder vom Heiligen Geist erhalten hatte. Heutzutage suchen viele Menschen Wunder, Heilung, Versorgung und Antworten für ihre Probleme im natürlichen Bereich, ohne sich darüber im Klaren zu sein, dass sie das alles bei der falschen Quelle suchen. Wir brauchen Offenbarung von Gott, um neu Heilung, Versorgung und Antworten zu finden.

Wenn der Geist der Weisheit und Erkenntnis fehlt, übermittelt die Gemeinde nur Informationen und natürliches Wissen; die Menschen werden nicht umgestaltet.

Wird uns der Geist der Weisheit und Erkenntnis von Gott übertragen, entdecken wir eine Dimension seiner Herrlichkeit und werden sofort darin aktiviert. Wir erhalten die Fähigkeit, das zu tun, was Gott offenbart hat. Der Herr ist bereit, seine Herrlichkeit auf der Erde zu offenbaren und sichtbar werden zu lassen! Jedoch müssen wir daran denken, dass Offenbarung nur dann kommt, wenn wir gut in den grundlegenden Wahrheiten der christlichen Lehre verwurzelt sind, uns nach diesen Wahrheiten richten und uns danach sehnen, Gott zu kennen. Wenn wir versuchen, auf andere Weise Offenbarung zu erhalten, wird nichts geschehen.

Gestatte mir ein paar Fragen: Erstens, was hat Gott dir in der Vergangenheit offenbart, dem du noch nicht Folge geleistet hast? Wenn dir bewusst ist, dass er dir bestimmte Erkenntnisse gegeben hat, die du nicht angewandt hast, bitte Gott um Vergebung und befolge sie umgehend. Zweitens, kannst du die folgenden Aussagen aufrichtig mit ja beantworten?

- Ich sehne mich danach, mehr von Gott zu kennen
- Ich will wirklich sehen, wie sich seine Herrlichkeit manifestiert
- Ich bin bereit, beständig zum Herrn zu rufen, damit er *„die Geheimnisse des Reiches der Himmel“* offenbart (Matthäus 13,11).

Wenn deine Antwort auf jede dieser Aussagen „Ja“ ist, dann musst du dich selbst nur noch dazu verpflichten, zu Gott zu rufen! Hast du diese Aussagen verneint, bitte Gott, in dir einen Hunger und Durst nach ihm und seiner Herrlichkeit zu schaffen.

Ich möchte gerne jetzt für dich beten:

Himmlischer Vater, im Namen meiner lieben Leser bitte ich dich, die Augen ihres Verständnisses zu öffnen und sie mit dem Geist der Weisheit und Offenbarung zu erleuchten. Das wird sie dazu befähigen, die Geheimnisse deiner Herrlichkeit zu erfassen. Ich bitte dich, diese Offenbarung jetzt durch übernatürliche Manifestationen in ihrem Leben zu bestätigen. Wenn sie krank sind, bitte ich dich, sie zu heilen. Sind sie depressiv oder emotional bedrückt, bitte ich dich, sie zu befreien. Brauchen sie ein kreatives Wunder, bitte ich dich, dass sie es jetzt empfangen. Manifestiere dich in ihrem Leben durch Wunder der übernatürlichen Versorgung. Und für diejenigen, die sich nach Transformation sehnen und danach, in eine größere Dimension der Herrlichkeit hineinzukommen, setze ich deine Gegenwart auf ihnen jetzt frei! Manifestiere dich als der lebendige und auferstandene Christus. Ich glaube von ganzem Herzen, dass du das tun wirst. Im Namen Jesu, Amen!

Nimm dir Zeit, um über all das nachzusinnen, was der Herr dir durch diese Seiten bisher offenbart hat. Die ersten fünf Kapitel bilden das theologische Fundament für die noch folgenden Kapitel. Ab jetzt wirst du ein Training bekommen um zu verstehen, mit welchen inneren Einstellungen man die Herrlichkeit des Herrn empfängt. Dazu wirst du die Vorteile entdecken, die darin liegen, seine Gegenwart zu suchen und vieles, vieles mehr.

Erfahrungen mit Gott

- Bete, dass Gott seine Herrlichkeit sichtbar werden lässt, dass seine Offenbarung deinen Geist durchdringt und dass dein Verstand umgewandelt wird, damit du von der Salbung in die Herrlichkeit kommen kannst.
- Erweitere deine Gebetszeit um eine Stunde, in der du von ganzem Herzen zu Gott rufst, damit du offenbarte Erkenntnis empfangen und sich seine Herrlichkeit manifestieren kann.
- Praktiziere, was du gelernt hast. Geh und bete für die Kranken, evangelisiere und lehre andere über die Offenbarungen, die du bekommen hast.

Kapitel 6

Voller Leidenschaft die Gegenwart Gottes suchen

Jeder, der das Wesen Gottes wirklich erkannt hat, wird ihn voller Leidenschaft immer noch besser und vertrauter kennen wollen. Eine Frage, die mir häufig gestellt wird, ist: „Was motiviert dich dazu, jeden Tag die Gegenwart Gottes noch mehr zu suchen?" Meine Antwort fällt immer gleich aus: „Es ist die Leidenschaft, die ich für ihn empfinde; meine Ehrfurcht vor ihm und mein Hunger und Durst nach seiner Gegenwart." Ich weiß, wie sehr ich Gott brauche. Mir ist bewusst, dass ich ohne seine Gegenwart zum Scheitern verurteilt bin. Ohne ihn bin ich nichts und kann ich nichts tun. Ich denke daran, wovon er mich gerettet hat. Ich habe begriffen, wie klein ich als menschliches Wesen bin und gebe zu, dass ich total bedürftig und von Gott abhängig bin. Seinetwegen bin ich der, der ich bin. Seinetwegen bin ich dort, wo ich bin. Nichts in meinem Leben wäre ohne seine Gunst, Gnade, Kraft und Gegenwart möglich gewesen."

Ich liebe meinen Erlöser aus tiefstem Herzen und mein leidenschaftliches Verlangen ist es, zu sehen, wie alle Königreiche der Erde sich der Herrschaft des Einen und einzigen Gottes, des Herrn der Herren und König der Könige, unterordnen. Jeden Morgen wache ich mit einer noch größeren Leidenschaft auf. Mein Verlangen nach ihm ist unersättlich. Ich sehne mich danach zu erleben, wie Millionen von Seelen in das Königreich kommen. Dieses Ziel in meinem Herzen und meinen Gedanken ist der Fokus, in dem ich Gott täglich diene. Es ist ein Feuer, das in mir brennt; eine Flamme, die niemals ausgeht. Die Bibel hat mich gelehrt, dass unsere Trennung von der Gegenwart Gottes die einzige Komponente ist, die dazu führt, dass wir Unheil und Schwierigkeiten erleben, so wie es bei Adam der Fall war. Wenn ich Erfolg habe, dann liegt es daran, dass ich mit ihm verbunden lebe. Ich sage so wie Mose, als er das Volk der Israeliten aus der ägyptischen Gefangenschaft herausführen sollte: *„Wenn du nicht selbst mit [mir] gehst, so führe [mich] uns nicht von hier hinauf!“ (2. Mose 33,15; Schlachter 2000).*

Die Bibel berichtet von etlichen Menschen, deren Leidenschaft die Gegenwart Gottes war. Wir wollen uns drei von ihnen anschauen: Mose, David und Paulus.

Moses größte Leidenschaft

Von dem Augenblick an, als Mose die Gegenwart Gottes in der Wüste erkannte, konnte er nicht mehr ohne sie leben. Er schätzte Gottes Gegenwart so sehr, dass er nicht einen Schritt machte, ohne ihn zuerst um Rat zu fragen. Bei verschiedenen Gelegenheiten war Gott so weit, Israel zu zerstören, aber Mose legte für das Volk ein Wort ein und Gott hielt sein Gericht zurück. Gott hörte auf Mose, weil er wusste, wer er war – sie pflegten eine vertraute Beziehung miteinander.

> *... mein Knecht Mose: er ist treu in meinem ganzen Haus. Mit ihm rede ich von Mund zu Mund, von Angesicht zu Angesicht und nicht rätselhaft, und er schaut die Gestalt des Herrn (4. Mose 12,7-8; Schlachter 2000).*

Für Mose war es ganz normal, von Angesicht zu Angesicht mit Gott zu sprechen. Für den Rest der Israeliten war dies jedoch nicht der Fall. Ich glaube Gott war klar, dass, wenn er sich ihnen zeigen würde, sie eine ihm ähnliche Statue oder Skulptur zur Anbetung aufstellen würden, anstatt den wahren Gott direkt anzubeten (siehe 5. Mose 4,15-19). Heute findet Götzendienst immer dann statt, wenn wir in unserem Leben etwas über Gott stellen. Erlauben wir ihm aber, allen Götzendienst samt seinen Wurzeln aus unserem Herzen zu entfernen, dann wird er anfangen, sich uns auf persönlicher und vertrauter Ebene zu offenbaren.

Jede Person in der Bibel, die Gott von Angesicht zu Angesicht sah, musste dafür einen Preis zahlen und sich tiefgreifenden Veränderungen unterwerfen. Meiner Meinung nach lehnen heutzutage viele Menschen das „Feuer“ der Herrlichkeit Gottes ab, weil sie befürchten, dass ansonsten ihr wahrer geistlicher Zustand aufgedeckt wird (siehe 5. Mose 4,15-19). Des Weiteren bringt es Heiligkeit und Reinheit hervor. Das sind Eigenschaften, denen eine beträchtliche Anzahl von Menschen ebenfalls ablehnend gegenüber steht, da sie sich gar nicht verändern *wollen*. Sich tiefgreifenden Veränderungen im Leben zu unterwerfen ist nicht gerade einfach, sondern eine kostspielige Angelegenheit. Aus diesem Grund nennt die Bibel nur einige wenige Personen „Freunde Gottes“.

Davids Eifer für Gott

David, der zweite König von Israel, war auch ein Mann voller Leidenschaft und Verlangen nach dem Herrn. Die Bibel bezeichnet ihn als einen Mann nach dem Herzen Gottes (siehe 1. Samuel 13,14). David besaß einen großen Eifer, den Herrn beständig zu suchen und in seiner Gegenwart zu sein. Der erste König, Saul, dachte anscheinend nie daran, die Bundeslade zu seinem Regierungssitz nach Gibea zu bringen. Stattdessen blieb die Bundeslade 20 Jahre lang in der Stadt Kirjat-Jearim, nachdem die feindlichen Philister sie in einem Kampf erbeutet und 7 Monate später zurückgegeben hatten. Als David dann die Königsherrschaft übernahm, war es eine seiner ersten Amtshandlungen, die Bundeslade – und damit die manifeste Gegenwart Gottes – nach Jerusalem zu bringen. Dort errichtete David seinen Wohn- und Regierungssitz (siehe 2. Samuel 6).

David war ein Mann nach dem Herzen Gottes, weil er voller Leidenschaft und Sehnsucht nach der Gegenwart Gottes trachtete.

Ein Verhaltensmuster ist im Leben von David ganz leicht erkennbar: Fast jedes Mal, wenn er sich einer schwierigen Situation ausgesetzt sah, eine wichtige Entscheidung treffen musste oder dem Feind im Kampf gegenüber stand, ging David zuerst vor den Herrn und suchte das Angesicht Gottes (z. B. 1. Samuel 30,6-8). Er war ein leidenschaftlicher Anbeter Gottes. In den Psalmen lesen wir über seine große Sehnsucht nach der Gegenwart Gottes, die ihn dazu antrieb, Gott unablässig zu suchen.

Paulus eindringlicher Wunsch, Gott ganz vertraut zu kennen

> *... um ihn [Christus] und die Kraft seiner Auferstehung und die Gemeinschaft seiner Leiden zu erkennen, indem ich seinem Tod gleich werde ... (Philipper 3,10).*

Der Apostel Paulus besaß ebenfalls diese Leidenschaft für Gott und ein tiefes Verlangen danach, Christus zu kennen. In der Originalsprache der Bibel finden wir verschiedene Worte, die das Verb „kennen" beschreiben: *Gnosis* – ein griechisches Wort, das auf informative, gedankliche, theoretische und wissenschaftliche Erkenntnis hinweist. *Epignosis* – ein griechisches Wort, dass auf experimentelles Wissen hinweist oder Wissen, dass durch Ausüben oder Erleben erworben wird. Auf persönlicher Ebene bezieht es sich darauf, Intimität mit einer anderen Person zu haben oder diese Person sehr genau und vertraut zu kennen. *Jadah* – ein hebräisches Wort mit der Bedeutung, über jemanden sehr genaue und vertraute Kenntnis zu haben oder jemanden auf intimer Ebene zu kennen. Es ist der Wille Gottes, dass jeder Gläubige ihn erlebt oder ihm auf intime Weise von Angesicht zu Angesicht begegnet.

> *[dass ihr wirklich dahin kommt] die Liebe Christi zu erkennen [praktisch, durch eure persönliche Erfahrung], was reine Erkenntnis [ohne Erfahrung] bei weitem übersteigt (Epheser 3,19; Amplified Bible, wörtl. übersetzt).*

Paulus bringt in diesen Versen zum Ausdruck, dass wir die *epignosis* erreichen sollen, die Liebe Christi, die alle *gnosis* übersteigt.

Gott zu kennen bedeutet, seine Liebe zu erfahren. Trotz allem, was wir tun, wie viele Bücher wir lesen oder wie viele Universitätsdiplome wir erwerben, wenn wir Gott nicht ganz praktisch erfahren, werden wir auch die Liebe des Vaters oder das Leben Jesu nicht begreifen können. Ich wünsche mir von Herzen, dass du persönlich erlebst, dass das Königreich, die Kraft und die Herrlichkeit Gottes nicht bloß theologische Konzepte sind, sondern im Hier und Jetzt erlebt werden können. Jesus zu kennen bedeutet, seine Realität, seine Herrschaft, sein Leben und seine Macht auf die Erde zu bringen. Deshalb ist mehr nötig als nur Theologie, wir brauchen die Erfahrung. Jede Person, die Gott wirklich gekannt hat, machte persönliche Erfahrungen mit ihm. Das Gleiche gilt auch für die Gläubigen von heute, die voller Verlangen danach sind, ihn zu erleben.

Theologie ohne Erfahrung oder ohne göttliche Begegnung bringt keinen Gewinn. Wenn wir nie Jesus erleben oder ihn nicht als Herrn und Erlöser annehmen, sind wir verloren, selbst wenn wir die korrekte Theologie oder Theorie über ihn haben. Leider befinden sich aus diesem Grund tausende von religiösen Menschen nun in der Hölle.

Gott in all seinen Facetten kennen lernen

Mose bat Gott, ihm seine Wege zu zeigen, damit er ihn kennen lernen konnte. Im Wesentlichen sagte Mose: „Wenn du mir Offenbarung darüber schenkst, wer du bist, dann verspreche ich, dich von ganzem Herzen zu suchen, bis ich eine Begegnung mit dir habe." Ich denke, wir können uns nicht nur mit der ersten Begegnung zufrieden geben, die wir mit Jesus als unseren Erlöser hatten. Wir müssen ihn fortwährend suchen, um mehr Begegnungen und Erfahrungen mit ihm zu haben und ihn so besser in all seinen verschiedenen Facetten kennenzulernen und zu erkennen. Wir können einfach nicht damit zufrieden sein, etwas *über* ihn zu wissen. Wir müssen *ihn* kennen. Viele Menschen wissen, dass Gott der Versorger ist, sie müssen ihn aber als *ihren* Versorger kennen lernen. Wir haben nicht viel davon, wenn wir wissen, dass Gott für andere sorgt, wenn wir ihn nicht als *unseren* Versorger kennen. Kennst du ihn als deinen Versorger? Du musst eine persönliche Begegnung mit ihm als deinen Versorger haben, um seine übernatürliche Versorgung zu empfangen.

Zwei Monate lang lehrte ich in meiner Gemeinde darüber, Gott als Versorger zu kennen. Etliche Personen erlebten übernatürliche Versorgung oder bekamen Arbeitsstellen, als Gott sich in dieser Hinsicht offenbarte. Versorgung ist nur ein Aspekt seiner Herrlichkeit, denn die Herrlichkeit beinhaltet, wer Gott in seiner *Gesamtheit* ist. Es gibt viele Namen Gottes, wenngleich die meisten Gläubigen nur wenige davon kennen. Erinnere dich, die Herrlichkeit Gottes ist die Umgebung von Gott selbst. Und die verschiedenen Facetten seiner Herrlichkeit entsprechen seinen Namen und seinen Wegen. Jeder Name Gottes offenbart ein spezielles Versprechen, wer er für sein Volk ist; einen Aspekt seines Wesens und seines Charakters. So können wir wissen, dass jede Manifestation von Gott aus dem Wesen und Charakter Gottes entspringt. Wenn Gott einen Aspekt seiner Herrlichkeit offenbart, sollen wir es dementsprechend von ihm in Empfang nehmen.

Viele Menschen verpassen göttliche Begegnungen und Erfahrungen mit seiner Gegenwart. Sie sind zufrieden mit ihrer Theorie, Theologie und all ihrem Wissen, aber das sollte für uns nie genug sein. Jesus hat versprochen, alle Tage unseres Lebens bei uns zu sein (siehe Matthäus 28,20). Mit dieser Wahrheit übereinzustimmen sollte unsererseits nicht nur eine lehrmäßige Aussage sein. Wir dürfen seine Verheißungen tagtäglich im Glauben annehmen, voller Gewissheit, dass er bei uns ist – jetzt bei uns ist! Dann können wir seine wunderbare Liebe, Gnade, Stärke und Kraft erleben.

> *Eine übersättigte Seele tritt Honigseim mit Füßen, einer hungrigen Seele aber ist alles Bittere süß (Sprüche 27,7; Schlachter 2000).*

Die moderne Gemeinde verfügt über viele Ressourcen: Studienbibeln, Bücher, Lehre auf CD oder DVD, Wörterbücher und Lexika, Computerprogramme, online Bibelstudien und die Verkündigung von Gottes Wort durch Satelliten, die den größten Teil der Welt erreichen. Viele Christen können leicht auf diese Ressourcen zugreifen, besonders in den westlichen Nationen. Uns stehen alle möglichen Hilfsmittel zur Verfügung, um geistlich zu wachsen und zu reifen. Jedoch haben wir so viel Wissen, dass wir wählerisch geworden sind bis hin zu dem Punkt, dass einige von uns die eigenen Interessen über das lebendige und verändernde Wort von Jesus stellen. Daraus resultiert auch, dass oft etliche aus unseren Reihen die gesunde Lehre ablehnen und Glaubensvorstellungen annehmen, die uns für unseren eigenen Lebensstil tauglicher vorkommen. Wir sind so selbstzufrieden geworden, dass wir „den Honigseim mit Füßen treten bzw. verabscheuen". Und obwohl eine große Anzahl von Menschen göttliche Offenbarung ablehnt, gibt es da ein „Generation" von Leuten – allen Alters und aus allen Nationen – die aufrichtig nach Gott hungert und dürstet. Es sind Menschen mit der Denkweise eines Jüngers, eines engagierten Schülers oder Lehrling Gottes, die anderen demütig in seinem Namen dienen. Sie sehnen sich danach, mehr über ihn zu lernen, um einen Unterschied in der Welt zu bewirken. Ihnen schmeckt selbst das Bittere süß (siehe Vers 7).

Das Bewusstsein, dass wir die Gegenwart Gottes brauchen, hält uns hungrig und durstig nach ihr.

Vor einigen Jahren diente ich in Trujillo, Peru, tausenden von Pastoren und Gemeindeleitern. Während der Konferenz sah ich in einem bestimmten Abschnitt des Versammlungsortes immer wieder eine Fahne, auf der stand: Söhne des Königreichs im peruanischen Dschungel. In diesem Bereich gab es auch immer den ausgelassensten Lobpreis inklusive tanzen und springen. Nach dem Gottesdienst baten mich diese Leute um ein Gespräch und wir trafen uns in meinem Hotel. Was sie mir erzählten, bewegte mich zutiefst. Ich rief mein Team zusammen, um auch sie hören zu lassen, was diese Menschen berichteten. Dadurch würden sie auch ganz neu zu schätzen wissen, wie gut es ihnen zuhause geht.

Inmitten des peruanischen Dschungels, mit nur wenigen wirtschaftlichen Ressourcen und kaum vorhandener medizinischer Hilfe, trieben diese Leute eine geistliche Revolution voran. Die Gruppe war mehr als 24 Stunden über Land gereist, um nach Trujillo zu kommen und um geistliche Abdeckung durch unseren Dienst zu bitten. Sie berichteten, wie schwer sie zu arbeiten hatten, um genug Geld zum Kauf unserer Materialien zusammenzubringen und schilderten, wie unsere Lehre „Religion im Gegensatz zum Königreich Gottes" die Menschen dort von Religiosität freisetzte. Sie waren auch in der Lage gewesen, unsere Musik zu erwerben, durch die der Lobpreis und die Anbetung in ihren Gemeinden sich völlig veränderten. Anhand unserer Bücher lernten sie, die Stimme Gottes zu hören. Sie sind radikal und die Zeichen eines Gläubigen folgen ihnen! Sie suchen die Drogenabhängigen in ihren Verstecken, führen sie zu Jesus Christus und setzen sie frei. Den Kranken bringen sie Heilung und befreien die Besessenen von Dämonen. Sogar die Krankenhäuser schicken ihre hoffnungslosen Fälle zu ihnen! Obwohl sie mir nie begegnet sind oder mich gesehen haben, taten sie doch durch Gottes Kraft die gleichen Dinge, die wir auch in unserem Dienst tun. Ihr Hunger und Durst nach Gott und seiner Macht setzen seine Hände der Gerechtigkeit zu ihren Gunsten frei.

Seitdem haben wir sie weiter geschult, versorgen sie mit geistlichen Materialien und unterweisen sie über das übernatürliche Wirken und die Vaterschaft Gottes. Bei jedem Zusammentreffen berichtet Pastor Benito Risco davon, was Gott im peruanischen Dschungel tut. Ein Bürgermeister in seiner Umgebung litt beispielsweise in solchem Maß an Hautkrebs, dass, wenn er sich hinlegte, die Haut in Fetzen an der Kleidung hängenblieb. Sein Körper war ein einziges großes Geschwür. Er hatte alle seine Möglichkeiten auf der Suche nach Heilung ausgeschöpft, aber die Ärzte machten ihm keine Hoffnung auf Genesung. Pastor Benito und seine Leute verkündeten ihm das Evangelium und er nahm Jesus in sein Herz auf. Der Bürgermeister nahm an einem Befreiungsseminar teil, wo er unter anderem von Unvergebenheit freigesetzt wurde. In der folgenden Woche stellte er fest, dass seine Haut wie neu aussah. Er war vollständig geheilt! Wo ein Geschwür neben dem anderen gewesen war, befand sich nun normale, gesunde Haut. Jesus hatte ihn geheilt! Die Ärzte fanden dafür keinerlei Erklärung.

Hier folgt noch ein weiteres Zeugnis aus Peru: Ein dreiundzwanzigjähriger Mann im Endstadium von AIDS war vom Krankenhaus nach Hause geschickt worden, um dort zu sterben. Er litt unter Krämpfen. Pastor Benito besuchte den jungen Mann, führte ihn zu Jesus, betete für Heilung und der Kranke fühlte sich etwas besser. Ich lehre die Menschen, Wunder zu bewirken, auch wenn sie nicht sofort sichtbar werden. Deshalb kamen sie zwei weitere Male, um mit ihm zu beten. Der junge Mann ist heute komplett gesund! Als Pastor Benito anfangs unter das Dach unseres Dienstes kam, hatte er zwanzig Gemeinden. Jetzt sind es dreißig Gemeinden mit mehr als fünftausend Gläubigen – mitten im Dschungel! Diese Gläubigen wurden von uns geschult und mit allen Mitteln ausgerüstet, die Gott uns zur Verfügung gestellt hat. Sie bringen reichlich Frucht und es geschehen die gleichen Zeichen und Wunder wie in unserem Dienst. Obwohl sie innerhalb ihrer Denominationen Probleme bekamen und aufgrund der Manifestationen der Kraft Jesu Verfolgung erlebten, entschieden sie sich, der Stimme Gottes zu gehorchen. Sie wünschen sich, dass Menschen gerettet werden und wollen Antworten auf deren Nöte geben. Ihr Verlangen nach Gott bringt sie dazu, ihn mehr und mehr zu suchen und die Zeichen folgen ihnen!

Nutzen und Segnungen, die Jesus am Kreuz errungen hat

Ich teile dies alles mit, um in dir eine Leidenschaft danach zu wecken, Gott immer tiefer und vertrauter zu kennen. Das kann nur durch Jesus erreicht werden, der uns einen Weg bereitet hat, um „hinter den Vorhang“ des Allerheiligsten in die Gegenwart Gottes hineinzukommen. Jesus hat am Kreuz Zuwendungen und Segnungen errungen, die allen gehören, die ihn als Erlöser und Herrn angenommen haben. Durch sie können wir unserer Leidenschaft nachgehen, Gott wirklich zu kennen.

1. Das Allerheiligste wurde für uns geöffnet

Jesus aber schrie wieder mit lauter Stimme und gab den Geist auf. Und siehe, der Vorhang des Tempels zerriss in zwei Stücke, von oben bis unten (Matthäus 27,50-51)

Unter dem Gesetz, im Alten Bund, konnte nur der Hohepriester ein Mal im Jahr am Tag der Versöhnung (oder Sühnetag) das Allerheiligste im Tempel betreten, um Wiedergutmachung für die Sünden des Volkes zu erwirken. Im Allerheiligsten befand sich die Bundeslade oder die Lade der Gegenwart Gottes. Aber durch den Tod und die Auferstehung Jesu haben wir nun direkten Zugang zu seiner Gegenwart, zu seiner Herrlichkeit im himmlischen Allerheiligsten. Die Barriere, die unseren Zutritt beschränkte und uns davon abhielt, in die Herrlichkeit vorzudringen, war Sünde und unsere sündige Natur. Jesus jedoch – Gott, der Sohn, das Lamm Gottes – zerstörte das Bollwerk von Sünde und Tod. Als er am Kreuz starb, zerriss der Vorhang im Tempel von oben nach unten, damit es keinen Zweifel geben konnte, dass dies Gottes Werk war und nicht das eines Menschen. Nur durch Jesus wird uns der Zugang in die Gegenwart Gottes gewährt. Und in dem Moment, als der Vorhang zerriss, betrat der Sohn Gottes das Allerheiligste – die Gegenwart des Vaters – als unser Hoherpriester und Wegbereiter.

2. Durch das Blut Jesu haben wir Zugang zu Gottes Gegenwart

Da wir nun, Brüder, durch das Blut Jesu Freimütigkeit haben zum Eintritt in das Heiligtum … (Hebräer 10,19).

Gott gibt uns Zutritt in seine Gegenwart durch das Blut von Jesus, dem perfekten Lamm. Als Jesus das himmlische Allerheiligste betrat, brachte er sein Blut auf dem himmlischen Altar dar und sein Blut spricht fortwährend zu unseren Gunsten vor dem Vater. Ohne sein Blut hätten wir nicht die Freiheit einzutreten. Das Wort in Hebräer 10,19 für *Freimütigkeit* ist das griechische Wort *parrēsịa* und es bedeutet: Redefreiheit, uneingeschränktes Reden, Offenheit, alles ehrlich zu sagen, was man denkt. Diese Erläuterung hilft uns dabei zu verstehen, dass nur zu glauben, was Jesus für uns getan hat, nicht ausreicht. Wir müssen es aussprechen, verkündigen, anordnen. Deshalb müssen die Erlösten zeugnishaft aussprechen: „Ich bin erlöst“ (siehe Psalm 107,2).

In Amerika ist die Redefreiheit durch die Verfassung garantiert, so wie es auch in vielen anderen Ländern rund um den Globus durch Regierungsdokumente und Gesetze der Fall ist. Wir müssen erkennen und verstehen, dass durch das Blut von Jesus Gott uns in seiner Gegenwart Redefreiheit garantiert. Wir können voller Vertrauen, ohne irgendwelche Zweifel zu haben, kommen, und ganz offen mit ihm reden. Gott möchte auch, dass wir im Kampf gegen Satan und seiner Knechtschaft über uns laut aussprechen, was das Blut Jesu für uns getan hat.

3. Wir haben einen neuen und lebendigen Weg, um in die Gegenwart Gottes einzutreten

> *... den er uns eröffnet hat als einen neuen und lebendigen Weg durch den Vorhang - das ist durch sein Fleisch ... (Hebräer 10,20)*

Jesus führte ein Leben in Gehorsam und Selbstverleugnung, das in seinem Opfertod für uns am Kreuz seinen Höhepunkt fand. Dadurch wurde uns der Weg in das Allerheiligste eröffnet. Er gab damit auch ein Beispiel für alle Gläubigen, in seine Fußstapfen zu treten.

- ***Selbstverleugnung:*** Jesus musste sich selbst verleugnen, um ans Kreuz zu gehen und die Absichten des Vaters für Erlösung zu erfüllen (siehe z. B. Matthäus 26,39+42). Er musste seinen eigenen Willen beiseite legen, um den Willen des Vaters zu tun. Das war die Krönung all seiner Selbstverleugnung. Wir müssen uns gleichermaßen selbst verleugnen und „Nein“ zu unserer rebellischen, sündhaften Natur sagen. Wenn das Ego sagt: „Ich will“, antworten wir mit „Nein“. Was das Ego denkt oder fühlt, ist nicht wichtig. Wichtig ist, was unser himmlischer Vater möchte, dass wir tun. Mit unserem Ego können wir nicht verhandeln; es muss sterben, damit Jesus durch uns leben kann!

Der erste Schritt in der Jesusnachfolge als Jünger ist, das eigene Ego zu verleugnen.

- ***Gehorsam:*** Jesus hat uns den Weg des Gehorsams als die einzige Möglichkeit gezeigt, wie wir reife Menschen werden und uns am ewigen Leben erfreuen können. Kein rebellischer Mensch wird in das Himmelreich gelangen. Bedrängnisse und Nöte aufgrund von Ungehorsam läutern uns in der Regel nicht, noch bringen sie uns zur vollen Reife, doch Drangsale und Leid infolge von Gehorsam bewirken es (siehe Hebräer 5,7-8).
- ***Leid:*** Alle Gotteskinder müssen dem Beispiel Jesu folgen, um durch Leiden in Heiligkeit vollendet zu werden (siehe Verse 8-9). Heutzutage wird in den Gemeinden die Vorstellung von Leiden kaum erwähnt, sondern oftmals sogar abgelehnt. Manche sind sogar soweit gegangen, das Wort ans sich als schlecht anzusehen, weil sie ein Leiden ablehnen, das mit dem völligen Gehorsam gegenüber Gott und seinem Wort einhergeht.
- ***Tod:*** Jesus lieferte sein Leben als ein Opfer aus, um uns den Weg der Nachfolge zu zeigen: der Weg des Todes für das Ego, das Ich oder für das „Fleisch". Wir müssen uns jeden Tag neu entscheiden für den Weg der Selbstverleugnung, des Leidens, des Gehorsams und des Todes, damit Gott durch uns verherrlicht und sichtbar gemacht werden kann (siehe z. B. Matthäus 16,24-25).

4. Wir bekamen einen Hohenpriester

und haben einen Hohenpriester über das Haus Gottes ... (Hebräer 10,21; Luther 1984).

Im himmlischen Heiligtum haben wir einen Hohenpriester, der uns willkommen heißt und uns den Zugang in die Gegenwart von Gott, dem Allmächtigen – der obersten Autorität über das Universum und alles Geschaffene – ermöglicht. Wichtig ist, noch einmal zu betonen, dass dies alles nur Jesus zu verdanken ist.

Ohne ihn hätten wir keinerlei Zugang zum Vater; wir würden nicht akzeptiert werden, bekämen keine Erlaubnis einzutreten und wären nicht willkommen. Jesus ist der Mittelpunkt von allem.

Vor einigen Jahren hatte ich ein Treffen mit dem damaligen Präsidenten George W. Bush. Als wir uns die Hände schüttelten, spürte ich die Autorität, die auf ihm lag. Zu diesem Zeitpunkt war er der mächtigste Mann der Welt, und sich in seiner Gegenwart zu befinden machte mich nervös. Ihm von Angesicht zu Angesicht gegenüberzustehen weckte intensive Gefühle in mir, verursacht durch das Gewicht der Regierungsgewalt und politischen Macht, die auf ihm ruhte. Wenn diese Art von Reaktion beim Treffen mit einem menschlichen Wesen, das sich nicht wirklich von anderen menschlichen Wesen unterscheidet, auftritt, dann stell dir einmal vor, welche Auswirkungen es haben muss, wenn man sich in der Gegenwart des lebendigen, allmächtigen Gottes, dem König der Könige und Herrn der Herren, befindet! Kannst du dir vorstellen, vollen Zutritt zu ihm zu haben, jederzeit und überall? Jesus ist in das Allerheiligste als Hoherpriester eingetreten, um sein Blut als das perfekte Opfer darzubringen, damit du und ich in die Gegenwart des Vaters kommen können – überall, zu jeder Zeit und unter allen Umständen, so oft wir es wollen. Dank sei Gott! Dank dieses Zugangs überträgt Gott uns seine Macht und sein Abbild, damit wir seine Werke auf der Erde tun können (siehe 2. Korinther 3,18).

In einem Gottesdienst in unserer Ortsgemeinde forderte ich einmal alle diejenigen auf, nach vorne zu kommen, die von Geistern der Homosexualität, Bisexualität und Transvestismus befreit worden waren. Die Gemeindemitglieder waren tief berührt, als Raul sein Zeugnis gab. Er berichtete, dass er zwischen seinem dreizehnten und vierzigsten Lebensjahr homosexuell gewesen war und Transvestismus praktiziert hatte. Er nahm auch Drogen, trank Alkohol, rauchte und übte Zauberei aus. Als die Zeit verging und er älter wurde, fühlte er sich mehr und mehr zu weiblicher Kleidung hingezogen. Dieser Wunsch wurde so stark, dass er anfing, Handtaschen und Schmuck, Make-Up, Schuhe mit hohen Absätzen sowie Röcke, Blusen und Kleider zu tragen. Er färbte sich sogar die Haare blond und ließ sie bis zu Taille wachsen.

Wahrscheinlich war dieser Fluch auf ihn gekommen, als seine Mutter während ihrer Schwangerschaft mit Raul eine sexuelle Beziehung mit einem bisexuellen Mann hatte. Raul erzählte auch, dass er als Kind durch seinen Onkel und seinen Cousin sexuell missbraucht worden war. Als er zu seiner Befreiung kam, gab es einen Moment, in dem sich die Dämonen wutentbrannt manifestierten und schrien: „Was machst du hier? Wir sind seit deiner Kindheit bei dir!“ Doch die Macht des Herrn befreite ihn und stellte ihn wieder her; er bekam seine Männlichkeit und Identität als ein Mann Gottes zurück. Er wurde vollständig umgewandelt!

Mit der Zeit begegnete er einer Frau in der Gemeinde, verliebte sich und heiratete sie. Heute ist er glücklich und freut sich, weil er frei ist und eine wunderbare Familie hat. Er bezeugt, dass er keinerlei homosexuelles Verlangen mehr hat. Das Blut Jesu zahlte den Preis für Raul und dadurch bekam er Zutritt zu Gottes Gnade und Gunst. Die Kraft Gottes wurde aktiviert und befreite ihn vom Fluch sexueller Unmoral.

Schlüssel für ein Leben voller leidenschaftlichem Verlangen nach Gott

Möchtest du Verlangen nach Gott haben und Leidenschaft für ihn? Ich habe vier Schlüssel für dich, die dir dabei helfen, solch einen Lebensstil zu entwickeln.

1. Bitte den Heiligen Geist um den Wunsch, von ihm zu trinken

> *An dem letzten, dem großen Tag des Festes aber stand Jesus und rief und sprach: Wenn jemand dürstet, so komme er zu mir und trinke“ (Johannes 7,37).*

Wir müssen den Heiligen Geist darum bitten, dass er uns das Verlangen und den Durst danach gibt, von Gottes Wasser des Lebens zu trinken. Sind wir mit dem Heiligen Geist erfüllt, mit dem Nachweis des Redens in Sprachen (siehe Apostelgeschichte

2,4; 19,6; 1. Korinther 14,18), dann beginnen die Ströme lebendigen Wassers in uns zu fließen. Aber es gibt noch mehr. Das Wort Gottes lehrt uns, dass wir beständig mit dem Heiligen Geist erfüllt werden sollen (siehe Epheser 5,18; Amplified Version[8]). Wir können allerdings auch nicht im Geist wandeln, bis wir diese erste herrliche Erfüllung erlebt haben. Mit dem Heiligen Geist getauft zu werden ist die erste Erfüllung, durch welche wir die übernatürliche Kraft und das Leben des Heiligen Geistes erfahren. Danach müssen wir danach trachten, ständig aufgefüllt zu sein. Das befähigt uns, langfristig jederzeit im Geist zu wandeln.

Doch welchen Vorteil bringt es uns oder anderen, wenn wir davon erzählen, wie der Heilige Geist uns vor vielen Jahren erfüllt hat, wir heute aber wie ausgetrocknet sind? Diesen Zustand finden wir bei vielen Gläubigen vor, die einmal die Erfüllung mit dem Heiligen Geist erlebten, dann aber nicht lernten, wie sie kontinuierlich von ihm trinken können. Mit dem Heiligen Geist getauft zu werden ist nur der erste Schritt. Dann brauchen wir das Feuer, das uns entzündet, um seine Pläne auf der Erde auszuführen. Und nach alle dem müssen wir ein Leben führen, in dem wir uns seiner Herrlichkeit und seinem Feuer aussetzen, um fortwährend erfüllt zu werden. Sonst werden wir austrocknen, egal, wie großartig und kraftvoll die erste Erfüllung war. Wir sollten nie aufhören danach zu streben, immer wieder voll des Heiligen Geistes zu werden.

Hast du nur ein geringes Verlangen danach, Gott zu suchen, möchtest aber gerne echte Leidenschaft bekommen, dann ist die Lösung dafür Gebet. Bitte den Heiligen Geist, mit seinem Feuer auf dich herabzukommen und dich mit *seiner* Leidenschaft zu erfüllen. In späteren Kapiteln werden wir uns diesen Vorgang genauer anschauen.

2. Lass Gott alles in Allen erfüllen

> *... da sah ich den Herrn sitzen auf hohem und erhabenem Thron, und die Säume seines Gewandes* ***füllten*** *den Tempel ...*

---

[8] Wörtl. übersetzt: aber werdet immer erfüllt und stimuliert mit dem Heiligen Geist

Die ganze Erde ist ***erfüllt*** *mit seiner Herrlichkeit … und das Haus wurde mit Rauch* ***erfüllt*** *(Jesaja 6,1; 3-4).*

In diesen Versen finden wir die Worte „füllten" oder „erfüllt". Ich betrachte dies als einen fortwährenden Vorgang, der nie aufhört. Anders gesagt, die Säume seines Gewandes füllten und füllen immer noch den Tempel. Der Rauch erfüllte und erfüllt immer weiter das Haus – die Erfüllung hörte nie auf. Die Bibel sagt uns, dass Jesus *„alles in allen"* erfüllt (Epheser 1,23). Gott kann alles mit seiner Fülle erfüllen – unsere Gemeinden, Städte, Nationen – das ganze Universum! Er kann erfüllen und immer weiter erfüllen. Er ist der Einzige, der das Universum mit seiner Gegenwart erfüllen kann. Die Frage ist, wie viel von Gott wollen wir? In welchem Umfang wir mit seiner Fülle erfüllt sind, hängt davon ab, wie viel von ihm wir haben wollen. Manche sind der Überzeugung, dass sie schon genug „Fülle" Gottes in sich haben, aber Gott lebt immer weiter und er erfüllt immer weiter. Deshalb kann man immer noch mehr von ihm bekommen, da gibt es immer wieder etwas Neues und Größeres zu empfangen. Die Herrlichkeit des Herrn pflegte die Stiftshütte zu erfüllen, die von Menschenhand errichtet worden war (siehe z. B. 2. Mose 40,34). Heute jedoch möchte er den Tempel erfüllen, den er gebaut hat, und uns mit seiner Fülle erfüllen (siehe z. B. Epheser 1,22-23; 1. Petrus 2,5).

Durst ist eine treibende Kraft, die uns unser Ansehen vergessen und „verrückte" Dinge tun lässt.

Wenn du nach Gott dürstest, lebe nicht länger von vergangener Herrlichkeit. Das taten die Israeliten, als sie sich beispielsweise an ihre Vorväter erinnerten, die in der Wüste das Manna aßen. Sie erkannten nicht, dass das Brot vom Himmel Jesus Christus repräsentierte, das Brot des Lebens, und dass das *„wahre Brot vom Himmel"* mitten unter ihnen lebte (siehe Johannes 6,30-35). Heute lebt Jesus in unseren Herzen. Deshalb brauchen wir nicht in der Vergangenheit leben – angewiesen auf frühere Herrlichkeit – oder darauf warten, dass morgen etwas geschieht. Glaube einfach!

> *Wenn jemand dürstet, so komme er zu mir und trinke! Wer an mich glaubt, wie die Schrift gesagt hat, aus seinem Leibe [Inneren] werden Ströme lebendigen Wassers fließen (Johannes 7,37-38).*

Lies das noch einmal in der Verlaufsform der Gegenwart[9]: „Wenn jemand dürstet und weiterdürstet, so komme er fortwährend zu mir und trinke immer weiter. Wer an mich glaubt und mir ununterbrochen folgt, wie die Schrift gesagt hat, aus dessen Inneren werden unaufhörlich Ströme lebendigen Wassers fließen." Es ist nicht genug, vom Heiligen Geist berührt zu werden oder einen Segen von ihm zu empfangen. Wir brauchen das beständige Fließen der Ströme. Sobald unser Durst einmal gestillt ist, können wir für die Kranken beten, Jesus bezeugen und wirksame Werkzeuge Gottes werden, die vielen Menschen zum Segen werden. Aber um diese Dienste aufrecht zu erhalten, müssen wir immer wieder zurückkehren und trinken.

Der Schlüssel, um fortwährend gefüllt zu sein, ist, Gott leidenschaftlich zu suchen durch Lobpreis und Anbetung, einschließlich des Singens von Hymnen oder anderen Liedern. Wir müssen ihn unablässig anbeten und mit ihm Gemeinschaft haben.

3. Sei bereit, Risiken einzugehen

Wenn wir nach der Herrlichkeit streben und uns entscheiden, Gott in Bezug auf das Übernatürliche zu glauben, nehmen wir nicht nur das Risiko auf uns, eine neue Arena in unserem Leben zu betreten. Wir riskieren auch die Missbilligung durch andere. Doch genauso wie Jesus müssen wir Risiken auf uns nehmen, um den Menschen mit der Gnade Gottes zu dienen (siehe z. B. Johannes 5,1-17).

Was für Risiken können es sein? Eine große Anzahl von Menschen in den Gemeinden glauben beispielsweise nicht an die Ma-

---

9 Neben der einfachen Präsensform(Gegenwartsform) gibt es im Englischen die Verlaufsform des Präsens

nifestationen des Heiligen Geistes wie Heilungen und Wunder. Sie denken, dass solche Dinge nur zur Zeit der Apostel vorkamen. Deswegen können wir missverstanden werden. Es kann sein, dass wir aus unserer Denomination ausgeschlossen werden, Kritik erleben, verspottet werden oder sogar wegen solcher Manifestationen wie lachen oder „im Geist ruhen“ unsere Arbeitsstelle verlieren. Bist du Pastor, kann es sein, dass du Gemeindemitglieder verlierst oder sogar einige der Leiter. Und trotzdem frage ich dich: „Bist du bereit, das Risiko einzugehen?“

Pastor Javier Aguilar aus Málaga, Spanien, ist mit unserem Dienst verbunden. Er gehörte einer Denomination an, die nicht an das Übernatürliche glaubte. Doch vor nicht all zu langer Zeit fing er an, sich nach mehr von Gott zu sehnen. Als er eines Tages im Gebet war, hörte er Gott sagen: „Guillermo Maldonado“. Er hatte noch nie von mir gehört und forschte deshalb im Internet nach. Auf unserer Webseite stieß er auf mein Buch *Inner Healing and Deliverance*[10]. Obwohl er nicht an diese Dinge glaubte, bestellte er sich das Buch und las es. Ein Resultat davon war, dass Pastor Javier frei wurde von sinnloser Eifersucht, durch die seine Ehe zerstört worden war. Er las noch mehr von meinen Lehren und entschied sich dann, das Risiko einzugehen und von der Kraft Gottes zu predigen und sie auch zu demonstrieren. Also tat er es, obwohl er deshalb von seiner Denomination ausgeschlossen wurde.

Bevor dies geschah, hatte man bei Pastor Javier Hepatitis C festgestellt – eine potentiell tödliche Krankheit, welche die Leber zerstört. Die Ärzte gaben ihm nur noch zehn Jahre zu leben, aber voller Glauben wies er diese Diagnose zurück. Er entschied sich, dem Herrn zu glauben, wandte das Blut Jesu an und erklärte sich für gesund. Den Vorschlag einer Lebertransplantation lehnte er ab und sagte: „Apostel Maldonado lehrt, dass ich die Autorität habe, im Namen von Jesus alle Generationsflüche zu brechen und zu zerstören.“ Einen Monat später suchte er den Arzt wieder auf, der dann nur noch bestätigen konnte, dass alle Tests negativ ausgefallen waren! Die Ärzte meinten, er habe Glück gehabt, aber

---

[10] Innere Heilung und Befreiung (nur in englisch oder spanisch erschienen)

Pastor Aguilar wusste genau, dass es nichts mit Glück haben zu tun hatte. Jesus war es, der ihn geheilt hatte!

Die Gemeinde von Pastor Javier hat sich vervielfacht und er trainiert seine Leute und rüstet sie aus. Durch ihn und seine Gemeindemitglieder befreit der Herr die Gebundenen und heilt die Kranken. Zum Beispiel gab es dort ein Kind, das an einer Lungenkrankheit litt, die das Wachstum und Gewichtszunahme verhinderte. Pastor Javier ließ das Kind sich setzen, streckte dessen Beine gerade nach vorne und betete. Gott manifestierte sich in solch herrlicher Weise, dass in Gegenwart von Zeugen die Beine augenblicklich fünf Zentimeter wuchsen. In Málaga, Spanien, wirkt der Herr erstaunliche Wunder, weil eine Person die Entscheidung traf, Risiken einzugehen. Im Glauben setze sich dieser Mann in Bewegung um zu sehen, wie die Herrlichkeit Gottes auf seine Nation herabkommt. Pastor Javier zahlte den Preis und heute haben hunderte den Nutzen davon.

4. Verändere starre mentale, religiöse und konfessionelle Strukturen

Wir haben vorher schon darüber gesprochen, wie althergebrachte Strukturen innerhalb der Gemeinde – die in sich selbst nicht schlecht sein müssen – das Wirken Gottes in unserem Leben blockieren und unsere Leidenschaft für ihn dämpfen können. Einige Gemeinden weichen beispielsweise nie von der vorgegeben Gottesdienstordnung ab. Sie beginnen mit Gebet, singen drei schnelle „Lobpreislieder", worauf drei langsame „Anbetungslieder" folgen, sammeln das Opfer ein, predigen die Botschaft und enden mit der Einladung, Jesus als Herrn und Erlöser anzunehmen. Was ist aber, wenn der Heilige Geist an einem bestimmten Tag diese Reihenfolge ändern möchte, und der Aufruf für die Verlorenen vor der Predigt sein soll? Wir müssen bereit und willens sein, jede Struktur aufzubrechen, die ihn davon abhalten könnte, nach seinen Vorstellungen unter uns zu wirken. Wenn der Heilige Geist Seelen retten möchte, ist es wichtiger ihm den Raum dafür zu geben, als unser Programm einzuhalten.

Religiosität tötet unsere Leidenschaft und unser Verlangen nach Gott.

Ein weiteres Beispiel für das Befolgen von starren Regeln ist das Verbot, die Gabe der Sprachenrede und Auslegung öffentlich zu praktizieren. Wir müssen uns von menschlichen Bestimmungen und Verordnungen lösen und dem Heiligen Geist hingeben, voller Vertrauen auf sein Wirken. Wir können sicher sein, dass nichts außer Kontrolle geraten wird, wenn er in Kontrolle ist. Er ist immer geordnet, nicht ungeordnet. Die Frage ist: Wollen wir dem Heiligen Geist gefallen oder unterwerfen wir uns dem Druck von anderen Menschen und folgen menschengemachten Programmen und Tagesordnungen? Wenn es unsere Priorität ist, ihm zu gefallen, dann müssen wir zu Risiken bereit sein und zeigen, dass Gott auch heute noch immer zu uns redet und Wunder tut und dass der Heilige Geist nicht durch unsere starren Strukturen beschränkt werden sollte. Wir müssen dem Geist gestatten, Gott Ehre und Ruhm zu geben und überall sein Königreich voranzutreiben, auszudehnen und aufzurichten.

Unglücklicherweise ist Religiosität in den Gemeinden weit verbreitet und tötet unsere Leidenschaft und unseren Durst nach Gott. Eine von George Barna durchgeführte Umfrage ergab, dass der durchschnittliche Gläubige mehr Zeit mit Fernsehen, Musikhören oder allgemeinem Bücherlesen verbringt als damit, in der Bibel zu lesen. Die meisten Menschen sterben, ohne jemals eine Seele für Jesus gewonnen zu haben. Dazu bekennen acht von zehn Gläubigen, während eines Anbetungsgottesdienstes noch nie in die Gegenwart Gottes hineingekommen zu sein oder eine Verbindung mit ihm erlebt zu haben. Diese Menschen folgen in der Tat einer Religion, haben aber keine echte Beziehung mit Gott. Sie besuchen die Gemeinde, halten die Richtlinien, Gebote, Regeln, Rituale und Traditionen ein, erleben aber niemals die lebendige, reale und spürbare Präsenz Gottes.[11]

---

[11] George Barna, *Revolution* (Carol Stream,IL: Barna Books [Tyndale House Publishers], 2006) 31-37

Wir haben vorher über die Pharisäer gesprochen, die Theologen und höchsten religiösen Autoritäten zu Jesu Lebzeiten. Ihre logische und philosophische Schulung, ihre Kenntnisse des Gesetzes und ihre Theologie waren tiefgehend und umfassend. Aber ihre fleischliche Gesinnung, die der Religiosität verpflichtet war, machte sie blind und hinderte sie daran, ihren himmlischen Vater zu erleben, der in Christus Jesus Fleisch wurde. Sie dachten, dass sie durch Werke und persönliche Opfer gerechtfertigt wurden und die meisten von ihnen wurden sich niemals ihrer Bedürftigkeit nach Jesus bewusst – vielmehr war genau das Gegenteil der Fall. Sie beschuldigten Jesus, ein Häretiker[12] zu sein, und versuchten, jeden zum Schweigen zu bringen, der bereit war, seine Macht zu bezeugen. Während sie wachsam blieben, um sicherzustellen, dass die Rituale, Traditionen, Glaubenslehre, Disziplin und das Gesetz eingehalten wurden, zerstörte ihre Religiosität ihren Hunger und Durst danach, die wahre Kraft und Macht Gottes zu erleben. Es hielt sie davon ab, eine übernatürliche Erfahrung mit ihm zu machen und zu erkennen, dass Jesus die Erfüllung der Prophezeiung war. Die meisten von ihnen erkannten ihn niemals als den Messias an.

Unsere Beschäftigung mit religiösen Handlungen lässt uns unser Bedürfnis nach Gott vergessen.

Betrachte einmal im Gegensatz dazu folgende Menschen, die vielleicht nicht so gelehrt waren, aber ein größeres Bewusstsein dafür hatten, wie sehr sie Gott nötig hatten. Da war Simeon, ein älterer Mann, der Jesus als den Messias erkannte, als dieser noch ein neugeborenes Baby war. Sein Hunger nach der Gegenwart Gottes schenkte ihm die Offenbarung des Heiligen Geistes (siehe Lukas 2,25-32). Es gab auch Zachäus, den Oberzöllner, der zwar klein war an Statur, aber leidenschaftlich gerne Gott kennen wollte. Er riskierte seine Würde sowie die Quelle seines Reichtums, und Jesus vergab ihm seine Sünden und verwandelte sein Leben (siehe Lukas 19,1-10). Es wird auch von der Frau aus Samaria

12 Häretiker: jemand, der von der offiziellen Glaubenslehre abweicht

berichtet, die ihr Leben aufs Spiel setzte, indem sie mit einem Juden sprach. Sie wagte es, ihren unmoralischen Lebensstil zu bekennen und lernte, den wahren Gott anzubeten (Johannes 4,5-42). Sieh dir abschließend noch den von Dämonen besessenen Mann an, der im Land der Gerasener lebte. Voller Verzweiflung lief er auf Jesus zu und wurde von aller dämonischen Quälerei befreit (siehe Markus 5,1-20).

Alle diese Menschen zeigen, dass sie nach Gott dürsten, und wurden von ihm im Gegenzug gesegnet. Religion hat Theologien, Praktiken, Regeln und Richtlinien geschaffen, die uns von den Segnungen Gottes trennen. Sie bringen Formate hervor, die „im Namen von Gott" verhindern, dass wir das wahre Evangelium empfangen. Wenn Jesus die Nummer eins in unserem Herzen ist, dann ist das Christenleben nicht kompliziert. Die religiösen Menschen seiner Zeit erkannten ihn nicht, weil sie sich sowohl in ihren Ämtern, ihrem Wissen, ihrer Ausbildung und ihrer Disziplin wohlfühlten, wie auch in ihren Werken für Gott oder den großen Opfern, die sie darbrachten, um ihm zu gefallen. Diese Dinge trennten sie von der Wahrheit; ihre Ohren waren nicht empfangsbereit.

Diejenigen aber, die Jesus anerkannten, waren sich ihrer Bedürftigkeit bewusst. Sie hatten genug von ihren Umständen und wünschten sich Veränderung. Das führt uns zu der Schlussfolgerung, dass oft diejenigen Menschen für eine Umgestaltung bereit sind, die tiefer in Sünde verstrickt sind. Sie haben schon alles Mögliche ausprobiert und versucht und stellen fest, dass nichts davon gewirkt hat oder wirken wird. Sie brauchen ein Wunder!

Andere wiederum sind bereit für Veränderung, weil sie die Nase voll haben von Religion. Sie müssen nicht bewusst oder offensichtlich in Sünde verstrickt sein, sondern sie nehmen wahr, dass sie auf der Stelle treten und etwas Neues von Gott brauchen. Sie wollen wachsen!

Hunger und Durst nach Gott aktiviert seine Versorgung. Er wird sich nicht manifestieren, wenn kein Bedarf da ist.

Wenn wir denken, wir brauchen nichts weiter und sind mit unserem Zustand, unseren Werken und unseren Ritualen zufrieden, dann werden wir wahrscheinlich alles Neue, das Gott tut, als absurd oder ketzerisch betrachten.

Jedes Mal, wenn ich außerhalb der USA predige, kommt die größte Nachfrage nach der auf mir liegenden Salbung für Heilung aus Gebieten, wo die Menschen Hunger und Durst nach Gott haben. Sie leben in Ländern, wo sie keine Krankenversicherung haben oder sich keinen Doktor leisten können und wissen genau, dass, wenn Gott sie nicht heilt, sie sterben werden. Sie sind sich ihres Bedürfnisses nach ihm sehr bewusst. Alles, was sie haben, ist ihr Glaube an Gott für ein Wunder. Das lässt sie Risiken eingehen und große Entfernungen zurücklegen, um Heilung oder Befreiung zu bekommen; entweder für sie selbst oder für Angehörige oder Freunde.

Es ist noch nicht lange her, da traf ich in einem südamerikanischen Land eine Frau, die hunderte von Meilen gereist war, weil sie nach Befreiung für ihre von Dämonen besessene Tochter suchte. Meine Predigt war zu Ende und ich nahm mir Zeit, mit den Menschen zu sprechen. Die Menge um mich herum war fast undurchdringlich. Diese Frau jedoch nahm ihre Tochter, drängte die Ordner beiseite, bahnte sich ihren Weg vorbei an meinem persönlichen Sicherheitsschutz und tauchte hinter mir auf. Sie war nicht zu stoppen! Als sie mich verschwitzt erreichte, schrie und weinte sie. Die Sicherheitsleute versuchten, mich durch eine andere Tür rauszubringen, doch spürte ich ihren Schmerz, empfand Mitleid mit ihr und blieb stehen. Diese Frau erzählte mir voller Verzweiflung was mit ihrer Tochter geschah, die schreckliche Angst hatte. Ich bedrohte den Dämon, der das Mädchen quälte, salbte sie mit Öl und sofort war sie frei! Ihr Gesichtsausdruck verändert sich total. Tränenüberströmt umarmte mich ihre Mutter und dankte Gott. Was war geschehen? Diese Frau war sich ihrer Not und Bedürftigkeit bewusst, riskierte alles, um Hilfe zu bekommen und wurde dafür belohnt.

Gewinne deine Leidenschaft für Gott zurück

Manche Menschen wünschen sich auf intellektueller Ebene die Gegenwart Gottes, aber es fehlt ihnen an Leidenschaft. Diese Art von „Wunsch" ist eine passive Denkhaltung; man erhofft oder sehnt sich nach etwas, doch wird nichts unternommen, um es zu bekommen. Leidenschaft dagegen ist eine treibende Kraft, eine geistliche Energie, die unseren Lebensstil, unsere Mentalität und unsere Handlungen formt und uns dazu bringt, für das Erreichen unserer Wünsche und Träume zu kämpfen. Wenn jemand leidenschaftlich etwas bestimmtes erreichen oder bekommen will, dann mobilisiert er all seine Energien und jeder Gedanke dreht sich um die Suche und das Erreichen dieses begehrten Ziels. Unser Denken, unsere Gespräche und unsere Prioritäten haben ihren Ursprung in den Wünschen und Leidenschaften unseres Herzens. Sich einfach nur etwas wünschen hat noch niemanden dazu gebracht, es auch zu erreichen. Wir brauchen geistliche Leidenschaft!

Vermeide die Extreme von Ausschweifung und Trägheit

Wenn wir unsere Leidenschaften nicht zum Erfüllen von Gottes Vision freisetzen – sein Reich auf der Erde auszubreiten und Seelen gewinnen – resultiert daraus Tragischerweise, dass wir oft 1): unsere Leidenschaften in ungesunder Weise für die Befriedigung unseres Fleisches (Ausschweifung/ Zügellosigkeit/ Schwelgerei) freisetzen, was in Wirklichkeit das Gegenteil von wahrer Leidenschaft ist, oder 2): wir werden geistlichen Dingen gegenüber träge und stumpfen ab.

Das griechische Wort für Ausschweifung, Zügellosigkeit oder Schwelgerei ist *asẹlgeia*, und bedeutet: Exzess, sexuelle Ausschweifung, ungezügelte Lust, und Schamlosigkeit. Ausschweifung oder Zügellosigkeit bezieht sich nicht nur auf sexuelle Unmoral, sondern auch auf andere negative Haltungen und Verhaltensweisen wie Völlerei bei Nahrungsmitteln, verschwenderischer Umgang mit Konsumgütern, das Anhäufen von materiellen Dingen sowie andere Erscheinungsformen eigensüchtiger Wünsche in den Lebensbereichen, die wir nicht Jesus Christus ausgeliefert haben. Ausschweifung ist eine ungezügelte Lebensweise für eigensüchtige und böse Zwecke. Wahre Leidenschaft jedoch bedeutet, rückhaltlos für das Erreichen der Absichten und Visionen Gottes zu leben.

Lethargie ist eine tödliche Waffe, die der Feind dazu benutzt, die Armee Gottes davon abzuhalten, die Absichten Gottes zu erfüllen. Lethargie soll dazu führen, dass wir unsere Leidenschaft für Jesus und sein Reich verlieren. Apathie legt sich wie eine Decke auf uns, die uns in tiefem Schlummer zudeckt. In diesem Zustand befindet sich heute ein Großteil der Gemeinden. Jesus warnte die passiv (oder lau) Gesinnten:

> *Also, weil du lau bist und weder heiß noch kalt, werde ich dich ausspeien aus meinem Munde (Offenbarung 3,16).*

Ein großes Problem, besonders in den USA, entsteht auch, wenn die Menschen geistlich wachsen, die Segnungen Gottes erleben und sich dann immer weniger bewusst werden, wie sehr sie Gott nötig haben – seine Gegenwart und seine Macht. Viele Pastoren oder geistliche Leiter sind mit ihrem Einkommen, den Mitgliederzahlen und der Routine zufrieden und scheinen keinen Anlass für Veränderung zu sehen. Und wenn Gläubige geheilt, befreit, erfolgreich und wohlhabend sind, dann werden viele von ihnen bequem und hören auf, nach Gott zu suchen. Wir können keinen Hunger und Durst nach etwas haben, von dem wir uns nicht bewusst sind, dass wir es brauchen. Und wenn wir nicht glauben, dass wir etwas benötigen, werden wir auch nicht leidenschaftlich danach auf die Suche gehen.

Seltsamerweise werden Gläubige, die durch Fasten, Gebet und Fürbitte Gott suchen, oft als Fanatiker angesehen. Doch viele dieser Suchenden begreifen, dass eine große Zahl von Menschen in dieser Welt verloren ist, und sie wollen ihnen durch die Kraft des Heiligen Geistes helfen. Sie wissen, dass unzählige Menschen in Süchten gefangen sind, unter Verwirrung oder Verzweiflung leiden, aus zerrütteten Familien kommen oder am Rande des Selbstmords stehen. Und dennoch reagiert ein Großteil der Gemeinde nicht voller Barmherzigkeit. Menschen, die durch den Geist der Trägheit oder Lethargie ruhig gestellt worden sind, fehlt der Wunsch danach, Gott zu dienen. Sie können nicht gegen diese Passivität ankämpfen, weil ihnen die Energie dazu fehlt. Sind sie aber erst einmal mittels der Kraft des Heiligen Geistes davon freigesetzt, kann sie nichts mehr davon abhalten, den Willen Gottes zu tun und den Feind zu besiegen! Der Geist Gottes kann den Geist der Lethargie brechen.

Sei ein leidenschaftlicher Pionier

Menschen mit einer Leidenschaft kann man nicht aufhalten. Sie verlieren weder ihren Fokus, noch lassen sie sich entmutigen. Sie zeichnen sich immer durch tiefe Überzeugungen aus, weil sie sich ganz der Erfüllung ihrer Pflichten und Verantwortlichkeiten widmen. Diejenigen voller Leidenschaft für Jesus werden von einer göttlichen Vision verzehrt. Das hilft ihnen dabei, sich über die täglichen Widerstände, Kämpfe und Routinen zu erheben. Ihre Leidenschaft führt dazu, dass sie menschliche Muster und starre Strukturen durchbrechen. Sie sind Pioniere tiefgreifender Veränderungen, haben einen Sinn für ihre Bestimmung und bewegen sich auf konkrete Ziele zu. Sie leben als Visionäre ein außergewöhnliches und unerschütterliches Leben. Ihre Leidenschaft wird sichtbar, wenn sie Gott loben und anbeten, ihm Opfergaben darbringen und ihm von ganzem Herzen dienen. Diese Menschen sind sich der Dringlichkeit der Zeit bewusst und haben ein tiefes Verlangen nach einer engen und vertrauten Beziehung mit dem Heiligen Geist. Sie möchten anderen von Jesus und seinem Reich erzählen und wissen, dass die geistliche Ernte zum Einsammeln bereit ist. Sie lieben die verlorenen Seelen, werden durch die Pläne Gottes zum Handeln bewegt und arbeiten deshalb in exzellenter Weise für ihn.

Gott gebraucht zur Ausweitung seines Reiches Männer und Frauen, Alte und Junge – Menschen aus allen Rassen, Sprachen und Berufen. Darum hat mich auch das folgende Zeugnis einer Frau besonders berührt, die eins unserer „Häuser des Friedens“ in Miami leitet. Rosslynn ist erst zweiundzwanzig Jahre alt. Sie hatte eine Ohreninfektion gehabt, welche zu einer Meningitis (Hirnhautentzündung) führte. Es entstanden noch weitere Komplikationen durch Wasseransammlung und Druck im Gehirn. Eine Operation verminderte den Druck, jedoch waren die Sehnerven schon irreversibel geschädigt. Ihre Sehkraft nahm immer mehr ab, bis sie schließlich als blind eingestuft wurde. Rosslynn suchte etliche Ärzte in ganz Florida auf und ging sogar zu der führenden Augenklinik in den USA, aber die Diagnose war jedes Mal, dass sie nie wieder würde sehen können. Dann zeigte mir der Herr einmal während eines Gottesdienstes, dass er die Blinden heilen wollte. Nachdem ich für Heilung der Sehfähigkeit von Rosslynn gebetet hatte, wurde ihre Sehkraft komplett wiederhergestellt!

Die Kraft Gottes begann danach so mächtig durch sie zu fließen, dass zahlreiche Menschen geheilt wurden, wenn Rosslynn für sie betete. Das ist der Strom Gottes, der niemals aufhört zu fließen; die Strömung wird höchstens stärker. Die junge Frau fing an, jedem, der ihren Weg kreuzte, von Jesus zu erzählen, indem sie von ihrer Heilung berichtete. An einem Nachmittag vor ihrem Treffen in ihrem „Haus des Friedens“, ging sie zum Einkaufszentrum, um zu evangelisieren. Dort bemerkte sie, dass es in einem Sehzentrum ein Sonderangebot für Brillen gab, in dem eine kostenlose Augenuntersuchung enthalten war. Kühn ging sie zu der Gruppe von acht Menschen, die in der Warteschlange standen. Sie bat um ihre Namen und ärztlichen Verordnungen und gab ihnen im Gegenzug eine Karte mit einer Adresse, wo sie hingehen und kostenlos ihre Brillen beanspruchen konnten. Um sieben Uhr abends klopften diese Leute an ihre Tür und fragten nach ihren Brillen. Sie begrüßte sie und sagte: „Gebt mir bitte 30 Minuten, um euch etwas zu lehren und zum Schluss werdet ihr erhalten, wozu ihr hergekommen seid.“ Als Rosslynn fertig war, fragte sie, ob sie für die Leute beten dürfe und alle sagten Ja. Nachdem sie Gottes Plan der Erlösung verkündet hatte, wendete sie die Wahrheiten über Heilungen und Wunder, die ich in der Gemeinde gelehrt hatte, an und betete voller Glauben. Die übernatürliche Kraft Gottes kam auf alle Augen und zu seiner Herrlichkeit und Ehre wurde die Sehkraft eines jeden wiederhergestellt!

Unter Verwendung der Bibel ließ sie jeden das tun, was er oder sie vorher nicht konnte, nämlich ohne die Hilfe einer Brille lesen. Dadurch bestätigte sich die Heilung einer jeden Person. Stell dir die Überraschung dieser Leute vor! Aber interessanterweise wollten sie immer noch ihre kostenlosen Brillen haben. Also sagte Rosslynn zu ihnen: „Wir gehen zurück ins Einkaufszentrum, es ist nur drei Minuten bis dorthin, und ihr lasst eure Augen kostenlos checken." Nach den Untersuchungen wurde allen mitgeteilt, dass ihre Sehschärfe 100% betrug und sie keine Brille benötigten. Die Ärzte waren total überrascht und konnten es kaum fassen. Die medizinischen Unterlagen bestätigten bei einigen eine Kurzsichtigkeit von -2 oder -3 Dioptrien sowie eine Hornhautverkrümmung; bei einem jungen Mann waren es sogar -5 Dioptrien gewesen und man hatte ein Auge für blind erklärt – und nun war das Auge völlig geheilt. (Danach wurden keine Brillen mehr verlangt). Am Ende dieses Abends war nicht nur jeder geheilt worden, sondern auch errettet! Lob sei dem Herrn!

Um etwas zu bekommen, was du wirklich haben willst, sei bereit, alles dafür zu riskieren.

Rosslynn ist auch die Hauptfigur in dem „verrücktesten" Bericht über Evangelisation, den ich je gehört habe. Sie war so begeistert über ihr Wunder, dass sie anfing viele Dinge zu tun, die sie nach dem Verlust ihres Sehvermögens nicht mehr hatte tun können, wie z. B. Autofahren. Eines Nachts wurde sie beim Autofahren von einem Polizisten angehalten. Lies selbst in den Worten dieses Polizisten, der uns eine Email schrieb, was dann geschah:

In der Nacht des 21. März hielt ich eine junge Frau mit Nachnamen Rodriguez wegen überhöhter Geschwindigkeit in einem Baustellenbereich an. Sie stand unter großem emotionalem Stress und weinte und schrie hemmungslos. Sie besaß keinen Führerschein und ihr Ausweis zeigte, dass sie als Blinde eingestuft war. Deshalb stellte ich sie unter Arrest; legte ihr Handschellen an und ließ sie auf dem Rücksitz unseres Polizeiwagens Platz nehmen. Während wir auf den Abschleppwagen für ihr Auto warteten, hörte sie nicht auf zu reden. Ich sagte ihr, sie solle sich beruhigen, aber sie redete einfach weiter. Ihr Tonfall war so mutig und aufrichtig, dass ich nicht anders konnte, als ihr zuzuhören. Sie sagte, dass ihre Dokumente sie als blind auswiesen, weil ihr Sehnerv abgestorben war und keine Informationen vom Gehirn mehr empfangen konnte. Sie hatte den vom Arzt unterzeichneten Nachweis bei sich. Und doch konnte sie perfekt sehen, weil Gott sie geheilt hatte. Sie teilte mir mit, was sie als „Gute Nachricht" bezeichnete. In meinem Streifenwagen berührte mich die Gegenwart Gottes und ihr Zeugnis traf mich mitten ins Herz. Die junge Frau sagte, sie würde mir die Kraft Gottes zeigen und leitete mich zuerst in etwas, dass sie das „Gebet des Sünders" nannte. Dann betete sie für meine Gesundheit, ohne zu wissen, dass die Ärzte Gicht und eine Anhäufung von Harnsäure bei mir festgestellt hatten. Dadurch waren Zysten und Tumore entstanden sowie ein Entzündungsprozess, der Arthritis und anhaltende Nierenschäden verursachte, welche unheilbar werden konnten. Als sie mit beten fertig war, bat sie mich, alles zu überprüfen, um Anzeichen für eine Heilung zu entdecken. Schweigend untersuchte ich alle Stellen, an denen sich die Tumore und Zysten befunden hatten, inklusive Nacken und Beine. Doch konnte ich weder einen Tumor noch eine Zyste finden! Ich fing an zu weinen und konnte nicht damit aufhören. Gott hatte mich geheilt! Sofort öffnete ich die Tür des Wagens, entfernte die Handschellen und teilte Frau Rodriguez mit, sie könne jetzt gehen. Doch stattdessen umarmte sie mich und sagte, dass Jesus mich liebt und er mich errettet und geheilt hat. Die junge Frau hätte es verdient, eine Strafe von 300 Dollar zu zahlen und mindestens 3 Tage im Gefängnis zu verbringen, bis der Richter eine Kaution gestellt hätte; doch ich ließ sie gehen. Diese Nacht werde ich niemals vergessen. Gott hat mein Leben völlig verändert! [Danach bekam Rosslynn auch ihre Fahrerlaubnis!]

Denke einmal darüber nach, wie es mit deinem Eifer für Gott steht. Ist er abgeflaut, so dass du dich Ausschweifungen zugewandt hast? Bist du besessen von deiner Arbeit, von Sex, materiellen Gütern oder einem Hobby? Dann gewinne deine wahre Leidenschaft für ihn wieder zurück! Oder bist du passiv geworden, so dass dich nichts mehr motivieren oder begeistern kann? Wach auf und komm raus aus deiner geistlichen Trägheit! Kehre zurück zu deiner ersten Liebe (siehe Offenbarung 2,1-5). Eine bedürftige Welt dürstet nach dem wahren Gott!

Lieber Freund, liebe Freundin, ich möchte Gott bitten, seine Gegenwart freizusetzen und dich anzuregen, nach ihm zu hungern und zu dürsten wie niemals zuvor:

In Jesu Namen bete ich, dass der Schleier und die Knechtschaft von Religiosität jetzt entfernt werden. Ich erkläre, dass deine Augen geöffnet werden, um die Wahrheit zu erkennen und anzunehmen. Herr, setze einen Hunger und Durst in dem Leser oder der Leserin frei, damit tagtäglich der Wunsch zunimmt, Jesus in der Kraft seiner Auferstehung zu suchen. Amen.

Erfahrungen mit Gott

- Verbringe Zeit in der Gegenwart Gottes; suche ihn, selbst wenn du ihm gegenüber nichts fühlst. Sich nur darum bemühen macht schon einen Unterschied. „Naht euch Gott! Und er wird sich euch nahen" (Jakobus 4,8).
- Komm immer voller Durst zu der Quelle des Lebens – Jesus. Während deiner persönlichen Zeit mit Gott lies in den Psalmen (wie Psalm 42, 63 und 84). Achte darauf, wie David mit Leidenschaft für Gott betet, selbst in extremer Verfolgung und Not. Benutze diese Psalmen als Gebet und mache dann weiter, indem du mit Gott in deinen eigenen Worten redest.

Kapitel 7

Voraussetzungen, Belohnungen und Nutzen der Herrlichkeit

Leidenschaft für Gott ist ausschlaggebend dafür, seine Herrlichkeit zu erleben. Damit sich diese Leidenschaft weiter entwickeln kann ist es wichtig, vier geistliche Vorbedingungen für die Segnungen Gottes zu verstehen und zu erfüllen. Sie werden in der folgenden Schriftstelle beschrieben. Wenn wir das befolgen, werden wir die Belohnungen und Vorteile, die mit diesen Bedingungen verbunden sind, bekommen.

> *... und mein Volk, über dem mein Name ausgerufen ist, demütigt sich, und sie beten und suchen mein Angesicht und kehren um von ihren bösen Wegen, dann werde ich vom Himmel her hören und ihre Sünden vergeben und ihr Land heilen. Jetzt werden meine Augen offen und meine Ohren aufmerksam sein auf das Gebet an dieser Stätte (2. Chronik 7,14-15).*

Vier Voraussetzungen, um die Segnungen der Herrlichkeit Gottes zu erhalten

In der oben genannten Schriftstelle werden die vier Voraussetzungen oder Bedingungen genannt, die Gott von den Israeliten verlangte, damit sie seine Segnungen erhalten konnten. Die gleichen Bedingungen stellt er auch an uns, damit Erweckung und seine Gerechtigkeit und Herrlichkeit auf unsere Städte und Nationen herabkommen. Werden diese Voraussetzungen erfüllt, wird dadurch sein Reich auf der Erde aufgerichtet und ausgebreitet und bringt Millionen von Seelen Rettung.

1. Sich vor Gott demütigen

Sich vor Gott demütigen ist ein freiwilliger Akt. Es bedeutet, wir beugen uns vor Gott, erkennen unseren geistigen Zustand an und kehren Sünde den Rücken zu. Das ist mehr eine Willensentscheidung als eine gefühlsmäßige Sache. Wir erinnern uns, wer wir sind und woher wir gekommen sind und gestehen ein, dass nur Gott unser Herz verändern kann, weil wir das nicht aus eigener Kraft schaffen. Ich demütige mich oft vor meinem himmlischen Vater, indem ich mich vor ihm ausgestreckt auf den Boden lege. Dort bin ich fähig anzuerkennen, dass alles, was ich habe und alles, was ich bin, von ihm stammt. Ich bin mir bewusst, dass dies mein Platz ist: mich beugen vor ihm mit dem Gesicht auf dem Boden, in einer Haltung der Demut.

Jesus veranschaulichte die Notwendigkeit einer demütigen Haltung vor dem Vater, indem er ein Kind zu sich rief und zu seinen Jüngern sagte: „*Wenn ihr nicht … werdet wie die Kinder, so werdet ihr keinesfalls in das Reich der Himmel hineinkommen*“ (Matthäus 18,3). Seine Aussage beschreibt ein Kind, das glaubt, was ihm beigebracht wird, ohne es in Frage zu stellen oder zu argumentieren.

2. Beten

Es geht nicht nur um sich demütigen, sondern wir müssen auch beten und Zeit im Gespräch mit unserem himmlischen Vater verbringen. Die Jünger haben erkannt, dass alles, was Jesus war und tat, ein Ergebnis seines Gebetslebens war. Deshalb baten sie ihn darum, sie beten zu lehren (siehe z. B. Lukas 11,1-13). Später werde ich noch mehr erläutern wie wir beten können, um die Gegenwart Gottes zu erleben.

3. Gottes Angesicht suchen

Gottes Angesicht suchen heißt, ihn genau so von Angesicht zu Angesicht sehen zu wollen, wie es sich auch Mose, David und Paulus wünschten. Die Vorgehensweise ähnelt dem, was wir normalerweise tun, um eine andere Person besser kennenzulernen und zu verstehen. Dabei begeben wir uns in eine Position, die es uns ermöglicht, der anderen Person in die Augen zu schauen.

Wenn wir Gott auf diese Weise suchen, werden wir eins mit ihm im Geist und erlauben ihm, durch uns zu scheinen.

Unsere Motivation, den Herrn ganz persönlich und vertrauter kennenzulernen, sollte unsere Liebe zu ihm und wer er ist sein. Es reicht nicht, nur etwas über ihn zu wissen. Wir müssen ihn persönlich kennen. Jesus sagt:

> *Und das ewige Leben zu haben heißt, dich zu kennen, den einzigen wahren Gott, und den zu kennen, den du gesandt hast, Jesus Christus (Johannes 17,3; Neue Genfer Übersetzung).*

Wenn wir kommen, um Gott als Person kennenzulernen, wir ihm begegnen und ihn erleben wollen, dann wird Gott sich uns offenbaren. Ist jemand errettet, strebt aber nicht nach einer engen, bleibenden Beziehung mit Gott durch Jesus Christus, dann bleibt der Herr ein Fremder für ihn. Er ist dann nur ein Glaubensprinzip, eine Religion, oder anders ausgedrückt: Information! Aber Gott ist so viel mehr als nur das. Er ist eine Person! Wir müssen in unserer Beziehung mit ihm wachsen, Tag für Tag, von *„Herrlichkeit zu Herrlichkeit"* – oder in diesem Fall von Vertrautheit zu Vertrautheit. Abraham wandelte mit Gott und wurde am Ende sein Freund (siehe z. B. Jesaja 41,8). Der Herr nannte ihn Freund, weil er eine anhaltende und innige Gemeinschaft mit ihm pflegte.

Immer wenn ich vorhabe, Gottes Angesicht zu suchen, tue ich das mit Ehrerbietung, Ausdauer und Hingabe. Manche Menschen haben eine sehr saloppe Haltung bezüglich ihrer Beziehung mit Gott. Sie suchen ihn nur dann, wenn sie noch Zeit übrig haben, oder sie fangen an, eine Beziehung mit ihm zu entwickeln, bleiben aber nicht dran. Der Heilige Geist lehrte mich, in seiner Gegenwart eine Haltung der Anbetung, des Respekts und der Hingabe zu haben. Ich suche seine Gegenwart unabhängig davon, was es mich kostet oder welche Folgen es hat, und ich suche ihn allezeit.

> *Ja, ihr werdet mich suchen und finden, wenn ihr von ganzem Herzen nach mir verlangen werdet (Jeremia 29,13; Schlachter 2000).*

Die Redewendung *„von ganzem Herzen"* lässt Eifer und Leidenschaft erkennen; sie hebt die Suche auf eine neue Ebene und ist viel intensiver ist als das normale Gebet. Gott von ganzem Herzen zu suchen bedeutet, ihn in deiner Ganzheit zu suchen – Geist, Seele und Leib – und dich ihm jederzeit zur Verfügung zu stellen, unabhängig vom Ort oder den Umständen. Liefere dich seiner Gegenwart im Bewusstsein deiner Bedürftigkeit voll und ganz aus. Die intensive Suche nach Gottes Gegenwart kann man nicht halbherzig in die Tat umsetzen; es braucht Bereitwilligkeit, Begeisterung, Eifer und Leidenschaft. Bereite dich darauf vor, alle Hindernisse zu überwinden, damit die Suche nach der Herrlichkeit und Gegenwart Gottes in deinem Leben zu einer Priorität wird.

Meiner Meinung nach hat die Gemeinde als Ganzes diese Qualitäten und dieses Verhalten verloren. Doch Gott ruft uns dazu auf, unsere Suche nach ihm wieder aufzunehmen. Das Wort Gottes ermahnt uns, ihn durch Fasten, Gebet und Anbetung zu suchen. Während des Jahres kann man sich in unserer Gemeinde an einem siebentägigen und einundzwanzigtägigen Fasten beteiligen. Das Hauptziel der Fastenzeiten ist, das Angesicht Gottes zu suchen. Die Resultate waren Errettungen, Zeichen, übernatürliche Begleichung von Schulden, Befreiungen, Heilungen und alle möglichen kreativen Wunder.

4. Von den bösen Wegen umkehren

Die Bedeutung von *„umkehren"* beinhaltet Buße, und Buße bedeutet, alte Denk- und Verhaltensweisen zu ändern. Oftmals bedarf es einer 180° Wendung oder Abkehr davon, unserem eigenen Willen zu folgen und stattdessen den Willen Gottes zu tun. Wird unser Denken verändert, kann sich auch unser Lebensstil verändern. Wir erkennen an, dass wir in die falsche Richtung gegangen sind. Wir waren Freunde der Bosheit, schlechter Gewohnheiten und von Dingen, die Gott erzürnen. Wir bitten um Vergebung dafür, dass wir unser Leben selbst regiert haben. Wir ändern unsere Richtung und erlauben Jesus, die Kontrolle zu übernehmen. Wir tun Buße über unsere sündigen Handlungen sowie unsere Unterlassungssünden, verändern alles Verhalten, dass nicht Gottes Charakter und Wege widerspiegelt und kehren zu ihm um, damit wir in seinen Wegen gegründet werden.

Drei Belohnungen, wenn wir Gottes Angesicht suchen

Erfüllen wir die vorher genannten Bedingungen, dann werden gemäß der Schrift drei Resultate daraus folgen:

1. Gott wird uns hören
Gott ist verpflichtet, unsere Gebete zu erhören. Wenn also unsere Gebete nicht beantwortet werden, kann einer der Gründe sein, dass wir diese vier Bedingungen nicht erfüllen. Viele der Verheißungen Gottes werden freigesetzt, wenn wir uns von ganzem Herzen demütigen, Gott im Gebet suchen und die richtigen Wege gehen. Im Glauben wissen wir, dass er den Schrei unseres Herzens hört, und wir können auszusprechen, dass wir empfangen, um was wir gebeten haben. Denn, was immer wir auf der Erde binden, wird auch im Himmel gebunden sein, und was immer wir auf der Erde lösen, wird auch im Himmel gelöst sein (siehe Matthäus 16,19; 18,18).

2. Gott wird unsere Sünden vergeben
Die Vergebung Gottes bekommen wir, wenn wir von unseren bösen Wegen umkehren. Liefern wir uns Gott aus und tun Buße von all unseren Sünden, dann ist Gott der Erste, der uns vergibt. Danach kann ein ganzer Prozess gegenseitiger Vergebung mit anderen Menschen in Gang kommen. Nur wenn Gott uns vergibt und uns mit seiner Liebe erfüllt sind wir imstande, uns selbst und anderen zu vergeben. Und Vergebung hat einen unermesslichen Heilungseffekt in unserem Leben.

> *Ohne Glauben aber ist es unmöglich, ihm wohlzugefallen; denn wer Gott naht, muss glauben, dass er ist und denen, die ihn suchen, ein Belohner sein wird (Hebräer 11,6).*

Eine der Belohnungen ist das Reich Gottes. Es gibt in unserem Leben Haltungen und Eigenschaften, die wunderbar belohnt werden, u.a. Glaube, Treue, gute Haushalterschaft und Gott suchen. Nur Gott kann uns dafür belohnen, dass wir ihn suchen. Die Belohnung kann sich auswirken in Form einer körperlichen Heilung, Befreiung für unsere Seele, Vergebung, Wiederherstellung und finanziellem Segen, aber auch in Führungen, um Gottes Absichten für unser Leben verwirklicht zu sehen und vieles mehr.

Während einer Rüstzeit für innere Heilung und Befreiung für Neubekehrte gab ein junger Mann sein Zeugnis. Er berichtete, dass er mit viel Wut und Ärger gegen seinen Vater aufgewachsen war, weil dieser seine Mutter seelisch, körperlich und verbal durch Beschimpfungen misshandelt hatte. Solange er zurückdenken konnte, hatte sein Vater ihr derart übel mitgespielt. Er war enttäuscht von seinem Vater und empfand ihm gegenüber nur noch Verbitterung und Hass. Sein Hass wurde so stark, dass er beschloss, ihn zu töten. Er fand ein Messer, schärfte es und wartete dann darauf, dass sein Vater ihn provozieren würde. Doch jemand anderes kam ihm zuvor und brachte ihn um. Den Vater auf solche Weise zu verlieren führte zu vermehrter Enttäuschung, Schuldgefühlen und Schmerz. Auch seine Wut nahm zu, weil er seinen Vater nicht hatte selbst töten können. Sein Herz war durch Hass und Rachegefühle verdorben worden.

All das, was ihm in seiner Jugend geschah, führte dazu, dass er sich mit Gangs einließ. Als Gangmitglied nahm er Drogen und sein Leben wurde immer schlimmer. Doch dann besuchte er unsere Gemeinde. Dieser zerbrochene junge Mann ging zum Altar, empfing Jesus, begegnete der Gegenwart Gottes und wurde völlig umgewandelt. Während der Rüstzeit berührte ihn die Gegenwart Gottes und er weinte wie ein Kind. Ein Leiter diente ihm mit Befreiung und alle Schuldgefühle, Bitterkeit und Schmerz verließen ihn. Er vergab seinem Vater und ist jetzt vollständig frei! Die Wurzel der Bitterkeit war aus seinem Herzen entfernt worden und nun kann er sein Leben genießen.

3. Gott wird unser „Land" heilen – unser gesamtes Sein

Der Begriff *„Land"* in 2. Chronik 7,14 repräsentiert das persönliche Leben von jemandem oder eine Familie, einen Dienst, eine

Arbeit oder ein Geschäft, eine Gemeinschaft, eine Nation. In jedem dieser Bereiche gibt es viele Nöte und die Menschen brauchen eine persönliche Begegnung mit Gott. Sie sehnen sich nach Heilung für Körper und Seele, wünschen sich aber auch finanziellen und geistlichen Wohlstand. Gott möchte unser „Land" heilen und die Folgen der Sünde und der Trennung von ihm beenden, die da sind: Verwirrung und Richtungslosigkeit, Frustration und Depression, Uneinigkeit, Ungerechtigkeit, Drogensucht, das Blutvergießen Unschuldiger und vieles mehr. Jedoch wird diese Heilung nicht stattfinden, bis wir uns demütigen, beten, uns abkehren von Bosheit und Gottlosigkeit und Gottes Gegenwart suchen. Menschen, die in der Dunkelheit leben (jene, die Gott und sein Wort nicht kennen), sind nicht fähig, diese Dinge zu tun. Diejenigen von uns aber, die die Wahrheit erkannt haben, sind verpflichtet dazu. Ich habe schon erlebt, wie tausende von Männern und Frauen, einschließlich meiner Familie und mir, sich an den Segensströmen Gottes erfreuen konnten, weil wir nach diesen Prinzipien gehandelt haben. Wir sind gesund, erfolgreich und glücklich. Möchtest du die gleichen Dinge erleben? Entscheide dich jetzt!

Junglöwen darben und hungern, aber die den HERRN suchen, entbehren kein Gut (Psalm 34,11).

Meiner Erfahrung nach leiden solche Menschen keinen Mangel, die nach Gott suchen. Gott ist treu und hält sein Wort. Lasst uns weiterhin studieren, arbeiten und um unsere Familien kümmern, aber lasst uns auch Gott suchen, denn er ist unser wahrer Versorger. Vielleicht erleben wir Momente, in denen die Dinge nicht so laufen, wie wir es möchten – in unseren Finanzen, unserer Gesundheit oder anderen Lebensumständen – aber diese Situationen sind nur vorübergehend. Am Ende wird Gott alles zu unseren Gunsten gelingen lassen (siehe Römer 8,28).

Ich suchte den HERRN, und er antwortete mir; und aus allen meinen Ängsten rettete er mich (Psalm 34,5).

Leben wir in Gottes Gegenwart, können weder Furcht und Angst uns kontrollieren, noch die Gefahren der Welt uns schaden. Seine vollkommene Liebe treibt alle Furcht aus (siehe 1. Johannes 4,18). Ein junger Mann aus unserer Gemeinde litt unter schrecklichen Versagensängsten. Er hatte keine Vision oder Ausrichtung für sein Leben. Der Mann war ohne Vater aufgewachsen, und obwohl seine Mutter versucht hatte, diese Leere in seinem Herzen auszufüllen, war sie nicht dazu in der Lage, da sie selbst unter einem großen Schmerz litt. Durch ihre Scheidung hatte sie schon jahrelang Depressionen, die auch auf ihren Sohn übergingen. Er sagte mir: „Ich habe über neunundzwanzig Jahre unter Depressionen gelitten. Ich glaubte nicht an mich und fühlte mich verlassen und abgelehnt. Ich empfand, dass ich weder Pläne noch eine Zukunft hatte. Ich saß nur herum, mein Denken war begrenzt, nichts interessierte mich und ich hatte auch keinerlei Sehnsüchte."

Als ich an einem Sonntag über den Geist der Furcht predigte und über den Mut und die Kühnheit, die wir dann zum Handeln brauchen, war dieser junge Mann anwesend. Die Botschaft zeigte bei ihm Wirkung. Als ich geendet hatte, betete ich für die Befreiung von dem Geist der Furcht und für Kühnheit im Geist. Dieser Mann bezeugt, dass sich von diesem Tag an sein Leben total verändert hat. Er dachte immer, er müsste für den Rest seines Lebens mit Depressionen fertigwerden, aber jetzt traut er sich Dinge zu, von denen er sich nie vorstellen konnte, dass er einmal dazu in der Lage sein könnte. Die vollkommene Liebe Gottes trieb alle Furcht aus seinem Herzen aus.

Wir müssen seine Herrlichkeit suchen, „bis ..."

Sät euch Gerechtigkeit, erntet die Frucht unvergänglicher Liebe und pflügt neues Land; denn es ist Zeit, den Herrn zu suchen, bis er kommt und seine Gerechtigkeit über euch regnen lässt (Hosea 10,12; wörtl. übersetzt aus der New International Version)

Das Wort ist eindeutig: Es ist Zeit, Gottes Angesicht, seine Kraft und seine Gegenwart – seine Herrlichkeit – zu suchen, *bis* er kommt und *bis* seine Gerechtigkeit in unserem Leben überfließt. Wir können nicht aufhören, *bis* es geschieht. Aus dem Vers ergibt sich, dass wir beten sollen, *bis* wir den Durchbruch erleben. In Gemeinden oder Diensten wird es keine Erweckung geben, *bis* wir nicht voller Leidenschaft und Eifer seine Herrlichkeit suchen. Wir werden die Herrschaft seiner Gerechtigkeit nicht sehen, *bis* sein Königreich errichtet ist. Unsere Städte und Nationen sind voller Sünde und Ungerechtigkeit. Deshalb ist es unerlässlich, dass wir mit aller Kraft in Gebet und Fürbitte nach Erweckung und einer Heimsuchung Gottes rufen. Seine Gerechtigkeit wird nicht kommen, bis eine Manifestation seiner Herrlichkeit geschieht – die Sichtbarwerdung seiner Gegenwart und seines Reiches.

Manche Menschen geben zu früh auf, während das Wunder zum Greifen nahe ist. Sie werden entmutigt und suchen weder Gottes Angesicht noch gehen sie in die Fürbitte „bis". Wenn du gebetet und sein Angesicht gesucht hast, aber noch keine Antwort erhalten hast, dann ermutige ich dich, dranzubleiben. Gott wird dich erhören! Suche ihn weiterhin und du wirst ihn finden; klopfe weiter an und dir wird geöffnet werden (siehe z. B. Matthäus 7,7-8).

Wenn wir nicht wissen, wie wir von Gott hören können, haben wir nichts von Bedeutung zu sagen.

Ein Ehepaar unserer Gemeinde erlebte große finanzielle Schwierigkeiten und stand kurz davor, sein Heim zu verlieren. Sie wurden vor Gericht angeklagt und die Zwangsvollstreckung war gewiss. In dieser schwierigen Situation beschlossen sie, Gottes Gunst zu suchen durch Fasten und Gebet während unseres Gemeindefasten zu Beginn des Jahres. Sie entschieden sich, Gott völlig zu vertrauen. Eines Nachts, während sie in einem Haus des Friedens ihre Bitte vortrugen, gab ihnen ihr Mentor ein prophetisches Wort. Er sagte: „Niemand wird euch aus eurem Haus vertreiben." Das Ehepaar hielt an dieser Zusage Gottes fest, und ein paar Tage später erhielten sie ein notarielles Schreiben der Bank. Darin wurde ihnen mitgeteilt, dass ihre Schulden komplett beglichen und ihr Fall abgeschlossen war. Keiner wusste, wie das passiert war. Niemand, den sie kannten, hatte die Schulden bezahlt, und die Bank hatte sie auch nicht erlassen. Es stellte sich einfach als bezahlt heraus. Das war eine übernatürliche Versorgung, durch welche sie weiter in ihrem Zuhause bleiben konnten. Gott tat das Wunder! Dieses Ehepaar versteht bis heute nicht, wie das zustande gekommen ist, aber Wunder haben eben keine natürlichen Erklärungen.

> *Und bei jedem Werk, das er im Dienst für das Haus Gottes und im Gesetz und im Gebot begann, um seinen Gott zu suchen, handelte er mit ganzem Herzen; und er hatte Gelingen (2. Chronik 31,21).*

Das Wort, das hier mit *Gelingen* übersetzt worden ist, heißt im hebräischen *zaleach*. Es bedeutet unter anderem: weiterkommen, Fortschritte machen, Erfolg haben oder Gewinn bringen. Wohlstand steht immer in Verbindung mit dem Suchen nach der Gegenwart Gottes, denn Wohlstand ist mehr als nur finanzielle Stabilität; das ist nur ein kleiner Teilaspekt. Wohlstand geht Hand in Hand mit a) in der Lage zu sein, den Willen Gottes zu tun b) Leben im Geist zu haben und c) Gesundheit im Körper und der Seele zu genießen. Trachten wir leidenschaftlich nach der Herrlichkeit bzw. der manifesten Gegenwart Gottes, dann setzt er seine Gunst und Gnade über uns frei, und das führt zu der Versorgung mit allem, was wir benötigen. In seiner Gegenwart werden wir umgewandelt, und zwar so sehr, dass wir nie wieder die Gleichen sein werden. Darüber hinaus werden wir ausgerüstet sein, die gleichen Segnungen in unseren Einflussbereich zu bringen.

Gottes Gegenwart suchen setzt seine Segnungen frei

Am wichtigsten ist es zu verstehen, dass wir Ihn leidenschaftlich suchen müssen. Wenn ich eine Sache in dein Herz schreiben möchte, dann diese: die eindringliche Suche nach der Gegenwart Gottes setzt alle seine Segnungen frei.

Wer kann durch seine Herrlichkeit gebraucht werden? Jeder Gläubige! Die einzige Voraussetzung ist, dass man sich immer seiner Bedürftigkeit nach Gott bewusst ist. Unser Hunger und Durst nach ihm wird ein uns ständig verzehrendes Feuer hervorbringen und uns mit der Leidenschaft erfüllen, jederzeit Zeichen und Wunder zu erleben, die sich durch uns manifestieren.

Bist du zufrieden damit, nur über die machtvollen Taten Gottes in der Bibel oder in Büchern über vergangene Erweckungen zu lesen? Begnügst du dich mit dem Dienst, den du momentan hast? Bist du wirklich erfüllt mit Leidenschaft nach seiner Gegenwart? Hast du genügend Sehnsucht nach Errettung für die Verlorenen – bis dahin, dass es dich nachts wachhält? Hungerst und dürstest du nach Gott, dass er deiner Gemeinde oder deiner Stadt Erweckung bringt? Wenn das der Fall ist, dann musst du einen Schrei in dir spüren, der sagt: „Ich muss es haben! Ohne es kann ich nicht leben! Ich muss es jetzt haben, weil es ein Feuer ist, das mich verzehrt!"

Er wird dir gewiss Gnade erweisen auf die Stimme deines Hilfegeschreis. Sobald er hört, wird er dir antworten (Jesaja 30,19).

Gott wird nicht in unserem persönlichen Leben, unseren Familien, Diensten, Städten oder Nationen eingreifen, es sei denn, sein Volk erreicht einen Zustand völliger Verzweiflung und erkennt, dass es außer ihm keine Hoffnung gibt. Wir wissen, dass die Errettung durch Jesus kommt, denn er ist der einzige Weg, auf dem man der ewigen Hölle entkommt. Kein Mensch weiß, wieviel Zeit er auf der Erde hat. Deshalb müssen wir uns unserer Errettung gewiss sein. In vielen Gemeinden spricht man kaum über die Hölle, aber Errettung ist eine dringliche Angelegenheit. Die Hölle ist real!

Es muss mit einem Gefühl heiliger Verzweiflung und dem Bewusstsein für die Dringlichkeit gebetet werden, *bis* Gott sich erbarmt. Worauf wartet Gott? Er wartet darauf, dass du und ich in völliger Abhängigkeit zu ihm schreien, wie ein Mann, der am Ertrinken ist: „Hilf mir!" Gott wartet darauf, dass sein Volk an diesen Punkt kommt. Wir können unser Gebet vor Gott bringen mit der Hilfe des „*Geistes der Gnade und des Flehens*" (Sacharja 12,10). Dieser Ausdruck bezieht sich auf das übernatürliche Eingreifen Gottes, das weit über unsere eigenen Möglichkeiten hinausgeht. Gott sagt, dass wenn der Geist der Gnade kommt, wir befähigt werden zu beten wie nie zuvor (siehe Römer 8,26-27).

Wenn wir in einem bestimmten Bereich noch keinen Durchbruch erlebt haben, kann es sein, dass wir nicht genug Hunger und Durst nach Gott haben.

Es ist an der Zeit, für eine Ausgießung des Heiligen Geistes zu beten, für Erweckung, für die Manifestation der Herrlichkeit Gottes, damit wir selbst, unsere Familien, Dienste, Städte und Nationen verändert werden. Gott schaut aus nach hingegebenen Menschen, die sich ihm bereitwillig als Gefäße zur Verfügung stellen, durch die er heilt und befreit. Suche sein Angesicht *bis* seine Herrlichkeit – seine Gegenwart – sichtbar wird.

Erfahrungen mit Gott

- Bete dieses Gebet mit dem Gefühl heiliger Verzweiflung und Gott wird deinen Herzensschrei hören, deine Sünden vergeben und dein Land heilen:
  „Himmlischer Vater, im Namen Jesu demütige ich mich vor dir. Ich bereue meine Tatsünden und meine Unterlassungssünden und kehre um von allen Wegen, die dich nicht ehren. Ich erkläre mich frei von ihnen und ich will dich voller Leidenschaft suchen und deine Gegenwart erleben."
- In deiner Nähe gibt es viele verzweifelte Seelen, die nach Gott rufen. Geh zu ihnen und gib ihnen ein Wort von ihm. Bete für sie und lehre sie, leidenschaftlich das Angesicht Gottes zu suchen. Führe sie zur Quelle, wo sie trinken und ihren Durst nach ihm löschen können.

Kapitel 8

Verändert und umgewandelt durch seine Herrlichkeit

Es gab in der Vergangenheit Männer und Frauen Gottes, die unvergessliche Zeiten in ihrem Leben hatten. Sie bewegten sich in der Herrlichkeit; ihr Dienst wirkte sich auf Städte und Nationen aus und beeinflusste stark die unterschiedlichsten Bereiche der Gesellschaft, wie Politik, Bildung, Wirtschaft, Gesundheitswesen und vieles mehr. Was ist aus ihnen geworden? Wo sind sie jetzt? Einige gehen weiter ihren Weg, während andere einfach aus der Öffentlichkeit verschwunden sind; man hat nie wieder etwas von ihnen gehört. Manche verloren ihren Dienst aufgrund von Sünde in ihrem Leben, während andere sich dazu entschieden, nicht weiterzumachen.

Viele gingen anfangs den richtigen Weg und einige von ihnen schienen wahre Glaubensriesen zu sein, aber irgendwann ließen sie nicht mehr zu, dass Gott ihr Leben weiter umgestaltete. Vielleicht empfanden sie, dass sie den Höhepunkt ihres Dienstes erreicht hatten und wurden sesshaft, um ihre großen Gemeinden zu pflegen. Dabei passten sie sich der sie umgebenden Kultur, den Richtlinien ihrer Denominationen oder religiösen Regeln an. Die Ebene, die sie erreicht hatten, sagte ihnen zu und sie machten es sich dort bequem. Sie predigten weiterhin motivierende Botschaften, jedoch waren diese nur noch lauwarm und nett anzuhören. Dadurch fehlte es ihnen an Kraft, um Veränderungen im Leben der Zuhörer zu bewirken.

Das, womit wir übereinstimmen, wird zu unserer Realität

Wie wir sehen konnten beginnt geistliche Stagnation dann, wenn die Gegenwart und Kraft Gottes in unserem Leben aufhört zu wirken. Von da an wird alles zur Wiederholung – es ist bloß noch Routine. Ein erstes Warnzeichen für Stillstand liegt vor, wenn wir auf einer bestimmten Stufe des Glaubens oder der Manifestation der Kraft Gottes verharren. Die vorher erwähnten Männer und Frauen flossen einmal im Geist und dienten während der von Gott festgesetzten Zeit, ließen es dann aber vorübergehen.

Die größte Tragödie im Leben besteht darin, die Gegenwart Gottes zu verlieren, ohne es zu bemerken.

Zum Stillstand zu kommen oder aus den verschiedensten Gründen mit weniger als dem Besten von Gott zufrieden zu sein ist ein eindeutiges Zeichen dafür, dass die Herrlichkeit Gottes nicht mehr da ist. Das Unglaubliche dabei ist, dass die meisten Leute es gar nicht bemerken. Wir erkennen es problemlos, wenn die Gegenwart Gottes auf uns herabkommt, doch oftmals versagt unsere Wahrnehmung, wenn sie uns wieder verlassen hat.

Werden wir nicht weiter transformiert, verlieren wir an Relevanz

Die Stagnation ist nicht nur dann offensichtlich, wenn wir in einem bestimmten Zustand erstarren, sondern auch, wenn wir anfangen uns rückwärts zu bewegen oder auf eine vorherige Stufe des Glaubens zurückfallen. Leider ist diese Ebene des Glaubens dann oft nicht mehr wirkungsvoll, weil die Herausforderungen, Hindernisse und widrigen Umstände täglich größer werden. Deshalb brauchen wir einen „aktualisierten" Glauben, den wir aus dem kontinuierlichen Fluss an Offenbarungen von Gott bekommen.

Lassen wir nicht zu, dass wir weiter umgewandelt werden, verlieren wir an Bedeutung und sind keine aktiven Mitglieder des Leibes Christi mehr. Das passierte mit den Leitern, deren Dienste entweder ausstarben oder sich nicht mehr weiterentwickelten. Sie wurden zu „alten Weinschläuchen“, waren nicht mehr zeitgemäß und verloren dadurch ihren geistlichen Einfluss. Sie waren nicht in der Lage, auf der nächsten Welle zu reiten – der nächsten Bewegung des Heiligen Geistes, wurden religiös und damit den zuvor beschriebenen Pharisäern ähnlich.

Lassen Christen sich nicht mehr umgestalten, verlieren sie ihre Kraft und kehren zurück zu Religion und Förmlichkeit.

In einem Großteil der Gemeinde wird heutzutage das Evangelium vom Reich Gottes nicht mehr in vollem Umfang gepredigt, nämlich ein Evangelium, das Transformation an Stelle von Gleichförmigkeit bewirkt. Deshalb erleben viele Christen auch keine Veränderung oder Umgestaltung. Vor mehr als zweitausend Jahren kam Jesus als Mensch auf die Erde, um uns den Weg der Umgestaltung zu lehren. Gott nahm die Gestalt eines Menschen an (siehe Philipper 2,5-8), damit die Menschheit wieder neu in sein Ebenbild umgestaltet werden konnte.

> *Den, der Sünde nicht kannte, hat er für uns zur Sünde gemacht, damit wir Gottes Gerechtigkeit würden in ihm (2. Korinther 5,21).*

Am Kreuz nahm Jesus alle Sünde auf sich, die die Menschheit jemals begangen hat. Er wurde wie jedes andere menschliche Wesen, indem er unsere Ungerechtigkeit und Rebellion trug. Obwohl er ohne Sünde geboren war und niemals sündigte, wurde er wegen seiner Liebe zu uns freiwillig zur Sünde. Damit machte er sich unserer Natur gleich, damit wir *„Gottes Gerechtigkeit würden in ihm“*. Er ließ seine göttliche Herrlichkeit hinter sich, um uns in unserer gefallen Natur zu begegnen. Als er aber von den Toten auferstanden war, bekam er seine Herrlichkeit zurück. Er gab sie dann weiter an sein Volk, die Gemeinde, damit sie umgestaltet und entsprechend der Herrlichkeit des Vaters geformt werden kann.

Jesus passte sich unserem Bild an, damit wir in sein Bild umgestaltet werden können.

Da wir kontinuierlich von Herrlichkeit zu Herrlichkeit verwandelt werden müssen, gibt es ein Problem, wenn wir uns nicht in einem Veränderungsprozess befinden, Es bedeutet nämlich, dass wir uns zurzeit nicht in der Herrlichkeit bewegen. Das ist der Grund für den Mangel an Umgestaltung im Leben vieler Gläubiger: sie sind nicht regelmäßig der Herrlichkeit des Vaters ausgesetzt.

Gottes Entwurf für das christliche Leben

Aber der Pfad des Gerechten ist wie der Glanz des Morgenlichts, das immer heller leuchtet bis zum vollen Tag (Sprüche 4,18; Schlachter 2000).

Bei unserer Wiedergeburt deponiert Gott seine Gegenwart in unseren Geist, so dass wir den göttlichen „Lebenshauch" und seine geistliche „DNA" empfangen. In der DNA von Gott ist seine Herrlichkeit enthalten und das versetzt uns in die Lage, das Ebenbild der Herrlichkeit seines Sohnes zu werden. Vor unserer Wiedergeburt war die sündhafte DNA Adams in uns, doch jetzt sind wir mit der geheiligten DNA Gottes ausgestattet. Das Wort Gottes ermutigt uns, die Vergangenheit hinter uns zu lassen und uns zur Vollkommenheit hinzubewegen (siehe z. B. Philipper 3,13-14). Das christliche Leben war nie für Stillstand geschaffen. Wir sollen es uns auf keinem Abschnitt des Weges bequem machen und uns dort niederlassen, sondern von Glaube zu Glaube, von Herrlichkeit zu Herrlichkeit und von Sieg zu Sieg gehen, bis wir in das vollständige Ebenbild von Jesus umgeformt sind.

Geistliche Reife wird an der Veränderung gemessen, die in unserem Leben durch das Wort Gottes und durch seine Gegenwart entsteht.

Entscheiden wir uns gegen Veränderung, schaden wir nicht nur uns selbst und den Menschen um uns herum, sondern auch den zukünftigen Generationen. Vielleicht verlieren wir sogar unsere Dienste, Ehen, Arbeitsstellen oder Freunde. Entscheiden wir uns aber dafür, verändert zu werden, können wir für unzählige Menschen ein Segen sein, auch wenn wir dabei mit Verfolgung und Verlusten rechnen müssen. Unsere Veränderung beeinflusst auch die Art und Weise, wie wir das Wort Gottes hören, und wirkt sich auf die Vorgehensweise in unserer Suche nach Gott aus. Wollen wir umgestaltet werden, dann hören wir dem Wort Gottes aufmerksam zu, denn wir wollen die darin enthaltene Weisheit empfangen. Anschließend wenden wir sie in einer Haltung des Gehorsams auf unser Leben an.

Hindernisse für Veränderung und Transformation

Auch wenn wir uns nach Veränderung und Umgestaltung sehnen, stellen wir häufig bestimmte Charakterzüge und Einstellungen bei uns fest, die den Prozess blockieren. Wir wollen einige dieser Hindernisse aufdecken, damit sie erfolgreich beseitigt werden können.

1. Rebellion, Eigensinn und Götzendienst

> *Auflehnung ist so schlimm wie die Sünde der Zauberei und Eigensinn so schlimm wie Götzendienst (1. Samuel 15,23; Neues Leben. Die Bibel).*

Rebellion ist Widerstand gegen göttliche Autorität. Rebellisch sein heißt, Unterweisung, Lehre und Korrektur abzulehnen; man begehrt dagegen auf, Gott und den von ihm beauftragten Autoritätspersonen zu gehorchen. In Gottes Augen ist Rebellion das Gleiche wie Hellseherei und Zauberei.

Rebellion sagt: „Ich will nicht“, während Eigensinn sagt: „Ich will es auf meine Weise“.

Viele Gläubige und Leiter von Gemeinden, die vom Geist der Rebellion beeinflusst sind, lehnen neue Bewegungen des Heiligen Geistes ab, wie z. B. Erweckungen oder übernatürliche Manifestationen Gottes. Der Grund ist, dass sie diese nicht verstehen oder sie gar nicht daran interessiert sind, sie verstehen zu wollen. Starrsinnige Menschen beharren auf ihrem Tun, selbst wenn es offensichtlich falsch ist (siehe z. B. Apostelgeschichte 9,1-5). Götzendienerische Menschen beten ihre eigenen Ideen und Vorstellungen an und verschließen sich gegenüber neuen Gedanken.

2. Stolz

Werden Menschen vom Geist des Stolzes beeinflusst, können sie nicht erkennen, dass sie Veränderung brauchen (siehe z. B. 2. Korinther 4,3-4). Sie verlieren auch ihre Ehrfurcht vor Gott. Es ist gut möglich, dass Stolz die Sünde ist, für die Satan dir keine Schuldgefühle beschert. Ich bin mir sicher, dass es niemanden auf dieser Welt gibt, der sich noch nie mit Stolz auseinandersetzen musste. Die einzige Lösung für das Problem Stolz ist, einen demütigen Geist zu entwickeln.

Demut ist eine Willensentscheidung, die durch eine Handlung zum Ausdruck gebracht wird.

Wir können Gott nicht darum bitten, uns demütig zu machen. Das Wort Gottes befiehlt uns, dass wir uns demütigen sollen (siehe 1. Petrus 5,6). Obwohl Gott die Macht hat uns zu demütigen oder Umstände zu schaffen, die uns dazu bringen, so sind wir es doch letzten Endes selbst, die sich dazu entscheiden müssen. Und dennoch können wir es nur durch die Gnade tun, die der Heilige Geist uns schenkt. Geben wir Stolz in unserem Leben Raum und setzen uns nicht damit auseinander, werden wir uns irgendwann selbst dadurch zerstören.

3. Ablehnung der Notwendigkeit von Veränderung

Eine große Anzahl von Menschen lehnt die Umgestaltung ab, die Gott sich für ihr Leben wünscht, weil es ihrem Ich oder Ego unangenehm ist. Das Ego weist jede Notwendigkeit für Veränderung von sich. Echte Transformation beginnt deshalb mit einer Neuausrichtung des Denkens und der inneren Einstellungen einer Person. Diese Art von Neuausrichtung ist ohne Demut – demütig sein wie ein Kind – kaum zu erreichen (siehe z. B. Markus 10,13-16).

Zu Beginn meines Dienstes als Pastor glaubte ich nicht an Befreiung, Dämonenaustreibung oder Generationsflüche. Die Theorie hinter Befreiung verstand ich wohl, hatte sie aber nie praktiziert. Ich kam aus einer Lehrrichtung mit der Denkweise, dass eine Person keine Befreiung mehr nötig hat, sobald sie errettet ist. Eines Tages wurde mir bewusst, dass die Mitgliederzahl unserer Gemeinde in den letzten beiden Jahren nicht zugenommen hatte. Wir blieben bei 200 Personen stehen und ich verstand nicht, warum das so war. Dann gebrauchte der Herr seine Propheten, um mir zu zeigen, was geschah: Die Menschen brauchten Befreiung von Generationsflüchen und Bindungen aus ihrer Vergangenheit, wie beispielsweise Unvergebenheit, Depression, Süchte und Unmoral.

Als ich diese Wahrheit begriff, änderte ich meine innere Einstellung und meine Vorgehensweise. Ich begann mit Befreiung zu dienen, und das Wachstum unserer Gemeinde wurde freigesetzt. Was mich zu diesem Wandel veranlasste, war die Erkenntnis, dass viele Gläubige, die mit dem Heiligen Geist erfüllt waren, in Zungen redeten und Gott dienten und ihn anbeteten, trotzdem noch gegen Depressionen kämpften, oder immer und immer wieder in sexuelle oder andere Sünden fielen. Das berührte mein Herz. Ich hatte nichts zu dem Thema Befreiungsdienst gelernt, bekam aber Offenbarungen darüber und vertraute darauf, dass es den Leuten von Nutzen sein würde.

Das Resultat war eine Freisetzung von solch grandiosen Segnungen, dass wir schnell auf die Größe einer „Megagemeinde" anwuchsen. Meine Betonung liegt hier nicht auf der Anzahl von Menschen, die unsere Gemeinde besuchen, sondern auf der Qualität ihres Glaubens. Ich möchte auch darauf aufmerksam machen, dass Befreiung die geistliche Umgestaltung beschleunigt, Ungläubige anzieht und Multiplikation freisetzt. Tausende von Männern und Frauen wurden von Gebundenheiten wie Unmoral, Generationsflüchen, Unvergebenheit, Hass, Hexerei u.v.m.

befreit. Das lag vor allem an der Entscheidung, mein Ego zu töten und mehr der Offenbarung zu glauben, statt auf dem zu beharren, was ich bereits „wusste".

4. Religion und Gesetzlichkeit

> *Wenn ihr nun mit Christus den Grundsätzen der Welt gestorben seid, weshalb lasst ihr euch Satzungen auferlegen, als ob ihr noch in der Welt lebtet? „Rühre das nicht an, koste jenes nicht, betaste dies nicht!" – was doch alles durch den Gebrauch der Vernichtung anheimfällt – [Gebote] nach den Weisungen und Lehren der Menschen, die freilich einen Schein von Weisheit haben in selbstgewähltem Gottesdienst und Demut und Kasteiung des Leibes, [und doch] wertlos sind und zur Befriedigung des Fleisches dienen (Kolosser 2,20-23; Schlachter 2000).*

Wir haben vorher schon gesehen, dass „Religion" auf falschen Konzepten basiert. Sie führen uns dazu, Gesetzesvorschriften, Richtlinien und von Menschen erdachten Lehrsätzen zu gehorchen, um das Wohlwollen Gottes zu erhalten. Kurz gesagt, unsere Leistung ist erforderlich, um ihm zu gefallen. Heutzutage finden wir auf dieser Welt zahlreiche Religionen, wie z. B. Buddhismus, Scientology, Kabbala, Hinduismus, Jehovas Zeugen, Christliche Wissenschaft, Islam, Konfuzianismus und Mormonentum. Bedauerlicherweise haben viele Christen das Christentum nur auf eine weitere Religion reduziert, indem sie einer Reihe von Regeln oder Pflichten folgen. Sie glauben zum Beispiel, dass Frauen keinen Schmuck oder Make-Up tragen dürfen. Sie halten bestimmte Rituale ein, wo das Feiern des Abendmahls nur einmal im Monat erlaubt ist oder der Sabbat strikt einzuhalten ist (Ich glaube an die Wichtigkeit von Ruhezeiten, wozu Gott uns ja auffordert. Aber ich glaube nicht, dass wir unter dem Neuen Bund am Sonntag auf alle Aktivitäten verzichten müssen, um errettet zu sein). Diese Christen haben den Glauben in Gesetzlichkeit umgewandelt. Es ist beschämend für einen Prediger, wenn er ohne eine Demonstration der Kraft Gottes oder Zeichen und Wunder über das Christentum lehrt. Seine Lehre ist dann nur eine weitere tote Religion. Religiöse Menschen funktionieren Lehre um in bedrückende Regeln, die sie den Menschen dann als Maßstab für ihre Lebensführung auferlegen.

Ohne Manifestationen der übernatürlichen Kraft Gottes ist das Christentum genau wie jede andere Religion.

Die folgenden Kennzeichen sind bei religiösen oder gesetzlichen Menschen zu finden:

1. Sie beachten alle Regeln, sind aber rebellisch gegenüber den Grundprinzipien des Wortes Gottes sowie neuen Bewegungen des Heiligen Geistes.
2. Sie wollen *für* Gott leben statt *von* Gott. Der Schwerpunkt hierbei ist, dass unsere Stärke *von* Gott kommt, und nicht durch unser Tun *für* ihn. Es geht nicht nur darum, *für* Gott zu leben, sondern ihm zu erlauben, *durch* uns zu leben (siehe z. B. Galater 2,20). Religiöse Menschen gehorchen dem Wort Gottes aus Angst, Unsicherheit und Stolz, anstatt es aus Liebe und Gehorsam gegenüber Gott zu tun. Sie wollen dadurch entweder akzeptiert werden, einen merklich höheren Grad an Heiligkeit als andere erreichen oder sich überlegen fühlen.
3. Sie besitzen eine gut entwickelte christliche „Sprache", die sie aber nur selten oder nie in die Tat umsetzen. Sie bekennen Jesus mit ihren Lippen, doch ihr Herz ist weit entfernt von ihm. Sie reden darüber, Gott zu dienen, aber ihre Taten stimmen nicht mit ihren Worten überein (siehe Jesaja 29,13).
4. Sie erwecken den Anschein von Geistlichkeit, doch es fehlt ihnen an der entsprechenden Kraft (siehe 2. Timotheus 3,5). Sie sind krank, haben aber nicht die Kraft zu heilen: sie sind depressiv, doch es fehlt ihnen die Kraft zu befreien; sie leiden unter Ärger und Bitterkeit, weil sie das Leben des Heiligen Geistes nicht haben, der in ihnen die Frucht des Geistes hervorbringen würde (siehe Galater 5, 22-23).
5. Sie sind voller Stolz, Streitsucht, Bitterkeit, Neid und haben einen Konkurrenzgeist.
6. Ihnen fehlt die Offenbarung darüber, dass Heiligkeit in der Gegenwart Gottes erlangt wird und nicht durch eigenes Bemühen oder gute Werke. Deshalb mühen sie sich in eigener

Kraft um etwas ab, das Gott bereits durch Jesus vollbracht hat. Sie versuchen, durch eigene Leistungen und Verdienste würdig genug zu werden, sich Gott zu nähern, obwohl sie durch das Blut von Jesus schon würdig gemacht wurden.

Erzeugst du Frucht oder Religion?

Als Jesus früh am nächsten Morgen nach Jerusalem zurückkehrte, hatte er Hunger, und als er am Straßenrand einen Feigenbaum sah, ging er hin, fand aber nichts als Blätter daran. Da sagte er zu dem Baum: „Nie wieder sollst du Früchte tragen!" Und augenblicklich verdorrte der Baum (Matthäus 21,18-19; Neue Genfer Übersetzung).

Ein Feigenbaum, der zwar Blätter hat, aber keine Feigen, steht für den religiösen Geist oder religiöse Aktivitäten – es hat den Anschein von Heiligkeit, aber nicht die Kraft, Leben zu erzeugen. Deshalb bringt es keine Frucht für das Reich Gottes hervor. Bei dem o.g. Ereignis geschah etwas Bedeutsames. Um wirklich zu verstehen, was es symbolisiert, müssen wir zurückgehen zu dem Bericht über Adam und Eva in 1. Mose. Als die ersten Menschen sündigten, wurde ihnen ihre Nacktheit bewusst. Schnell bedeckten sie sich mit Feigenblättern, weil sie dachten, das würde sie in Gottes Augen annehmbar machen. Sie gingen mit ihren verschmutzten Seelen vor den Herrn und glaubten, dass die Blätter ihre Fehler zudecken würden.

Wenn Menschen sich vor Gott schuldig fühlen versuchen sie, sich äußerlich durch religiöse Handlungen zu bedecken. Doch die Schrift ist da eindeutig: nur das Blut Jesu kann uns vor dem Vater annehmbar machen (siehe z. B. Matthäus 26,28). In 1. Mose gab Gott Adam und Eva zur Bedeckung Tierfelle statt der Feigenblätter. Diese Tieropfer verkörpern das erste Symbol für das Opfer Jesu Christi und sein vergossenes Blut am Kreuz als Sühne für unsere Sünden.

In den heutigen Gemeinden gibt es eine große Vielfalt an „Feigenblättern"; einige davon findet man in Pfingstgemeinden, andere in charismatischen oder evangelikalen Gemeinden. Wieder andere sind bei den Baptisten oder den Methodisten anzutreffen und weitere in katholischen Gotteshäusern oder bei den Adventisten und so weiter. Beachtenswert ist aber, dass es in den unterschiedlichen christlichen Denominationen echte Gläubige gibt, die nicht religiös sind und Frucht bringen. Egal wie wir uns selbst bezeichnen oder zu welcher neuen Denomination wir gehören, wenn wir für Gott keine Frucht bringen, ist es auch nur wieder Religion.

Frucht repräsentiert ein inneres Leben, das Gott gefällt. Feigenblätter repräsentieren ein äußeres Erscheinungsbild, das Gott missfällt.

Jesus ging zu dem Feigenbaum, um Feigen zu essen. Er wollte die Frucht von diesem Baum schmecken. Wenn Jesus heute kommen würde, um deine Frucht zu essen, was würdest du ihm anbieten können? Welche Frucht würdest du dem Herrn vorsetzen? Hast du in deinem persönlichen Leben die Frucht der Liebe, des Friedens und der Geduld? Kannst du ihm Seelen anbieten, die du für sein Reich gewonnen hast, oder Ehen, die wiederhergestellt wurden, oder Kranke, die geheilt wurden? Oder sieht dein Leben und Dienst aus wie der Feigenbaum, den Jesus verflucht hat – viel Blattwerk, aber keine Frucht, sondern nur religiöser Augenschein? Und noch einmal, wenn du Jesus keine Frucht anbieten kannst, dann hast du nur Religion. Bitten wir Gott, uns nicht zu verfluchen wie Jesus den Feigenbaum, sondern uns zu ermöglichen, dass seine Herrlichkeit uns verwandelt, damit wir viel Frucht bringen können (siehe Johannes 15,5-8).

Das Wort Gottes lehrt eindeutig, dass wir durch Gnade errettet sind, nicht durch das Gesetz oder durch Werke (siehe Epheser 2,8). Der Heilige Geist drängt uns keine Religion auf. Unseren Gehorsam und unsere Liebe zu Gott bringen wir freiwillig aus unserem Innersten heraus zum Ausdruck.

Gleichförmig im Gegensatz zu umgewandelt

Und seid nicht gleichförmig dieser Welt, sondern werdet verwandelt … (Römer 12,2).

Das griechische Wort für *gleichförmig* ist syschēmatịzō. Dieser Begriff hat zwei Wurzeln: *sun* mit der Bedeutung *„mit"* und *schema* mit der Bedeutung *„Figur, Form, Gestalt, Aussehen, äußerer Zustand"*. Demnach bezieht sich Gleichförmigkeit auf Angleichung, Anpassung, oder die Gestalt, die Form, das Aussehen des Verhaltensmusters dieser Welt annehmen.

Passen wir uns an etwas oder jemanden an, dann hören wir auf, umgestaltet zu werden.

Syschēmatịzō hebt eine Veränderung im äußeren Zustand hervor, nicht im inneren. Manchmal wird dieser Begriff mit „Verkleidung" übersetzt. Der Gedanke dabei ist, dass die Welt uns in eine Form gemäß ihrem Maßstab drängt, vergleichbar mit dem Tragen neuer Schuhe, die sich an der natürlichen Form unserer Füße reiben. Das gibt uns ein äußeres Erscheinungsbild vergänglicher Natur, doch unser Innerstes wird nicht verändert. Es beseitigt weder Sünde, Depression oder Bitterkeit noch gibt es uns überfließendes Leben. Es funktioniert durch" *die Begierde des Fleisches, die Begierde der Augen und dem Hochmut des Lebens"* (1. Johannes 2,16). Was die Welt gibt, ist nur eine Verkleidung und nicht das, was wir sein sollen oder sein können in Christus.

Betrachten wir uns im Licht dieser Offenbarungen, stellen sich bestimmte Fragen: Bin ich wirklich verwandelt? Bin ich immer noch der- oder dieselbe, oder habe ich mich verändert? Habe ich aufgehört mich zu verändern? Ist die Kraft und Gegenwart Gottes in meinem Leben? Wenn nicht, wann habe ich das Übernatürliche verloren? Bin ich für die Ausbreitung des Reiches Gottes irrelevant geworden? Wann wurde mein Gottesdienst zur Routine?

Gott ruft jeden Gläubigen zur Veränderung auf, weil er uns auf eine andere Ebene bringen möchte. Er möchte etwas „*Neues*" tun (Jesaja 43,19).

Was ist Transformation?

Und seid nicht gleichförmig dieser Welt, sondern werdet verwandelt ... (Römer 12,2).

Wie in einem vorherigen Kapitel schon erwähnt ist das Wort *verwandelt* im griechischen *metamorphọō*. *Meta* bedeutet unter, mit, nach oder hinter; *morphọō* bedeutet formen oder gestalten. Das Wort *metamorphọō* hat demnach die Bedeutung „in eine andere Form umwandeln, umformen, umgestalten". Der gleiche Begriff wird auch in Matthäus 17,2 in Bezug auf die Verklärung Jesu verwendet. Der Hauptgedanke bei diesem Verb ist, der einen Lebensform zu sterben, um in einer anderen geboren zu werden.

Eine Raupe beispielsweise „stirbt" ihrer alten, primitiven Form, um sich in einen wunderschönen Schmetterling zu verwandeln. Die Raupe muss in diesen natürlichen Prozess eintreten, um in ein besseres Leben überzuwechseln. Ebenso ist es für ein Baby ganz natürlich, nach neun Monaten im Mutterleib geboren zu werden. Durch den Geburtsvorgang gelangt das Baby in einen neuen Lebensbereich; andernfalls wird es sterben und auch das Leben seiner Mutter gefährden. Wenn wir unser Denken geistlich nicht erneuern, werden auch wir nicht transformiert werden und letztendlich können wir unser Leben verlieren, da Stagnation geistlichen Tod bewirkt.

Keine Umgestaltung ist dauerhaft, bis wir nicht unsere Denkweise erneuern.

Gott möchte, dass wir unserem alten Ich sterben (unserer alten Denkweise und unserem alten Lebensstil) und unsere Gesinnung hin zu den größeren Dingen ausstrecken, die er für uns hat. Die Erneuerung unseres Denkens ist wie eine Tür, die uns Zutritt gibt zum Übernatürlichen, denn in unserem Charakter und Verhalten wird sich eine vom Heiligen Geist inspirierte Umgestaltung manifestieren.

Morphoō zeigt eine innere strukturelle Umwandlung an, die zu einer äußeren Veränderung unserer Handlungen führt. Das Wort *schema* dagegen, welches ja die Wurzel für das Wort *gleichförmig* in Römer 12,2 ist, zeigt nur eine oberflächliche äußere Veränderung oder Verkleidung an. Gott möchte unsere völlige Verwandlung und Umgestaltung, damit wir wie sein Sohn Jesus werden. Bist du deiner Umgebung gleichförmig? Gehst du konform mit deiner Denomination? Hast du dich deiner Krankheit, Armut, Sünde oder deinen Umständen angepasst?

Womit du konform gehst bestimmt, was du denkst und wie du lebst.

Entscheiden wir uns jetzt für Veränderung und bitten Gott, uns von allem zu befreien, dem wir uns angepasst haben, damit der Heilige Geist anfangen kann, unser Leben, unsere Familien und unsere Dienste von innen her zu verwandeln.

> *Rede ich denn jetzt Menschen oder Gott zuliebe? Oder suche ich Menschen zu gefallen? Wenn ich allerdings den Menschen noch gefällig wäre, so wäre ich nicht ein Knecht des Christus (Galater 1,10; Schlachter 2000).*

Bist du der Welt gleichförmig drückst du damit aus, dass du keine Hoffnung auf eine bessere Zukunft hast. Zufrieden zu sein heißt, sich an der aktuellen Situation in der Hoffnung zu erfreuen, dass sie sich verändern wird und etwas Besseres kommt. Viele Menschen sträuben sich gegen Veränderung oder Transformation, weil sie sich angepasst haben. Sie sind gebunden an menschliche Traditionen und haben Angst vor Veränderungen. Sie fürchten, es könnte Auswirkungen haben auf ihre Position, ihr Ansehen, ihre Seriosität, ihren Lebensstil und sogar ihre finanzielle Lage. Andererseits sind sie sehr unzufrieden, denn sie wissen, dass Gott mehr für sie hat. Sie können es aber weder definieren noch beschreiben, geschweige denn erreichen. Diese Menschen fühlen sich von ihrem Umfeld und ihren sozio-religiösen Paradigmen gefangen genommen. Sie erkennen, dass es schon eine Weile her ist, seit sie die Gegenwart Gottes gespürt haben. Und doch haben sie das Empfinden, den Menschen ihre Loyalität schuldig zu sein. Sie sind emotional an ihre Leiter, Pastoren, Dienste, Systeme und Organisationen gebunden.

Gestatte mir bitte, dich daran zu erinnern, dass unsere Loyalität an erster Stelle Gott, seinem Reich und seinem Wort gilt. Meine Frage ist: Willst du Gott oder Menschen gefallen? Möchtest du dich nach einer Religion und nach Vorschriften richten, oder möchtest du verwandelt werden von Herrlichkeit zu Herrlichkeit, um die übernatürliche Kraft Gottes in deiner Familie, Gemeinde, Stadt und Nation sichtbar zu machen?

Eine Generation ohne Veränderungsbereitschaft wird keinen Einfluss auf die Welt haben.

Stagnation führt zu Frustration, weil das, was früher funktioniert hat, es nun nicht mehr tut. Wir müssen die Routine durchbrechen. Die Veränderung muss bei uns anfangen; es ist unsere Entscheidung. Bitten wir den Heiligen Geist, uns seine Gnade für Veränderung zu geben. Es wird ein schmerzhafter Prozess, aber bedenke, eine Umgestaltung ist nur dann eine wahre Veränderung, wenn sie echt und von Dauer ist. Es ist an der Zeit, eine Entscheidung zu treffen! Passen wir uns an, um Menschen zu gefallen, oder lassen wir uns transformieren, um Gott zu gefallen?

Das größte „Gewicht" der Herrlichkeit liegt auf Transformation

Ich weiß aus erster Hand, was die Herrlichkeit Gottes im Leben tausender von Menschen bewirkt hat. Doch die außergewöhnlichste Manifestation seiner Gegenwart – das größte Gewicht seiner Herrlichkeit, die absolute Demonstration seiner Kraft – findet dann statt, wenn das Herz eines Einzelnen verwandelt wird. Das beginnt, wenn eine Person von neuem geboren wird, und geht weiter mit einer fortwährenden Umgestaltung seiner oder ihrer Seele (Denkweise und Charakter). Die Grenze, wo sich scheidet, was Religion mit ihren menschlichen Vorschriften nicht tun kann und was der einzig wahre Gott tun kann, finden wir in unserem Herzen. Nur Gott allein kann ein Herz verändern. Religion kann diese Fähigkeit niemals übertreffen, weil ihr dazu die Autorität und Kraft fehlt. Religion kann niemanden verändern; das Leben einer Person kann nur durch die manifeste Herrlichkeit Gottes verwandelt werden.

Die einzige Bewegung, die eine Umgestaltung der Gesellschaft bewirkt, geschieht durch die Ausgießung der Herrlichkeit Gottes.

Vor einigen Jahren begann ein Mann unsere Versammlungen zu besuchen. Sein Zeugnis belegt die Kraft der Transformation durch die Herrlichkeit Gottes. Eugenio war in Satanismus verwickelt und besuchte unsere Gemeinde anfangs nicht aus Interesse an Jesus. Er kam, um mich zu töten. Einige Jahre lang war er von fünf diabolischen Organisationen darauf trainiert und vorbereitet worden, mich umzubringen. Die Satanisten brachten ihm Strategien bei, wie er an mich herankommen könnte und forderten ihn auf, mich zu töten. Sein Ziel war es, den Erfolg von King Jesus International Ministry zu beenden.

Als der Zeitpunkt gekommen war, an dem er seine Mission ausführen wollte, versteckte er eine Pistole unter seiner Kleidung und kam in einen unserer Gottesdienste. An diesem speziellen Tag diente ich in Befreiung und hatte keine Ahnung von den Plänen dieses Mannes. Ich sah, wie er weinend nach vorne zum Altar gelaufen kam, um Jesus anzunehmen. Er war unfähig, mir etwas anzutun, denn Gott hatte ihn „entwaffnet". Fünfunddreißig Jahre Verstrickung in Satanismus wurden beendet, als er sich Gott auslieferte. Der Plan des Teufels gegen mich war zunichte gemacht, als Eugenio mit dem Gewicht der Herrlichkeit Gottes konfrontiert wurde, das Herzen verändert. Später erzählte er mir, dass er schon bei verschiedenen Gelegenheiten den Kult und all das Böse, was er dort tat, hatte verlassen wollen. Aber er wusste nicht, wie das möglich war. Eugenio hatte Jesus früher gehasst, aber heute fühlt er sich frei, lebendig und wieder wie ein Mensch. Er hat erkannt, wie sehr Gott ihn liebt. Diese Liebe verwandelte ihn in einen leidenschaftlichen Gläubigen an Jesus. Jetzt weiß er, dass Menschen den Satanismus verlassen *können*, weil die Kraft von Jesus viel größer ist als die von Satan.

Die Herrlichkeit Gottes – oder seine Gegenwart – deckt den geistlichen Zustand einer Person auf.

Die völlige Befreiung von Eugenio war schwierig und langwierig, aber sein Leben wurde vollkommen umgewandelt. Er sieht in meiner Frau und mir seine geistlichen Eltern und ist jetzt ein Instrument in der Hand Gottes, um Seelen zu retten. Er betet für die Kranken und treibt Dämonen aus. Gott heilte ihn und nun setzt Eugenio sein Leben dafür ein, andere zu heilen. Gott befreite ihn, und nun befreit er andere. Wenn du es möchtest, kannst du genauso wie Eugenio zu einem Instrument Gottes werden (siehe 2. Korinther 4,17).

Wenn wir also von der Herrlichkeit Gottes oder der Gegenwart Gottes reden, dann sprechen wir über Transformation oder Umgestaltung. Jedes Mal, wenn ich die manifeste Herrlichkeit Gottes erlebe, dann erlebe ich auch, wie Veränderungen im Leben von Menschen geschehen. Viele Menschen wünschen sich die Herrlichkeit, weil sie umgestaltet werden möchten, andere jedoch lehnen sie ab, weil sie sich in ihrem tiefsten Innern nicht wirklich verändern wollen.

Eine interessante Feststellung ist, dass sich in der Welt viele Dinge verändern, während die Gemeinde den Stillstand bevorzugt oder Schritte zurück macht. Wir isolieren uns selbst von den neuen Dingen, die Gott tut. Erst später erkennen wir, dass dort, wo Leben, Segen und Kraft vorhanden war, nichts mehr davon übrig ist, weil sich Gottes Herrlichkeit an einen anderen Ort begeben hat. Lassen wir uns nicht täuschen. Es ist sehr gefährlich, an dem Ort zurückzubleiben, wo die Herrlichkeit oder Gegenwart Gottes sich nicht mehr länger manifestiert.

Schauen wir uns jetzt an, wie Transformation oder Umgestaltung in der Manifestation seiner Herrlichkeit geschieht.

Der Zweck der Verklärung Jesus

> *Und er wurde vor ihnen umgestaltet. Und sein Angesicht leuchtete wie die Sonne, seine Kleider aber wurden weiß wie das Licht; und siehe, Mose und Elia erschienen ihnen und unterredeten sich mit ihm … siehe, da überschattete sie eine lichte Wolke, und siehe, eine Stimme kam aus der Wolke, welche sprach: Dieser ist mein geliebter Sohn, an dem ich Wohlgefallen gefunden habe. Ihn hört! (Matthäus 17,2-3; 5).*

Warum wurde Jesus umgestaltet oder verklärt? Was war der Zweck seiner Veränderung auf diese Art und Weise, da er doch vollkommen war? Wir müssen uns daran erinnern, dass Jesus seine Herrlichkeit abgelegt hatte, bevor er als menschliches Wesen in diese Welt kam. Deshalb erlebte er auch die gleichen Versuchungen wie jeder von uns. Er besaß einen sterblichen Körper und seine menschliche Natur war in der Lage zu sündigen. Ansonsten wären die Versuchungen, die er erduldete, bedeutungslos gewesen. Bis zu dem Moment seiner Verklärung oder Umgestaltung hatte Jesus unter der Salbung des Heiligen Geistes gehandelt. Doch durch diese Manifestation zeigte er den drei Jüngern die Herrlichkeit, die für sie verfügbar war. Als Jesus verklärt wurde, waren sie in der Lage, Mose und Elia bei ihm stehen zu sehen. Ich denke, Mose repräsentiert die Tora (das Gesetz – den *logos*, oder das geschriebene Wort Gottes); Elia repräsentiert die Gemeinde, Gottes Kraft und das *rhema* Wort; und Jesus repräsentiert das Reich Gottes sowie die einstige Herrlichkeit und – durch seine bevorstehende Auferstehung – die künftige Herrlichkeit. (In Kapitel 12 werden wir die einstige und die künftige Herrlichkeit näher erörtern).

Im Wesentlichen offenbarte Jesus den drei Jüngern, dass er sein Reich, seine Macht und seine Herrlichkeit mit sich brachte. Wie hätten die Jünger sonst wissen können, dass die zwei Personen neben Jesus Mose und Elia waren? In der Gegenwart Gottes erkennt man, wer und wie die Menschen sind, unabhängig von der Zeitspanne, die ihr Leben vielleicht voneinander getrennt hat.

Zum Zeitpunkt der Verklärung Jesu konnten die Jünger erkennen, wer Jesus in seinem Inneren war, und zwar auf eine körperliche, sichtbare und greifbare Weise. Der Begriff *Verklärung* bringt ebenfalls zum Ausdruck, dass das, was in uns enthalten ist - seine Herrlichkeit - nicht länger verborgen bleiben oder zurückgehalten werden kann. Es muss explodieren, ausbrechen und das Fleisch überwinden.

Wir werden umgestaltet oder verklärt durch die Erneuerung unseres Sinns, und diese Transformation hört niemals auf. Während wir Zeit in der Gegenwart Gottes verbringen, findet genau dieser Prozess statt. Wir werden fortwährend in sein Bild umgestaltet und können nicht mehr so bleiben, wie wir vorher waren.

Wenn die Herrlichkeit immer Veränderung hervorruft, dann können wir auch verstehen, warum viele Gläubige, Leiter, Dienste und Gemeinden weiterhin voller Religion stecken und sich sträuben, die manifeste Gegenwart Gottes zu suchen. Die Herrlichkeit offenbart nämlich die Wahrheit darüber, wer sie sind und wie es in ihren Herzen aussieht. Sie wissen, dass sie in dem Moment, wo sie in die Herrlichkeit hineinkommen, Ja sagen müssen zu Veränderungen. Das schließt u.a. die Erneuerung der Denkweise und des Charakters ein, die Einstellung zu Anbetung, zu Predigtstilen, zum Ablauf und der Länge von Gottesdiensten inklusive der Beseitigung starrer Strukturen, die den Heiligen Geist daran hindern, sich frei zu bewegen.

Um sich nicht mit der Herrlichkeit befassen zu müssen, wird oft ein Evangelium der Anpassung statt der Umgestaltung verkündet.

Im Geist lernen wir nicht - wir wissen! Es handelt sich dabei um ein sofortiges Wissen, das man nicht erlernt hat. In diesem

Zusammenhang können wir sagen, dass die Verklärung oder Umgestaltung Jesu zeigt, was du und ich uns erhoffen können. Wir sind dabei Gläubige zu werden, die durch die Herrlichkeit Gottes verklärt werden. Er hat uns den Weg eröffnet, uns in seiner Herrlichkeit zu bewegen und das ist keine Theorie oder abstrakte Theologie. Es steht uns zur Verfügung!

Als wir einmal in einem Gottesdienst sangen, kam ein Geist der Anbetung auf uns herab. Das teilte ich der Versammlung mit und ließ ihn frei fließen. An diesem Tag beteten wir ununterbrochen eineinhalb Stunden lang an. Plötzlich kamen drei Wellen der Manifestationen der Herrlichkeit Gottes zustande. Zuerst Transformation: Menschen schrien zu Gott in Buße. Dann Befreiung: Menschen wurden befreit, ohne dass jemand sie berührt hatte. Und drittens kam Feuer – Menschen fingen an zu rufen: „Ich verbrenne!" Als ich den Aufruf zur Bekehrung machte, kamen viele Menschen nach vorne zum Altar. Für diesen Gottesdienst hatte ich eine gute Predigt vorbereitet, doch als Gottes Gegenwart sich manifestierte, legte ich sie beiseite, betete mit den anderen an, und dann kam seine Herrlichkeit zu uns herab. Am Ende des Gottesdienstes kamen etliche Leute zu mir und berichteten, welche Veränderungen sie erlebt hatten. Es war einfach großartig und hatte nichts zu tun mit irgendeinem Protokoll, Gottesdienstformat oder Programm, das wir hätten vorbereiten können.

Wie geschieht die Transformation in einem Gläubigen?

Der Herr aber ist der Geist; wo aber der Geist des Herrn ist, ist Freiheit (2. Korinther 3,17).

In den vorausgehenden Versen von 2. Kor. 3,17 vergleicht Paulus die Herrlichkeit, die Mose unter dem Gesetz erlebte, mit der Herrlichkeit von Jesus im Neuen Testament. Die Herrlichkeit des Gesetzes war auf Mose Gesicht zu erkennen, aber der Glanz war vergänglich. Doch die Herrlichkeit des Vaters ist das Gesicht von Jesus, dessen Glanz bleibend ist. Das Wort Gottes lehrt: „*wo aber der Geist des Herrn ist, ist Freiheit*". Das Wort Freiheit ist im griechischen das Wort *eleutheria* und bedeutet „Freiheit ohne jegliche Einschränkungen, Vorschriften, Richtlinien, Gesetze oder Traditionen". Jesus ist der Herr über die Gemeinde und der Heilige Geist ist der Herr in der Gemeinde. Die vom Heiligen Geist geschenkte Freiheit befähigt uns, in der Gegenwart Gottes das Richtige zu tun. Es ist nicht eine Freiheit, in der wir tun, was wir wollen.

> *Wir alle, während wir mit aufgedecktem Angesicht fortwährend die Herrlichkeit des Herrn betrachten [im Wort Gottes] wie in einem Spiegel, werden immerzu in sein ureigenes Bild verklärt in ständig zunehmenden Glanz und von Herrlichkeit zu Herrlichkeit (2. Korinther 3,18; übersetzt aus der Amplified Bible).*

Als die Herrlichkeit Gottes auf dem Gesicht von Mose lag, bedeckte er es mit einer Decke. Die Leute sollten nicht sehen, dass die Herrlichkeit sein Gesicht wieder verließ (siehe 2. Korinther 13-16; 2. Mose 34,29-35). Jene Herrlichkeit war zeitlich, doch jetzt haben wir eine uneingeschränkte Freiheit. Die Decke wurde entfernt und wir können immerfort auf die Herrlichkeit Gottes im Angesicht von Jesus schauen, als würden wir sie in einem Spiegel betrachten. Jedes Mal, wenn wir in den „Spiegel" sehen – sein Wort – wird in unseren Herzen und unserem Verstand ein positiver Effekt erzeugt.

Stell dir vor, du stehst vor einem Spiegel und siehst als Spiegelbild eine perfekte Version von dir. Wenn du auf dieses Bild schaust, dann fängst du an im Geist zu sehen wie Gott dich sieht: Sein vollendetes Werk, geschaffen nach seinem Ebenbild. Durch diese Erfahrung geschehen zwei Dinge: 1) Du beginnst dich zu verändern und passt dich dem Bild im Spiegel an, und das ist Jesus. 2) Du fängst an, die Herrlichkeit in dir vor anderen Menschen widerzuspiegeln und zu manifestieren.

Jesus von Angesicht zu Angesicht sehen

Können wir heute noch Jesus von Angesicht zu Angesicht sehen? Die Menschen wollen ihn immer körperlich zu Gesicht bekommen, aber ihn zu sehen bedeutet mehr als nur ein visuelles Erlebnis. Es gibt vier Möglichkeiten, wie wir Jesus wahrnehmen können:

1. In geistlichen Visionen
Einige Menschen sahen Jesus in geistlichen Visionen so, wie er in der Bibel beschrieben ist, doch sind sie in der Minderheit. Mir haben viele Leute erzählt, dass sie in unseren Gottesdiensten gesehen haben, wie Jesus sich mit mir auf der Plattform bewegte oder wie er seine Hände auf Kranke legte. Manche haben ihn auch in anderen Zusammenhängen bei der Manifestation seiner Herrlichkeit gesehen. In der Bibel erlebten Menschen ebenfalls geistliche Visionen von Jesus, wie z. B. Johannes im Buch der Offenbarung (siehe Offenbarung 1,9-31).

2. In biblischen Aufzeichnungen
Wenn du Jesus nicht in einer geistlichen Vision gesehen hast, dann kannst du ihn in der Bibel betrachten. Sie beschreibt, wie er inmitten der Menschen durch die Straßen und über die Hügel von Jerusalem ging. Wir sehen dort Jesus, wie er das Evangelium vom Reich Gottes verkündet, die Kranken heilt, die vom Teufel geknechteten befreit, Blinden das Augenlicht und Tauben das Gehör wiedergibt, Aussätzige rein macht und die Toten auferweckt. Zu wissen, dass Jesus diese Dinge tat, sollte unser Herz verändern und dazu führen, dass wir das Gleiche tun.

Wenn wir „sehen“, wie Jesus in Macht und Autorität von den Toten aufersteht und neben Gott auf dem himmlischen Thron sitzt, wird das eine innere Verwandlung hervorbringen. Sie führt dazu, dass du dich ebenso sehr wie ein Kind Gottes fühlen wirst wie Jesus und die Autorität ergreifst, die er von seinem Thron her ausübt. Sehe ich Jesus im Übernatürlichen handeln, dann kann ich mich selbst es auch tun sehen. Wenn ich ihn sehen und die gleichen Dinge tun kann, dann kannst du das auch!

3. Er lässt seine Macht durch andere Menschen sichtbar werden

Ähnlich ist es, wenn ich sehe, wie Jesus andere Menschen gebraucht – besonders Menschen, die unbekannt, schwach und unzulänglich, aber willig und voller Glauben sind. Durch sie wirkt Jesus Zeichen und Wunder und das führt in meinem Herzen zu einer Veränderung und inspiriert mich, das Gleiche zu tun. Zeugnisse davon, wie Jesus Menschen durch andere Menschen heilt und befreit, ermutigen mich, an seine Auferstehungskraft zu glauben, die auch heute noch Realität ist.

4. Er manifestiert seine Herrlichkeit durch uns!

Gott gebrauchte mich in seiner Gnade dazu, einige der Dinge zu tun, die auch Jesus tat, als er auf der Erde lebte. Es sind Dinge, die auch andere Männer und Frauen tun können. Jedes Mal, wenn er mich gebraucht, sehe ich Jesus auferstanden von den Toten und lebendig durch mich. Das wiederum führt mich in eine frische und noch tiefere Umgestaltung.

Eine Person wird nicht dadurch verändert, dass sie Zeit in der Gemeinde verbringt, sondern durch die Zeit, die sie in der Gegenwart Gottes verbringt.

Wir werden nicht in das Ebenbild Jesu verändert, weil wir diszipliniert sind, viel beten, den Zehnten geben oder jede Woche in die Gemeinde gehen. All diese Dinge sind gut und wir sollten sie auch weiterhin praktizieren. Was uns aber wirklich verändert ist, Gott von Angesicht zu Angesicht in seiner manifesten Herrlichkeit zu sehen. In seiner Gegenwart werden wir umgestaltet.

Könnten wir einen Menschen, der erst seit kurzem gläubig ist, für eine Stunde der Gegenwart Gottes aussetzen und ihn mit einem Christen vergleichen, der Jesus schon seit zehn Jahren kennt, aber über seine Bekehrung hinaus nie die Gegenwart Gottes erlebte – wer wird mehr Jesus ähnlich sehen? Der ganz „ junge“ oder der „reifere“ Christ? Die Antwort lautet natürlich: Der erst seit kurzem an Jesus Gläubige, da er der Gegenwart Gottes eine längere Zeitspanne ausgesetzt war.

In die Herrlichkeit eintreten

Die Herrlichkeit Gottes befähigt uns, Nationen, Kontinente und sogar die ganze Welt zu erreichen. Es geht nämlich nicht mehr um den Glauben, die Gaben oder das Maß an Salbung, in denen wir Menschen uns bewegen, sondern im Bereich der Herrlichkeit agiert Gott selbst. Dazu kommt noch, dass die Herrlichkeit in Dimensionen operiert. Eine geistliche Dimension hat einen großen „Umfang"; sie besteht aus Weite, Länge, Tiefe und Höhe:

> *... und ihr in Liebe gewurzelt und gegründet seid, damit ihr imstande seid, mit allen Heiligen völlig zu erfassen, was die Breite und Länge und Höhe und Tiefe ist (Epheser 3,17-18).*

Zur Veranschaulichung: Die Filmindustrie versucht ständig, ein höheres Maß an Realismus in ihren Filmen zu erreichen. Die Zuschauer sollen jedes Mal ein einzigartiges Erlebnis haben, wenn sie ins Kino gehen. Vor einigen Jahren begannen 3D Filme immer populärer zu werden. Mit einer speziellen Brille kann sich der Zuschauer bei jeder Szene wie ein aktiver Teilnehmer fühlen, so als ob er die Figuren oder Gegenstände im Film „berühren" könnte. Mit anderen Worten, das Filmerlebnis hat eine größere Tiefe, Höhe und Weite.

Geistlich gesehen ist die Herrlichkeit Gottes in dem Sinne wie ein 3D Film, dass sie uns einen geistlichen Ort eröffnet. Gottes Liebe zu kennen heißt, ihn kennenzulernen, ihn zu erleben und ein Teil von ihm zu werden, indem man in seine Herrlichkeit eintritt. Es handelt sich um mehr als ihn aus der Ferne zu studieren oder ihn anzuschauen; es bedeutet, sich aktiv an seinem Leben zu beteiligen. Wir können Gott nicht nur durch unseren Intellekt verstehen, sondern wir werden ihn nur dann wirklich begreifen, wenn wir ihn erleben. Selbst wenn unser Verstand ihm nicht mehr folgen kann, werden wir uns fühlen, als wären wir in seinem Inneren – wir sind in ihm – und werden so ein Teil von ihm. Dann werden wir nicht mehr nur laufen, sondern von einer zur anderen Dimension springen!

Die Salbung ist in Maßen oder Ebenen tätig, doch die Herrlichkeit agiert in Dimensionen.

Weite und *Länge*: Erweitere deine geistliche Sicht und sehe vor dir, wie Stadien randvoll sind mit Menschen, die Gott suchen. Sehe, wie tausende junger Menschen zu Jesus laufen. *Tiefe* und *Höhe*: Verlängere deine Hände und strecke sie aus ... und dann berühre ihn!

Wenn die Gemeinde sich in der Herrlichkeit bewegt, dann findet in Qualität und Quantität eine geistliche Beschleunigung statt. Im Charakter der Menschen geschieht Transformation, der Dienst wächst, die Finanzen nehmen zu und die Zeit ist erlöst. Alles beschleunigt sich und die Wartezeit nimmt ab. Das geschieht, weil Gott aus einer Dimension heraus wirkt, wo es die Variablen von Zeit, Raum und Materie nicht gibt. Es bedeutet, dass alles, wofür wir unter der Salbung zehn Jahre gebraucht haben, um es zu erreichen, jetzt in der Herrlichkeit nur noch ein Jahr, einen Monat oder vielleicht sogar nur einen Tag benötigt. Er kann von einem Tag auf den anderen die Gerechten wohlhabend machen und im Gegenzug können diese den Reichtum in das Reich Gottes investieren. Erinnere dich daran, dass eine große Zahl von hebräischen Sklaven , die vierhundert Jahre in Ägypten lebten - die meiste Zeit in Armut und ohne Landbesitz - in nur einem Tag freigelassen und reich wurden. Gott gewährte ihnen Gnade und Gunst bei den Ägyptern, so dass ihre ehemaligen Peiniger ihnen Reichtümer in Form von Gold, Silber und Kleidung gaben (siehe 2. Mose 12,35-36). Wenn ein Pastor unter der Salbung fünf Jahre brauchte, damit eine Gemeinde auf zweihundert Mitglieder anwuchs, dann bedarf es unter der Herrlichkeit nur einen Tag, dass er eintausend oder mehr Mitglieder bekommt. Das geschah an Pfingsten; an nur einem Tag wurden dreitausend Menschen zur Gemeinde hinzugetan (siehe Apostelgeschichte 2).

Gott möchte das Gleiche für sein Volk auch heute tun. Jetzt ist die Zeit dafür. Du kannst in eine neue Dimension der Herrlichkeit eintreten! Und während du das machst, sei dir bewusst, dass die Herrlichkeit nicht nur eine „Erfahrung" ist, die wir genießen, sondern eine Transformation, die uns befähigt, anderen in bemerkenswerter Weise zu dienen. Jesus lehrte uns zu beten „Unser Vater“ und nicht „Mein Vater“. Er kam auf diese Erde, um uns zu zeigen, wie wir andere mit Errettung, Heilung und Befreiung erreichen können, genau so, wie er es getan hat. Lass uns verändert werden in sein Bild *„in ständig zunehmenden Glanz“* (2. Korinther 3,18; übersetzt aus der Amplified Bible).

Erfahrungen mit Gott

- Erstelle eine Liste der Bereiche deines Lebens, wo du empfindest, dass du stagnierst, dich der Welt angepasst hast und wo du Hindernisse für eine Umgestaltung entdeckst. Liefere sie dem Herrn im Gebet aus. Dann bitte ihn, seine Herrlichkeit zu manifestieren – und erwarte, dass du verändert wirst.
- Auf welche Weise hast du Jesus gesehen: 1) In einer Vision im Geist, 2) in der Bibel, 3) wie er durch andere wirkt, oder 4) wie er durch dein Leben wirkt? Schreibe sie auf und bitte Gott, dich durch diese Wege zu inspirieren, das zu tun, was Jesus tat, und nach seiner Herrlichkeit und Kraft zu suchen, um es auszuführen.

Kapitel 9

Der Prozess unserer Transformation

Wenn du in die Gegenwart Gottes eintrittst, wirst du verändert und transformiert. In deinem Geist entzündet sich eine Leidenschaft dafür, sein Werk zu tun und überall auf der Welt sein Reich zu verbreiten. Wir wollen uns den Vorgang der Transformation weiter anschauen, indem wir zu dem Vers zurückgehen, mit dem wir uns schon im vorigen Kapitel befasst haben:

> *Wir alle, während wir mit aufgedecktem Angesicht fortwährend die Herrlichkeit des Herrn betrachten [im Wort Gottes] wie in einem Spiegel, werden immerzu in sein ureigenes Bild verklärt in ständig zunehmenden Glanz und von Herrlichkeit zu Herrlichkeit (2. Korinther 3,18; übersetzt aus der Amplified Bible).*

Das Verb *verklärt* oder *umgestaltet* erscheint in der Verlaufsform der Gegenwart, was darauf hinweist, dass wir fortwährend umgestaltet werden und uns von Herrlichkeit zu Herrlichkeit bewegen. Deshalb können wir fragen: „ Welche Dimensionen oder Bereiche der Herrlichkeit gibt es noch, von denen wir nichts wissen oder in die wir noch nicht eingetreten sind?" Das ist ein faszinierender Gedanke! In meinem Geist nehme ich wahr, dass es verschiedene Dimensionen von Offenbarungserkenntnis gibt, wie z. B. kreative Wunder oder Zeichen und Wunder, welche die Gemeinde als Ganzes bisher nicht entdeckt hat. Ich sehe aber auch den Tag kommen, an dem beispielsweise ein „durchschnittlicher" Gläubiger in ein Krankenhaus geht und alle Kranken geheilt werden.

Wie kann ich so etwas sagen? Ich war in einer geistlichen Dimension, in der alle Kranken geheilt worden sind. Diese Dimension habe ich nur einmal betreten, als ich in Kuba war. Wir hatten ein Treffen veranstaltet, zu dem achthundert Menschen gekommen waren, und alle Kranken gingen geheilt nach Hause. Gott ermöglichte mir, einen Vorgeschmack von dieser Dimension zu bekommen und ich werde weiter danach suchen, bis es wieder passiert.

Dimensionen der Herrlichkeit

Wie können wir in eine Dimension eintreten, die wir bislang nicht kennen? Durch Offenbarung! Gottes Propheten sind Träger seiner Offenbarungen und sie erschließen uns die Kenntnisse über diese Bereiche der Herrlichkeit Gottes. Es gibt zum Beispiel Dimensionen des geistlichen Kampfes und der Fürbitte, die wir noch nicht verstanden haben. Ich glaube aber, dass der Tag kommen wird, wo ein Wort genügt, um eine ganze Stadt für Jesus Christus zu gewinnen. Ich bin überzeugt, dass es Dimensionen gibt, die es uns ermöglichen, über die Kräfte der Natur zu herrschen, wie z. B. Feuer oder das Wetter. Ich hungere nach diesen Dimensionen.

Ich wage zu glauben, dass es Dimensionen von kreativen Wundern im Bereich des Verstandes gibt, in denen Kinder wie auch Erwachsene augenblickliche Heilung ihres geistigen Zustandes erleben werden. Zu gegebener Zeit werden wir erleben, dass Körperteile wachsen, wo vorher keine waren – Arme und Beine, die entweder amputiert wurden oder von Geburt an fehlten. Eine weitere Dimension umfasst den Bereich der Auferweckung von den Toten. Es gab zwar schon einzelne Totenauferweckungen, doch ich bin überzeugt, wir werden in eine Zeit hineinkommen, wo diese Dimension der Herrlichkeit jedem Gläubigen ganz normal erscheinen wird. Ich sage dir diese Dinge um dich aufzurütteln die Herrlichkeit Gottes zu suchen.

Pastor Félix Orquera aus Iquique in Chile ist mit unserem Dienst verbunden. Während der letzten drei Jahre hat sich die Mitgliederzahl seiner Gemeinde verdreifacht und sie erleben im Bereich von Heilung, Zeichen und Wundern bedeutende Durchbrüche. Vor nicht allzu langer Zeit berichtete er mir folgendes:

Eine Glaubensschwester aus unserer Gemeinde erhielt einen Anruf von einem Familienmitglied, dass ihr Bruder einen tödlichen Herzanfall erlitten hatte. Sie erinnerte sich sofort an die Worte der Kühnheit, die ich weitergegeben hatte, nachdem ich sie von Apostel Maldonado empfangen hatte. Der Mann war zwei Stunden vorher für klinisch tot erklärt worden. Trotzdem bat diese Frau die anrufende Person, das Telefon an das Ohr ihres toten Bruders zu halten. Dann betete sie mit Mut und Kühnheit: „Ich befehle dir, erhebe dich und lebe, genau jetzt, im Namen von Jesus!" Plötzlich hörte sie die Leute schreien, die bei ihrem Bruder waren. Er hatte angefangen sich zu bewegen und setzte sich im Bett auf, als wäre nichts gewesen. Die Ärzte sind immer noch verblüfft über das, was dort geschah. Nach neuen Herztests waren sie total überrascht, denn sie konnten keinerlei Nachweis dafür finden, dass er einen Herzstillstand erlitten hatte. Vom medizinischen Standpunkt her gab es keine Erklärung dafür, wie er jetzt gesund sein konnte.

Dieser Mann ist immer noch am Leben – Dank sei Gott – weil es Menschen gibt, die innige Gemeinschaft mit Gott erlebten und lernten, in Kühnheit solch unfassbare Taten zu wirken.

Ein weiterer Bereich der Herrlichkeit ist, was ich einen „offenen Himmel" nenne. Befinden wir uns unter einem offenen Himmel, dann können wir an öffentliche Plätze gehen und wissen dann Bescheid über den Zustand bestimmter Menschen, Städte oder Nationen. Dann gibt es noch die Dimension der übernatürlichen Versorgung, in der Gott von einem Tag auf den anderen Reichtum freisetzt, wie schon früher erwähnt. In dieser Dimension werden Reichtümer der „Heiden" an die Kinder Gottes übertragen (siehe Sprüche 13,22). Eine andere Dimension hat mit der Errettung von Seelen zu tun, in der noch unbekehrte Menschen zu einzelnen Gläubigen oder zu Gemeinden oder Diensten rennen werden. Zu Tausenden werden sie kommen und ihr Leben dem Herrn geben. In nur einem Tag werden wir erleben, wie Millionen sich Jesus Christus hingeben.

Apostel Ronald Short ist ein Mann, für den ich große Bewunderung hege; er war zu Beginn meines Dienstes mein geistlicher

Vater. Vor vielen Jahren hatte er ein erstaunliches Erlebnis mit der Herrlichkeit Gottes. Folgendes berichtete er darüber:

> *Nachdem ich Jesus als meinen Retter angenommen hatte, wurde ich von einer tiefen Leidenschaft für das Wort Gottes gepackt. Hebräer 6,5 fesselte meine Aufmerksamkeit: „… und das gute Wort Gottes und die Kräfte des zukünftigen Zeitalters geschmeckt haben". Der Herr sprach zu mir: „Ich will dir zeigen, wie das möglich ist." In den darauf folgenden zwei Wochen bewegte ich mich in einem unglaublichen Bereich des Übernatürlichen. Die Gaben des Heiligen Geistes (1. Korinther 12) fingen an, auf einem höheren Level zu funktionieren. Meine Gebete wurden sogar schon beantwortet, bevor ich sie beendet hatte. Ich würde in einem großen Gebäude sein und wissen, ob eine bestimmte Person sich dort aufhalten würde. Würde jemand vor mir stehen, dann würde ich sofort alles wahrnehmen, was dieser Person geschehen war und könnte ihr entsprechend dienen. Ich konnte das ganze Neue Testament an einem Nachmittag lesen und es wirklich total verstehen. Als ich einen christlichen Buchladen besuchte, erkannte ich beim berühren der Bücher, welche der Autoren nur etwas über Jesus wussten und welche Jesus wirklich kannten. Bei letzteren spürte ich die Salbung fließen. Ich hatte Einblick in die Gedanken von Menschen. Jeder Gedanke in Bezug auf Jesus und das Wort Gottes war klar und unterscheidbar, alle anderen Gedanken aber waren irgendwie statisch. Nach zwei Wochen begann der Vorhang sich wieder zu schließen. Bis auf einige seltene Ausnahmen habe ich die Dimensionen des Übernatürlichen auf diesem Niveau nicht wieder erlebt.*

Ich glaube, wir treten jetzt in eine Dimension der Herrlichkeit ein, wo es für die Kinder Gottes gang und gäbe werden wird, sich tagtäglich ununterbrochen im Übernatürlichen zu bewegen.

Der Wille Gottes muss offenbart werden, da er sonst nicht auf der Erde umgesetzt werden kann.

„Verklärt ... von Herrlichkeit zu Herrlichkeit“ (2. Korinther 3,18). Das Wort Gottes ermöglicht uns zu verstehen, dass wir „von einem Ort zu einem anderen“ umgewandelt werden, oder dass wir von einer Dimension zu einer anderen vordringen. Der Anfang ist nicht festgelegt; es ist etwas, das bereits war – eine anhaltende Aktivität, die von einem Punkt zum nächsten geht und von einer Dimension zur einer anderen. Aus diesem Grund ist die Herrlichkeit Gottes eine Bewegung. Die Bibel bestätigt das, wenn sie von der *shekina* Wolke des Herrn spricht, die sich in der Wüste ständig bewegte. Es ist der Heilige Geist, der diese Aktivität erzeugt. In der Tat wird jede Manifestation der Herrlichkeit dem Heiligen Geist zugeschrieben.

Befinden wir uns unter der Wolke der Herrlichkeit, dann sind wir in ständiger Bewegung ohne zu ermüden. Das Volk Israel wanderte unablässig durch die Wüste, aber niemand beklagte sich oder wurde müde. Tagsüber versorgte die Wolke sie mit Schatten als Schutz vor der Sonne und nachts war es eine Feuersäule, die ihnen Licht und Wärme gab (siehe 2. Mose 13,21). In der Wüste trug Gott Mose auf, die bewegliche Stiftshütte anzufertigen. Das zeigt uns, wenn wir uns mit der Herrlichkeit Gottes bewegen wollen, können wir das nicht tun mit einer Mentalität von sich niederlassen, Wurzeln schlagen und „angekommen sein“. Vielmehr brauchen wir eine Haltung von „in Bewegung bleiben“, damit wir von einer Dimension der Herrlichkeit zur nächsten gehen können.

Sich von einer Dimension der Herrlichkeit zu einer höheren Dimension bewegen

Gott hat verschiedene Wege, wie er uns von einer Dimension in eine andere führt. Zwei dieser Möglichkeiten schauen wir uns an:

1. Gott lässt Drangsal, Prüfungen und Verfolgung zu

Denn das schnell vorübergehende Leichte unserer Bedrängnis bewirkt uns ein über die Maßen überreiches, ewiges Gewicht von Herrlichkeit (2. Korinther 4,17).

Inmitten von Drangsalen, Prüfungen und Verfolgung arbeitet Gott daran, uns in neue Dimensionen seiner Herrlichkeit zu führen. Ich behaupte nicht, dass Gott diese Umstände schickt, aber wenn sie auftauchen benutzt er sie, um seine Herrlichkeit sichtbar werden zu lassen. Erinnere dich, eine der Bedeutungen des Wortes *kabod* (Herrlichkeit) ist „Gewicht". In Gottesdiensten erlebte ich, wie sich die *kabod* Gottes manifestierte und selbst die dünnste Person im Bruchteil einer Sekunde dreimal so schwer zu sein schien wie vorher. Das erklärt auch, warum manchmal die Ordner eine Person nicht aufrecht halten können, die unter der Kraft des Heiligen Geistes zu Boden geht – es liegt an der *kabod* Gottes. Manche Leute berichten davon, dass ihre Hände, Beine oder ihr Kopf sich sehr schwer anfühlten. Das Gewicht der Herrlichkeit Gottes macht sich auf unterschiedliche Weise bemerkbar.

Jede Dimension der Herrlichkeit Gottes enthält ein Maß des Wesens Gottes.

Deshalb erzeugt eine zeitweilige Bedrängnis ein größeres Gewicht an Herrlichkeit in uns. Folgendes Beispiel soll es veranschaulichen: Gehen wir mit „zehn Pfund" Gewicht an Herrlichkeit in eine solche Prüfung (wobei die Herrlichkeit natürlich nicht wirklich in Pfund messbar ist) und lernen, uns währenddessen trotzdem zu freuen, werden wir auf der anderen Seite der Schwierigkeiten mit einem Gewicht von „zwanzig Pfund" an Herrlichkeit herauskommen. In Krisenzeiten müssen wir unserem Ich sterben, uns demütigen und vor allen Dingen lernen, noch mehr von Gott abhängig zu sein. Dieser Prozess macht uns frei von unserem Ego, von Rebellion und von religiösen Anstrengungen und gibt Gott freie Hand, in unseren Umständen der Herr zu sein. Wir müssen uns in unseren Bedrängnissen freuen, weil dies ein „größeres, überragenderes und ewiges Gewicht" an Herrlichkeit in uns hervorbringt. So manifestiert Gott seine Herrlichkeit in uns. Beklagen wir uns andererseits oder versinken in Selbstmitleid, befinden wir uns im Rückwärtsgang und werden die neue Dimension von Gottes Herrlichkeit nicht erreichen.

2. Gott gebraucht Offenbarung oder offenbartes Wissen

> *... denn es wird darin [dem Evangelium von Christus] geoffenbart die Gerechtigkeit Gottes aus Glauben zum Glauben (Römer 1,17; Schlachter 2000).*

Beachte, dass in diesem Vers eine Bewegung beschrieben wird. Offenbarung oder offenbartes Wissen bringt uns *aus Glauben zum Glauben* und von Herrlichkeit zu Herrlichkeit. Jede Bewegung hat die Eigenschaft, uns von einem Ort zu einem anderen zu befördern. Auf diese Weise kann weder unser Glaube noch die Herrlichkeit zum Stillstand kommen. Wenn es aber doch passiert, dann liegt es daran, dass keine Offenbarung da ist, die uns vorwärts bewegt.

Wie schon vorher angesprochen bleibt unser Glaube auf dem Level stehen, wo offenbartes Wissen aufhört. Es warten noch andere Dimensionen des Glaubens, der Herrlichkeit und der Zeichen und Wunder auf uns. Mangelt es uns aber an offenbarter Erkenntnis, bleiben wir „stecken" und wissen nicht, wie oder wohin es weitergeht. Und obwohl wir wissen, dass Gott neue Territorien, Offenbarungen und Manifestationen für uns hat, sind wir nicht in der Lage, sie zu erreichen.

In welcher Dimension der Herrlichkeit befindest du dich gerade? Steckst du dort fest und sehnst dich danach, in eine neue Dimension hineinzukommen? Ist das Wachstum deiner Gemeinde oder deines Dienstes zum Stillstand gekommen? Entwickelt sich dein Unternehmen oder Geschäft nicht weiter? Gott lädt dich heute ein, in seine Wolke einzutreten – in eine neue Dimension seiner Herrlichkeit. Er möchte dir ein größeres Gewicht seiner *kabod* geben; eines, das du nie zuvor erlebt hast. Löse dich aus aller Starrheit und fang an, dich zu bewegen. Treibe jede Form von Religion aus, schüttle alle Apathie und alles Formale ab und entscheide dich, die Wolke seiner Gegenwart zu betreten, damit du eine neue Dimension seiner Herrlichkeit erleben kannst. Ich fordere dich heraus, ernsthaft die verschiedenen Dimensionen von Gottes Herrlichkeit zu suchen, sobald du Offenbarung über sie bekommst.

Das Maß unseres Glaubens richtet sich nach dem Grad an Offenbarung, die wir haben.

Vor einigen Jahren befand sich unsere Gemeinde in einem Gebäude eines Einkaufzentrums. Doch plötzlich standen wir vor der Herausforderung, einen neuen Standort zu finden, da wir nicht mehr genug Platz für die vielen Gottesdienstbesucher hatten. Wir bekamen dann durch eine Prophetie die Offenbarung, dass wir eine Synagoge kaufen sollten, um dort die Gottesdienste abzuhalten. Wir mussten den Sprung in eine größere Dimension des Glaubens wagen, um diese Synagoge mit Platz für tausend Menschen zu kaufen. Doch das Wachstum hörte damit nicht auf. Wir vermehrten uns so schnell, dass wir nur kurze Zeit später mit einer noch größeren Herausforderung konfrontiert wurden. Ein weiterer Sprung des Glaubens war nötig, um Land zu kaufen und ein Gebäude für siebenundzwanzig Millionen Dollar zu errichten. Eine befreundete Prophetin gab uns spezifische Worte bezüglich der Lage des Grundstücks und der Wunder, die Gott tun würde. Daraufhin begannen wir, gemäß dieser Worte zu handeln. Sie sagte, das Land befände sich nahe an einem Flugplatz und es gäbe einen von Menschen angelegten See dahinter. Gemeinsam mit meiner Frau und anderen Gemeindemitarbeitern suchten wir in der Stadt nach solch einem Ort und fanden ihn auch. Die Offenbarung führte dazu, dass wir den Mut für einen Sprung im Glauben für ein Unternehmen hatten, das menschlich gesehen unmöglich war. Als der Heilige Geist uns die Bestätigung für diesen Ort gab, umrundeten wir das Areal und nahmen das Land im Geist ein.

In eine andere Dimension des Glaubens hineinzuspringen ist keine Theorie. Ich habe es getan – nicht durch meine Fähigkeiten, meinen Glauben oder meine Kraft, sondern durch die Offenbarung, den Glauben und die Kraft Gottes. Erfahrungen wie solche mit unseren Gemeindegebäuden richten uns auf und ermutigen uns, den nächsten übernatürlichen Sprung zu nehmen. Wir machten Sprünge von einer Dimension des Glaubens in eine größere. Offenbarung führt dazu, dass wir glauben – und empfangen.

Durch Offenbarung wird geistliche Bewegung ausgelöst, angeregt und beschleunigt.

Gott wird sein Volk nie in eine weitere Dimension führen, ohne ihm nicht auch die Offenbarung und die nötige Versorgung dafür zu geben. Wir kauften das Land und begannen mit dem Bau gemäß den Worten, die Gott uns schrittweise durch seine Propheten mitteilte. Heute beten wir Gott in einem Gebäude an, dessen momentaner Marktwert bei fünfzig Millionen Dollar liegt. Wie bereits dargelegt, beschleunigt die Manifestation der Herrlichkeit Gottes die Dinge. Wir können das bestätigen, denn wir haben unser Gemeindegebäude in nur achtundzwanzig Monaten errichtet. Im säkularen Bereich ist das eine ungewöhnliche Leistung und im christlichen Bereich sogar noch ungewöhnlicher. Wir wissen auch, dass eine Vision von Gott seine Versorgung mit sich bringt, denn wie schon gesagt errichteten wir das Gebäude schuldenfrei. Alle Kosten wurden bar bezahlt – übernatürlich!

Jetzt sind wir bereit, einen weiteren Sprung in eine neue Dimension des Glaubens und der Herrlichkeit zu machen. Wir befinden uns in der Planung für den Bau eines Stadions mit Platz für zwanzigtausend Menschen und wir werden es wieder schuldenfrei errichten. Als ich eines Tages in der Gegenwart des Herrn war, empfing ich eine göttliche Offenbarung. Der Herr sagte zu mir: „Ich möchte, dass du Land suchst für die neue Arena.“ Er teilte mir weiter mit, dass es ein Grundstück gäbe, für das ich nur die Hälfte seines Wertes zahlen würde. Kurze Zeit später bestätigte ein Prophet Gottes die Worte, die ich in der vertrauten Gemeinschaft mit Gott bekommen hatte. In Vorbereitung für den neuen Glaubenssprung ging ich sofort auf die Suche nach diesem Grundstück und fand ca. 41 Hektar Land in exzellenter Lage. Das Land hatte einen Schätzwert von 19 Millionen Dollar, doch bekamen wir es für nur 6,2 Millionen Dollar – also für nur ein Drittel seines ursprünglichen Preises! Wie die Bibel sagt, der Herr ist derjenige, *„der über alles hinaus zu tun vermag, über die Maßen mehr, als wir erbitten oder erdenken“* (Epheser 3,20).

Ein Gewicht der Herrlichkeit, das nicht jedem zuteil wird

> *Da sprach der Herr zu Mose: Siehe, ich will in einer dichten Wolke zu dir kommen, damit das Volk meine Worte hört, die ich mit dir rede, und auch dir für alle Zeit glaubt (2. Mose 19,9; Schlachter 2000).*

Gott sprach zu Mose aus einer dichten Wolke heraus. Das Volk konnte ihn hören, aber nicht in die Wolke hineingehen, denn würden sie das tun, müssten sie sofort sterben. Nur Mose war in der Lage hineinzugehen; deshalb musste er ein Zelt bauen, in dem er sich mit Gott treffen konnte (siehe 2. Mose 33,7-11). Ich kann mir vorstellen, wie Mose auf seine Knie gefallen ist aufgrund des Gewichts der *kabod*. Wahrscheinlich fiel ihm auch in der Gegenwart einer solchen Schwere das Atmen nicht leicht. Wenn er das Zelt dann verließ, glühte sein Gesicht von dem Feuer der Gegenwart Gottes. Seine Energie war erneuert und sein Körper neu belebt, denn das Gewicht der Herrlichkeit Gottes bringt immer Stärkung, keine Ermüdung.

Nur wenige Menschen haben Zugang zu solch einer Atmosphäre, weil die meisten nicht dafür in Betracht kommen. Sehr viele Israeliten zur Zeit von Mose wollten zwar die Werke Gottes, nicht aber die Wege Gottes. Sie wollten den Nutzen von Gott haben – Heilung, Befreiung und so weiter – aber nicht Gott selbst. Sie waren nicht bereit den Preis zu zahlen für ein Leben im Feuer der Gegenwart Gottes, denn dafür müsste man heilig sein. Ist das nicht traurig? Stattdessen forderten sie Mose praktisch auf: „*Du* gehst und sprichst mit Gott für uns" (2. Mose 20,18-21). Die Atmosphäre der Herrlichkeit ist nur für diejenigen, die nach Gott hungern und dürsten, die fortwährend in seine Gegenwart gehen und ihr Herz mit dem Blut Jesu reinigen und heiligen. Interessant ist auch zu sehen, dass die rechte Hand von Mose, Josua, immer im Zelt mit der Gegenwart Gottes blieb, selbst wenn Mose es verlassen hatte. Seine Erfahrungen in der Gegenwart müssen bleibenden Einfluss auf ihn gehabt und ihn zum nächsten Leiter der Isareliten geformt haben, der sie in das verheißene Land bringen würde (2. Mose 33,11).

Es gibt Dimensionen der Herrlichkeit Gottes, die nur wenige Menschen aushalten können.

Smith Wigglesworth, ein britischer Evangelist aus der ersten Hälfte des zwanzigsten Jahrhunderts, war bekannt als ein Apostel des Glaubens. Er lud verschiedene Pastoren und Freunde ein, gemeinsam mit ihm zu beten. Als sie zusammen waren fingen sie an, den Herrn anzubeten. Seine Gegenwart war so kraftvoll, dass die Atmosphäre richtig schwer wurde. Einer nach dem anderen verließ den Raum, weil er dieser Atmosphäre nicht standhalten konnte, doch ein Pastor entschloss sich zu bleiben. Eine Weile danach wurde das Gewicht auch für ihn zu schwer und er musste gehen. Vorher bat er Smith Wigglesworth aber noch darum, ihn wieder einzuladen. Beim nächsten Treffen geschah genau das Gleiche wieder. Die Herrlichkeit Gottes erfüllte den Ort und der Pastor kam sich vor, als würde er jeden Moment explodieren. Er sagte: „Nur wenige Menschen können solch einer Art von Atmosphäre standhalten."[13]

Ich sehne mich nach einem „*über die Maßen überreichen, ewigen Gewicht von Herrlichkeit*" (2. Korinther 4,17), denn nur das

---

[13] George Stormomnt, *Smith Wigglesworth: A Man Who Walked with God* (Tulsa, OK: Harrison House, 2009) Seite 70, und Peter J.Madden, *The Keys to Wigglesworth's Power* (New Kensington, PA: Whitaker House, 2000), Seite 130-132.

kann Familien, Städte und Nationen verändern. Vor einiger Zeit war ich eingeladen, in Cochabamba, Bolivien, zu dienen. Ungefähr 3500 Pastoren und Leiter kamen dort zusammen. Am letzten Tag unserer Treffen leitete der Heilige Geist mich, die Menschen über die Herrlichkeit zu lehren und sie in diese hineinzuführen. Nach meiner Lehre manifestierte sich die Gegenwart Gottes und alle begannen zum Herrn zu rufen. Jede der anwesenden Personen wurde von der Gegenwart Gottes berührt. Bei manchen hörte ich, wie sie um Vergebung für ihre Sünden baten und Gott fragten, wie sie in das Übernatürliche hineinkommen könnten. Andere brachten einfach zum Ausdruck, dass sie ihm dienen wollten. Jeder schrie zu Gott gemäß den Wünschen seines Herzens.

Mitten in dieser Bewegung verwandelte Gott das Herz eines jeden der anwesenden Leiter. Der Beweis dafür ist, dass sie alles, was sie empfangen hatten, an ihre eigenen Gemeinden weitergaben. Darüber hinaus geschahen erstaunliche Heilungen und Wunder. Man hatte eine Frau mit Krebs im Endstadium auf einer Krankentrage in die Versammlung gebracht. Als sie der Herrlichkeit Gottes ausgesetzt war, stand sie völlig geheilt auf! Eine andere Einheimische, die nicht spanisch sprechen konnte, litt unter einem Hautausschlag. Ihr ganzes Gesicht war von schrecklichen Geschwüren bedeckt. Diese Frau hatte bereits alle Hexen und Zauberer ihrer Gegend zurate gezogen. Sie suchte verzweifelt nach Hilfe, doch niemand hatte sie heilen können. Als dann die Gegenwart Gottes auf sie kam, verschwanden plötzlich alle Geschwüre und sie empfing ihre Heilung. Niemand hatte sie berührt oder für sie übersetzt, was gesagt wurde. Auf der Bühne schrie sie laut in Quechua, dem Dialekt ihrer Region: „Danke Papa! Wozu die Hexen und Zauberer jahrelang nicht in der Lage waren, hast du jetzt getan!" Das Gewicht der Herrlichkeit wurde so stark, dass mein ganzes Team anfing zu weinen. Die Musiker fielen unter dem Gewicht der Herrlichkeit Gottes zu Boden. Keiner konnte mehr stehen bleiben. Ich hielt mich am längsten auf den Füßen, doch dann musste auch ich mich hinknien, weil es einfach nicht mehr länger möglich war, stehenzubleiben. Die Herrlichkeit Gottes hatte tiefgreifende Auswirkungen auf die in diesem Gebäude versammelten 3500 Leiter.

Durch die Herrlichkeit Gottes wird im Herzen der Menschen etwas erzeugt und freigesetzt. Das kann man weder durch hören von guter Lehre, lesen von Büchern, Botschaften per CD anhören oder durch Handauflegung erreichen – obwohl das alles gute Dinge sind, die man tun kann und die auf die Herrlichkeit aufmerksam machen. Das, was die Herrlichkeit freisetzt, kann man nur in seiner Gegenwart empfangen; dort wird die geistliche DNA der Menschen belebt. Ihre Vision wird erweitert und in ihnen wird eine Leidenschaft für das Reich Gottes und für Menschenseelen entzündet. Die Herrlichkeit Gottes setzt Einfühlungsvermögen und Liebe für andere frei und verursacht einen Eifer danach, den Willen Gottes zu tun. Vor allem aber nimmt der Hunger und Durst exponentiell zu, das Angesicht Gottes zu suchen und ihn ganz vertraut zu kennen. Wollen wir aufrichtig verändert und umgestaltet werden, dann müssen wir es wagen, in seine Gegenwart zu gehen und in seiner Bewegung zu bleiben, von Herrlichkeit zu Herrlichkeit, ohne anzuhalten oder zu stagnieren.

Wie sollen wir auf Gottes Herrlichkeit reagieren?

Um kontinuierlich umgestaltet zu werden müssen wir wissen, wie wir uns verhalten sollen, wenn sich die Herrlichkeit Gottes manifestiert. Es gibt dafür aber keine Formel, Methode oder einen Leitfaden. Ich kann nur mitteilen, was ich selbst gelernt habe, wenn ich in seiner Gegenwart war. Mein persönliches Leben dient hier als Zeugnis.

Wenn sich die Gegenwart Gottes manifestiert ist es am effektivsten, anzubeten und sich ihm ganz auszuliefern.

Weigern wir uns darauf einzugehen, wenn Gott zu uns kommt, werden wir dafür gerichtet. Manchmal kommt seine Gegenwart, um zu heilen oder zu befreien. Die Menschen nehmen es wahr, aber sie bleiben untätig und gehen nicht im Glauben darauf ein. Obwohl Gott seinem souveränen Willen nach handelt, ist es an uns, ihn anzubeten oder zu sagen: „Herr, ich empfange meine Heilung. Ich empfange meine Befreiung." Wir müssen auf ihn reagieren, wenn er mit seiner Gegenwart kommt. Manchmal zeigt sich unsere falsche Haltung in unserer Körpersprache. Vielleicht sitzen oder stehen wir mit gekreuzten Armen da, weil wir nur Zuschauer sein wollen und beobachten, was um uns herum vor sich geht, statt selbst beteiligt zu sein. Oder unser Gesichtsausdruck bleibt unbeteiligt oder es fehlt ihm an Ehrerbietung. Vielleicht sprechen wir ganz locker mit anderen und lenken sie von dem ab, was Gott gerade tut. Damit betrüben wir den Heiligen Geist, denn seine Gegenwart ist ein Geschenk an uns, das wir nun ignorieren oder sogar ablehnen. Gott kommt nicht dorthin, wo er „toleriert" wird, er kommt an die Orte, wo er gefeiert wird.

> *Da erwachte Jakob aus seinem Schlaf und sagte: Fürwahr, der HERR ist an dieser Stätte, und ich habe es nicht erkannt (1. Mose 28,16).*

Jacob wusste nicht, dass die Gegenwart Gottes dort bei ihm war. Er hatte es nicht bemerkt. Das Gleiche geschieht heutzutage vielen Gläubigen. Ich war in Gottesdiensten, wo die Gegenwart Gottes so kraftvoll war, dass überall in der Gemeinde Menschen weinten und unter dem Gewicht seiner Herrlichkeit ausgestreckt auf dem Boden lagen, während andere anscheinend gar nicht wahrnahmen, was sich da abspielte. Sie begriffen nicht, dass Gottes Herrlichkeit gegenwärtig war.

Kann es denn sein, dass wir am gleichen Ort sind wie die Gegenwart Gottes und es nicht merken? Ja, das ist möglich! Wie wir gesehen haben, passierte es Jakob. Warum? Es gibt etliche Gründe, aber meistens liegt es an Sünde, wie beispielsweise Bitterkeit, Missgunst oder Unvergebenheit. Es kann auch sein, dass wir so mit unseren eigenen Problemen beschäftigt sind, dass unsere geistliche Wahrnehmung komplett abgeschaltet ist. Wir müssen sensibel dafür bleiben, wie der Heilige Geist sich bewegt. Erkennen wir beim nächsten Mal seine Gegenwart, dann können wir mit Glauben und Anbetung darauf reagieren. Als Jakob bewusst wurde, dass Gott mit ihm war, stellte er zur Markierung des Ortes einen Gedenkstein auf und salbte ihn mit Öl (siehe 1. Mose 28,18).

Ich möchte aus meiner Erfahrung berichten, was ich in der Gegenwart Gottes erlebe: Manchmal weine ich, ein anderes Mal möchte ich in die Versammlung laufen und Menschen die Hände für Heilung auflegen. Gelegentlich will ich predigen oder prophezeien, Menschen von dämonischer Bedrückung befreien oder mit Wundern dienen. Nochmals, Prediger neigen fast immer dazu, ihren Gottesdienst nach einer Tagesordnung oder einem festgelegtem Programm durchzuführen. Das sollte aber keinesfalls unsere Haltung sein, wenn wir uns in der Herrlichkeit seiner Gegenwart befinden. Da Gott allein die Initiative ergreift, sollte unsere Reaktion Anbetung, Anbetung und nochmals Anbetung sein sowie Gehorsam, das zu tun, was immer er auch möchte. Wir müssen lernen, in seiner Souveränität zu ruhen, der Führung seiner Gegenwart zu folgen und ihm erlauben zu wirken. Es sollte immer unsere Priorität sein, seiner Gegenwart die Möglichkeit zu geben, sich zu manifestieren. Wenn Gott sich jedoch in seiner Souveränität dazu entscheidet, nicht zu handeln – und nur dann – müssen wir unseren Glauben und die Salbung ergreifen und das tun, wozu Gott uns bereits berufen hat: das Reich Gottes verkünden, die Kranken heilen und die von Dämonen besessenen befreien.

Gott wird dich für alles salben, was du nach seinem Willen tun sollst, aber in der Wolke seiner Herrlichkeit wird er seine eigenen Werke tun.

Gott erhebt eine neue Generation von Männern und Frauen jeden Alters, die wissen werden, wie man auf seine Gegenwart eingeht. Diese Generation wird danach dürsten, dass seine Herrlichkeit auf der Erde sichtbar wird. Die Dunkelheit in der Welt wird jeden Tag dichter werden, die Boshaftigkeit und Schlechtigkeit wird sich vervielfachen, doch die Manifestationen Gottes auf der Erde werden ebenfalls mit jeder verstreichenden Minute kraftvoller und gewichtiger werden. Ich glaube, ich werde das mit eigenen Augen sehen. Es ist eine glorreiche Generation, die diesen Erdball beeinflussen wird und die größte Ernte an Seelen einbringen wird, die es jemals gab. Ganze Städte und Nationen werden durch seine Herrlichkeit erschüttert werden und Jesus als Herrn und Erlöser erkennen. Die erstaunlichsten Manifestationen seiner Herrlichkeit werden in Form von Zeichen und Wundern vor Millionen von Menschen rund um den Globus in einem Augenblick stattfinden.

Bist du bereit transformiert zu werden und dich dieser Generation anzuschließen? Wenn deine Antwort darauf ein Ja ist, dann wird Gott sich um alles kümmern. Er möchte nämlich nicht, dass du deine Zeit damit verschwendest, religiösen Normen zu folgen. Er möchte, dass du die höchste Dimension seiner Herrlichkeit genießt.

Sicher, keine Veränderung ist leicht; normalerweise ist es eher schwierig und schmerzhaft. Wenn das aber nötig ist, um in eine neue und größere Dimension von Gottes *kabod* zu gelangen, dann will ich es. Möchtest du unter der Herrlichkeit Gottes verändert werden? Entscheide dich gerade jetzt und wage es, verwandelt zu werden, damit du anfangen kannst, von Herrlichkeit zu Herrlichkeit zu springen!

Erfahrungen mit Gott

- Bereite deinen Körper und Geist durch Fasten und Gebet vor, von Gott verändert zu werden. Passe dich nicht der Welt oder deinen Umständen an.
- Welche Offenbarung über die Dimensionen der Herrlichkeit Gottes in diesem Kapitel stach für dich am meisten heraus? Fang an Gott zu bitten, dir diese Dimension zu offenbaren, damit du dich dort hineinbegeben kannst.
- Gib deinen Freunden, deiner Familie und deinen Geschwistern in der Gemeinde die Möglichkeit, deine Transformation zu sehen; vor allem aber sollen die Ungläubigen deine Verwandlung sehen.

Kapitel 10

Schaffe eine Atmosphäre von Anbetung für seine Herrlichkeit

An vielen Orten der Welt, an denen ich gepredigt habe, war eins der größten Hindernisse für das Erleben der übernatürlichen Kraft Gottes, dass keine geistliche Atmosphäre für die Manifestation seiner Herrlichkeit oder Gegenwart vorhanden war. Es ist dann schwierig für mich das Wort Gottes zu predigen, weil die Herzen der Menschen nicht sensibel genug sind, um es zu empfangen. Ist die geistliche Atmosphäre verhärtet, kommt die Herrlichkeit nicht zu uns herab und infolgedessen ereignen sich nur wenige Heilungen und Wunder.

Eine verhärtete geistliche Atmosphäre kann das Resultat von mangelhaftem Lobpreis und Anbetung sein. Beten die Menschen Gott nicht kontinuierlich im Geist und in der Wahrheit an, können sie kein Umfeld schaffen, in dem sich seine Herrlichkeit zeigt. In diesem Kapitel möchte ich aufzeigen, wie sich eine geistliche Atmosphäre von Anbetung entwickeln kann, damit sich die Herrlichkeit manifestiert und Zeichen und Wunder geschehen. Wir werden lernen, wie wir zu *„wahren Anbetern"* (Joh. 4,23) werden, wie die Bibel es nennt. Das erreicht man nicht einfach nur durch gutes Singen. Wir brauchen eine Offenbarung darüber, was echte Anbetung ist.

Wir fangen an, indem wir uns die Art von Lobpreis und Anbetung anschauen, mit der wir den Herrn und König in unserer Mitte begrüßen. Viele Leute verstehen den Unterschied zwischen Lobpreis und Anbetung nicht. Für sie ist alles einfach nur Musik und Liedersingen. Sie denken, bei den schnelleren Liedern handelt es sich um Lobpreis und bei den langsameren um Anbetung, und alles dient als Auftakt für die Predigt des Wortes Gottes. Doch Lobpreis und Anbetung sind weitaus mehr als das.

Was ist Lobpreis?

Bei der Definition von Lobpreis konzentrieren wir uns auf zwei Hauptaspekte: 1) Lobpreis ist eine Proklamation und 2) Lobpreis ist ein Opfer.

1. Lobpreis ist eine Proklamation
Lobpreis ist die Verkündigung der großen und machtvollen Taten Gottes, ausgedrückt sowohl durch Singen, spielen von Musikinstrumenten, Jubelrufe und Freudenschreie, wie auch durch verschiedene Körperhaltungen. Dazu gehört beispielsweise klatschen mit den Händen, erheben der Hände und tanzen. Die Chroniken über die Regentschaft von König David berichten über seine extravagante Art des Lobpreises (siehe z. B. 2. Samuel 6,12-23). Das Problem mit unserem heutigen Lobpreis ist, dass wir darin noch nicht hoch genug aufsteigen.

2. Lobpreis ist ein Opfer

> *Durch ihn also lasst uns Gott allezeit das Opfer des Lobes darbringen, nämlich die Frucht der Lippen, die seinen Namen preisen (Hebräer 13,15; Einheitsübersetzung).*

Das griechische Wort für *Opfer* ist *thysịa* und es bezieht sich wirklich auf ein Opfer – eine Tötung. Jedes Opfer beinhaltet Tod. In diesem Fall hier ist das Opfer für die Opferhandlung unser Fleisch bzw. das Ego. Gott zu loben und zu preisen setzt immer ein Opfer voraus, denn es ist etwas, was über unsere eigene Stärke, Bequemlichkeit, Wünsche und Annehmlichkeiten hinausgeht. Um Gott zu preisen, müssen wir etwas Ungöttliches in uns abtöten. Apathie, Stolz, Egoismus, Sorge, Angst, schlechte Gedanken oder etwas anderes hält uns davon ab, von ganzem Herzen die Größe Gottes zum Ausdruck zu bringen. Unser Opfer setzt eine Bewegung des Heiligen Geistes frei, der uns zu Hilfe kommt. Wenn der Geist des Lobpreises kommt, dann ist der Lobpreis nicht mehr länger ein Opfer. Ab diesem Zeitpunkt muss uns niemand mehr zum Lobpreis antreiben, wir tun es ganz spontan.

Viele Menschen ziehen es vor, dass ein Mann oder eine Frau Gottes ihnen für ihre Heilung oder Befreiung die Hände auflegt. Sie sind nicht bereit den Preis von Lobpreis und Anbetung bzw. Opferung ihres Fleisches zu zahlen, bis Gott selbst sie berührt. Wollen wir aber an erster Stelle in dem leben, was Gott gerade sagt und tut, und wünschen wir uns, in seinem permanenten Segen zu sein und beständig für ihn zu brennen, dann muss das Lobpreisopfer ein wesentlicher Bestandteil unseres Lebensstils werden. Erleben wir schwierige Zeitabschnitte und das Leben scheint erfüllt zu sein mit Rückschlägen, finanziellen Schwierigkeiten oder Krankheit, dann haben wir vielleicht nicht den Wunsch danach, Gott zu loben und zu preisen. Doch ist es genau diese Zeit, wo Gott uns bittet, ihm unser Lobpreisopfer darzubringen – die Frucht unserer Lippen, die seinen Namen bekennen (siehe Hebräer 13,15). Ich fordere dich heraus, gehe diesen biblischen Schritt und fang an, deinem Herrn und König solche Lobpreisopfer zu bringen.

Was ist Anbetung?

Anbetung ist mehr als eine Verkündigung; es ist eine aufrichtige Haltung von Demut, Ehrerbietung, Respekt und der Furcht des Herrn. In unserer Anbetung soll Jesus gekrönt werden. Er muss den Thron in unserem Leben innehaben – das Allerheiligste in uns. Wir wissen, dass Glaube ein Muskel ist, der durch Übung wächst. Anbetung funktioniert ähnlich, es gibt immer noch mehr Raum, um tiefer hineinzugehen.

Anbetung kann auch durch Körperhaltungen ausgedrückt werden, wie neigen des Kopfes, hinknien oder sich vor dem Herrn niederwerfen. Beten wir in aufrichtiger und demütiger Weise an, dann wird daraus weit mehr als nur zu Gott zu singen oder zu ihm zu sprechen. Wir entwickeln eine Haltung, die ihren Ausdruck sogar in körperlichem Kontakt mit anderen findet, wie

z. B. eine Umarmung. Dadurch übertragen wir all das, was aus unserer Anbetungsbeziehung mit dem Vater herausfließt.

Die Ebene der Anbetung in einer Gemeinde bestimmt den Grad ihrer Offenbarungen und Manifestationen der Herrlichkeit Gottes.

Menschen, die im Geist und in der Wahrheit anbeten, brechen durch in die Atmosphäre der Ewigkeit. Dort ist das Zentrum der Aufmerksamkeit nicht mehr das Ich, sondern Gott. In seiner Gegenwart befassen sie sich nicht mehr mit dem, was sie fühlen oder erleben. Sie wissen, dass Gott Anbetung verlangt und diese Überzeugung übertrifft jede weltliche Situation. Anbetung ist kein Gefühl, sondern eine Haltung. Wer weiß, dass er ohne Gott nichts ist, bringt diese Haltung auch zum Ausdruck.

Lobpreis ist eine übersprudelnde, lautstarke, enthusiastische Äußerung, die oft viele Worte und körperliche Darstellung beinhaltet. Anbetung dagegen kommt mit weniger Worten aus – manchmal sind auch keine Worte nötig und es gibt eine totale Stille. Es hat nämlich mehr mit einem inneren Ausschütten unseres Herzens vor Gott zu tun und der Bitte, seine souveräne Gegenwart zu manifestieren. Tiefe Anbetung hat zur Folge, dass wir Anleitung und Führung für unsere eigene Zukunft oder die Zukunft einer Familie, einer Stadt oder einer Nation erhalten.

Unterschiede zwischen Lobpreis und Anbetung

Als weitere Hilfe zur Differenzierung von Lobpreis und Anbetung wollen wir uns ihre größten Unterschiede ansehen:

- Lobpreis konzentriert sich auf die Verkündigung der Werke Gottes. Anbetung konzentriert sich auf die Person von Gott.
- Lobpreis wird von uns initiiert. Anbetung ist die Antwort Gottes auf unseren Lobpreis.
- Lobpreis ist Gott suchen. Anbetung ist, von ihm gefunden zu werden.

- Lobpreis steigert die Salbung, aber Anbetung bringt die Herrlichkeit.
- Lobpreis ist wie ein Haus für Gott bauen. Anbetung ist der Einzug Gottes in dieses Haus.
- Im Lobpreis sprechen wir über Gott. In Anbetung sprechen wir zu Gott und er antwortet uns.
- Im Lobpreis sind wir uns stark der Liebe und Größe Gottes bewusst. In Anbetung sind wir uns stark seiner Heiligkeit bewusst.
- Lobpreis ist die Parade des Königs. Anbetung ist seine Krönung.

Die Transformation von Lobpreis in Anbetung

Wollen wir eine wirklich tiefe und von Herzen kommende Anbetung erreichen, dann ist es oft nötig, zuerst einmal in einem lebendigen, lauten und kraftvollen Lobpreis aufzusteigen. Dann ist es wichtig zu erkennen, wann der Geist des Lobpreises zurücktritt, damit der Geist der Anbetung die Führung übernehmen kann. Unser Lobpreis und unsere Anbetung sollte in Übereinstimmung mit dem Einen geschehen, den wir erfreuen wollen – Gott selbst. Das ist der einzige Weg, um der Führung des Heiligen Geistes zu folgen und uns nicht in menschlichen Bemühungen zu verlieren. Ich habe Orte besucht, wo der Geist der Anbetung darauf wartete, sich zu manifestieren, aber die Menschen blieben im Lobpreis. Dadurch geht der Fluss des Heiligen Geistes verloren. Viele Leiter haben es noch nicht gelernt, mit den Impulsen und der Führung des Heiligen Geistes zu fließen. Sie reagieren nicht darauf und halten somit die Gemeinde davon ab, durch Anbetung Begegnungen mit der Tiefe der Herrlichkeit Gottes zu erleben.

Wir können nur durch beides in seine Gegenwart eintreten, Lobpreis *und* Anbetung; sie gehen Hand in Hand. Deshalb sollte unsere Vorgehensweise immer sein, egal ob alleine oder zusammen mit anderen: Lobpreis, bis der Geist der Anbetung kommt und Anbetung, bis die Herrlichkeit Gottes zu uns herabkommt.

Die Anbetung wird so tief und umfassend sein, wie der Lobpreis hoch, übersprudelnd und kraftvoll ist.

Betest du den Herrn kontinuierlich im Geist und in der Wahrheit an, kannst du große Wunder erwarten. Ein Beispiel dafür ist der Bericht über das, was wir in einem Heilungs- und Wunder Gottesdienst in Argentinien erlebten. Aus den Reihen der zweiundzwanzigtausend Menschen, die dort versammelt waren, konnte man großartige Zeugnisse hören. Ein Ehepaar kam mit seinem dreijährigen Sohn Jeremiah nach vorne, der mit Spina bifida[14] zur Welt gekommen war. Dieses Leiden beeinträchtigte die Muskulatur des Jungen und hatte dazu geführt, dass seine Beine verdreht waren. Er konnte weder seine Füße auf den Boden setzen noch darauf stehen, selbst wenn man ihn an der Hand hielt. Eine weitere Auswirkung war, dass Jeremiah an Hydrocephalus oder einem Wasserkopf litt (vermehrte Wassereinlagerung rund um das Gehirn) und aufgrund fehlender Blasenkontrolle Windeln tragen musste. Die Eltern waren zweitausend Kilometer zu diesem Heilungsgottesdienst gereist, weil sie glaubten, dass der Herr ein Wunder tun würde.

Während der Anbetung begann die Heilung des Kindes. Als die Eltern erkannten, was da geschah, verließen sie ihr Plätze im hinteren Bereich des Stadions und kamen nach vorne zur Bühne gelaufen. Mit Hilfe von Ärzten und Pastoren begannen sie Jeremiah zu untersuchen. Sie entfernten die von Ärzten an den Beinen befestigte Apparatur, welche zur Ausrichtung der Beine diente und der kleine Junge machte seine ersten Schritte, genau wie jedes andere Kind, das laufen lernt. Als die Eltern sahen, dass er seine Füße auf den Boden setzen konnte, wussten sie, dass seine Beine jetzt gerade waren. Ein Arzt erklärte, dass dies ein kreatives Wunder war. Die Tatsache, dass Jeremiah auf eigenen Füßen stehen und aufrecht gehen konnte, war ein Zeichen dafür, dass seine Nerven neues Leben bekommen hatten. Gott korrigierte die Schäden in Wirbelsäule und Nerven und stellte so die normale Funktion der unteren Gliedmaßen und der Blase wieder

[14] Offener Rücken oder Wirbelspalt

her. Die Eltern von Jeremiah waren zutiefst berührt, ihren Sohn mit eigenen Augen geheilt zu sehen! Sie weinten und dankten Gott, denn sie hatten schon so lange auf ein Wunder gewartet. Diese weite Reise hatten sie in der Überzeugung auf sich genommen, dass Gott ihren Herzensschrei hören würde, und sie wurden nicht enttäuscht. Es geschah in seiner manifesten Gegenwart. Wenn wir mit der Gegenwart Gottes erfüllt sind, können sich überall kreative Wunder manifestieren. Es gibt nichts, was seine Herrlichkeit nicht tun kann.

Offenbarungen wahrer Anbetung

Vor diesem Hintergrund wollen wir uns nun die Natur von Anbetung genauer anschauen und zwar durch sieben Offenbarungen wahrer Anbetung. Das wird uns dabei helfen, eine Atmosphäre zu schaffen, die Gottes Gegenwart in unsere Mitte lockt.

1. Wahre Anbetung offenbart die Existenz Gottes

Als Erstes: Niemand kann ohne den einzig wahren Gott wahrhafte Anbetung kennen oder erleben, denn nur er kann sie uns offenbaren. Es übersteigt den Bereich natürlicher Erkenntnis. Wenn wahre Anbetung entsteht, ist das immer ein Beweis dafür, dass Gott sich uns gegenüber bekundet. Unsere Anbetung offenbart den lebendigen Gott und bezeugt seine Existenz.

> *Die Himmel verkünden seine Gerechtigkeit, und alle Völker sehen seine Herrlichkeit (Psalm 97,6; Schlachter 2000).*

2. Wahre Anbetung erhebt und verherrlicht den Namen Jesu und das Wort Gottes

Leider wurde in vielen christlichen Kreisen echte Anbetung ersetzt durch Unterhaltung und Begabung. Es gibt etliche „Anbeter“, deren musikalische Produktionen sich nach den Wünschen von Menschen richten, um sich damit selbst zu protegieren statt Gott. Sie erheben nicht seinen Namen und seine Majestät. Ihre Kraft besteht nur darin, das Fleisch sich wohlfühlen zu lassen oder Emotionen zu mobilisieren. Aus diesem Grund hören wir oft Lieder mit Worten wie: „Berühre mich, segne mich, heile mich, befreie mich". Diese Lieder haben weder eine Absicht noch einen Fokus.

Wir können Anbetung oder Gemeinschaft mit Gott nicht vortäuschen.

Einige Leute kreieren diese Lieder, damit ihre Musik vermarktet werden kann. Sie erkennen nicht, dass sie Gott dadurch beiseiteschieben und das Bedürfnis der Menschen zu einem Götzen machen. Sie vergessen oder ignorieren die Tatsache, dass sie für einen höheren Zweck geschaffen wurden als nur ein kommerzielles Produkt zu erzeugen oder Musik zu schreiben, welche die menschlichen Emotionen bewegt. Sie wurden geschaffen, den wahren Gott anzubeten und andere ebenfalls dahin zu führen.

3. Wahre Anbetung bringt die Gegenwart Gottes

Die Hauptaufgabe von Anbetung ist, die Herrlichkeit Gottes mitten unter sein Volk zu bringen. Verliert der Lobpreisleiter oder die Lobpreisleiterin einer Gemeinde dieses Ziel aus den Augen, dann können wir damit rechnen, dass sich stattdessen die Aufmerksamkeit auf ihn oder sie richten wird. Solche Situationen sind sehr gefährlich, denn es bedeutet, dass ein *„Geist des Irrtums"* (1. Johannes 4,6) am Werk ist. Die Musik von solchen Lobpreisleitern ist wie ein *„fremdes Feuer"*, das auf dem Altar brennt (siehe 3. Mose 10,1-2). Es ist ein Opfer, das Gott nicht autorisiert hat; es ehrt ihn nicht, sondern beleidigt ihn. Diese Art Lobpreis unterhält nur die Sinne, der Geist aber ist nicht mit einbezogen. Es zeigt sich musikalisches Talent, doch die Herrlichkeit oder Gegenwart Gottes fehlt.

Es ist viel einfacher talentierte Musiker zu finden, als reine und gesalbte Anbeter mit exzellenten musikalischen Fähigkeiten. Versteh mich bitte nicht falsch. Ich halte auch Ausschau nach professionellen Musikern, doch suche ich darüber hinaus nach solchen, die von Gott gesalbt sind! In unserem Dienst haben wir

Anbeter im Geist und in der Wahrheit herangezogen, die reinen Herzens sowie sehr talentierte, professionelle Musiker sind.

Hört jemand auf, Gott anzubeten, dann hört er oder sie auch auf, ihn zu kennen.

Anbeter sollten nur eine Agenda haben: das Reich Gottes voranzubringen. Sie sollten nur eine Mission haben: die Wolke seiner Gegenwart zu formen und zu manifestieren. Ist die Atmosphäre dafür geschaffen, dann wird alles in einem Nu möglich. Beachte, wie komplex dieser Dienst ist. Während einer Konferenz in Chaco, Argentinien, begegneten wir Marcos. Im Alter von acht Jahren bekam der junge Mann eine ernsthafte Entzündung in seinem rechten Ohr infolge einer schweren Grippe. Sein Zustand wurde so kritisch, dass die Ärzte Teile seines Innenohres operativ entfernen mussten. Marcos konnte seitdem auf diesem Ohr nicht hören. Dreizehn Jahre später kam er in das Stadion, in dem wir unsere Konferenz abhielten. Die Anbetung manifestierte die Gegenwart Gottes und als ich anfing, Worte der Heilung auszusprechen, kam die Herrlichkeit Gottes auf Marcos herab. Sofort kam er nach vorne zur Bühne um mitzuteilen, was sich bei ihm ereignet hatte. Er berichtete, dass er im rechten Ohr Hitze verspürt hatte. Danach bat er einen Freund mit ihm zu sprechen um zu testen, ob er nun hören konnte. Er konnte es! Bevor er auf die Bühne kam, hatten auch meine Ärzte ihn untersucht und festgestellt, dass er perfekt hören konnte. Sobald er oben auf der Bühne war, zitterten seine Beine unter der Gegenwart der Herrlichkeit, die ihn geheilt hatte. Ich fragte Marcos: „Hat Gott ein neues Trommelfell geschaffen?“ Er antwortete: „Ich habe keine Ahnung, was passiert ist. Ich weiß nur, dass ich nichts hören konnte, und jetzt kann ich es.“ Die Herrlichkeit des Herrn hatte alles wiederhergestellt, was durch die Infektion zerstört und durch die Operation entfernt worden war, so dass Marcos wieder fähig war, auf seinem rechten Ohr zu hören. Gott hatte ein kreatives Wunder getan!

Bei King Jesus Ministry geschehen regelmäßig Zeichen und Wunder. Wir erleben wie Krebs verdorrt, AIDS verschwindet und neue Organe geschaffen werden. Vor allem aber werden Leben verwandelt und diese Menschen sind so lebendige Zeugnisse für die Kraft und Macht Gottes. Das geschieht, weil wir seine Gegenwart gepflegt und kultiviert haben und sie permanent unter uns ist. Unser größter Wunsch sollte immer sein, neue und tiefere Zeiten in der Gegenwart Gottes zu erleben, weil nur seine Gegenwart das menschliche Herz umformen kann. Unsere eigenen Anstrengungen können das nicht bewirken. Die Bibel spricht davon, dass unsere Werke vor der Heiligkeit Gottes wie *„ein schmutziges Kleid"* (Jesaja 64,6; Einheitsübersetzung) sind.

Haben wir seine Gegenwart in unserem Leben gepflegt und kultiviert, dann werden wir zu seinen Instrumenten, die im Leben von anderen wirken. Wenn ich beispielsweise in der Gegenwart Gottes war, ob ich nun zu Hause angebetet habe oder in einem Gottesdienst, wo die Herrlichkeit des Herrn stark spürbar war, nehmen Menschen danach seine spürbare Gegenwart bei mir wahr. Ich kann in meinem Büro sein, in einem Restaurant oder Hotel, und Menschen um mich herum fangen an zu lachen oder werden auf der Stelle von der Kraft Gottes durch Heilung oder Befreiung berührt. Die Kraft, die sie berührt, ist nicht meine; sie fließt einfach durch mich, nachdem ich in seiner Gegenwart war. Deshalb bin ich fest davon überzeugt, dass der Zweck von Anbetung darin liegt, die Gegenwart Gottes einzuladen auf uns herabzukommen. Nur in seiner Gegenwart werden wir transformiert, so dass wir die gleiche Kraft der Transformation mit zu anderen bringen können.

4. Wahre Anbetung empfängt und sendet himmlischen Klang aus

Anbetung, die vom Thron Gottes ausstrahlt, wird sowohl die Proklamation seines Wortes beinhalten als auch verschiedene Klänge[15], welche die Manifestation seiner Herrlichkeit und den Geist dieser Anbetung widerspiegeln.

[15] Sounds

Die Kraft des gesprochenen Wortes

Bei der Erschaffung von Himmel und Erde war das gesprochene Wort Gottes entscheidend und unerlässlich. Als er bei der Schöpfung verschiedene Aussagen machte, wie zum Beispiel „*Es werde Licht*" (1. Mose 1,3), reagierte jede Komponente seiner Schöpfung auf den Klang seiner Stimme sowie auf die Autorität hinter den Worten, und wurde zu einer materiellen Wirklichkeit. Die Krone von Gottes Schöpfung war die Menschheit, geschaffen nach seinem Ebenbild. Während wir Gott gegenüber unsere Anbetung zum Ausdruck bringen und sein Wort zurück an ihn gerichtet aussprechen, wird sein Wille durch die Worte unseres Mundes ausgeführt werden.

Wenn du durch die Kraft Gottes gesalbt bist, werden deshalb Wunder ganz natürlich zustande kommen. Sein Wort in unserem Mund ist genauso, als wäre es von ihm gesprochen worden (siehe z. B. Johannes 15,7-8). Das Wort von Gott hat die Kraft, das, was in der Ewigkeit ist, in den Bereich von Zeit hineinzubringen. Die Bibel sagt, dass Tod und Leben in der Macht der Zunge liegen (siehe Sprüche 18,21). Wir müssen lernen die Stimme der Autorität zu gebrauchen, die wir in Christus haben, um die Kraft, die Herrlichkeit und den Willen des Vaters zu etablieren, anstatt Flüche oder Gericht auszulösen.

Der Grad unseres Aufsteigens in die Gegenwart Gottes richtet sich nach dem Klang der Anbetung, den wir von uns geben.

Wieviel von Gottes Wort ist in unseren Herzen und wird durch unseren Mund im Glauben ausgesprochen? Haben wir genug davon, um zu den Elementen der Natur, zu Krankheit und zu Dämonen zu sprechen und gehorchen sie unseren Anordnungen? Die Stimme einer Person, die vom Heiligen Geist gesalbt ist, kann Bindungen, Krankheit, Depression, Flüche, Zaubersprüche, dämonische Bedrückung u.v.m. zerbrechen. Der Befehl durch die Stimme von Jesus war so gesalbt, dass die Dämonen davonliefen, wenn sie ihn hörten. Die Augen der Blinden wurden geöffnet,

Stürme hörten auf, die Toten kamen aus ihren Gräbern heraus und die Kranken wurden geheilt – einige davon waren noch nicht einmal in Hörweite seiner Stimme. Warum war das so? Weil Jesus auf der Erde das aussprach, was der Vater im Himmel sagte. Wir können das Gleiche tun, während wir unseren allmächtigen Gott anbeten.

Die Kraft von himmlischem Klang

Vom Himmel gegebene Klänge wie auch Worte spielen eine bedeutende Rolle in unserer Gottesanbetung, aber auch in der Ausführung seines Willens auf der Erde. Das ist in einem neuen Zeitabschnitt von Gottes Plänen für sein Volk besonders wichtig. Wir lesen zum Beispiel im Buch von Josua über den Fall der Mauern von Jericho, als die Israeliten das verheißene Land einnahmen. Gott gab seinem Volk zwei Anweisungen: Blast die Trompeten und schreit. Er befahl ihnen, Töne bzw. Schall loszulassen. Als das Volk gehorchte, rief dieser Klang solch eine Kraft und Herrlichkeit Gottes hervor, dass die Mauern von Jericho umfielen, genau so, wie er es verheißen hatte (siehe Josua 6).

Im Obergemach am Tag von Pfingsten war etwas zu hören: *„Und plötzlich geschah aus dem Himmel ein Brausen, als führe ein gewaltiger Wind daher"* (Apostelgeschichte 2,2). Das griechische Wort *ēchos*, das hier mit *Brausen* übersetzt ist, bedeutet: Brausen, Klang, Schall, oder: ein lauter, kräftiger Klang; ein Echo. Jesus hatte versprochen, dass der Heilige Geist kommen würde, um seinen Nachfolgern zu helfen. Und dieser zeigte sich den dort versammelten 120 Gläubigen durch einen kräftigen Klang bzw. ein kräftiges Brausen. Die Ausgießung des Heiligen Geistes manifestierte sich unter ihnen auch in Form von Feuerzungen über ihren Köpfen. Sofort begann jeder in Zungen (Sprachen) vom Himmel zu reden – eine weitere Manifestation von Klang oder Tönen – was bis zu diesem Zeitpunkt den Menschen unbekannt gewesen war (siehe Apostelgeschichte 2,3-4).

Die Bibel sagt auch, dass die Wiederkunft Jesu – der Zeitpunkt, wo er für seine Gemeinde zurückkehrt – angekündigt wird *„beim Befehlsruf, bei der Stimme eines Erzengels und bei dem Schall der Posaune Gottes"* (1. Thessalonicher 4,16). Jesus wird seine Rückkehr durch Töne und Schall ankündigen! Der Ruf und die Trompete erinnern an den Klang der Trompete und das Geschrei der Israeliten, das sie auf Geheiß von Gott zur Eroberung von Jericho hören ließen.

Heute setzt Gott neue Klänge im Leib Jesu durch Anbeter frei. Er ruft prophetische Anbeter hervor, die ihn im Geist und in der Wahrheit anbeten. Sie besitzen die Fähigkeit, göttlichen Sound von seinem Thron zu interpretieren und zu uns herunterzubringen, weil dieser in der Erfüllung von Gottes Plänen eine Rolle spielt. Der Klang, der Gottes Vision freisetzt, kann die Stimme eines Propheten sein, der die Offenbarung einer göttlichen Bestimmung für die Zukunft verkündet. Wenn Menschen Schwierigkeiten damit haben, eine Offenbarung von Gott durch Worte oder Erklärungen zu verstehen oder zu glauben, dann kann Musik oder prophetische Anbetung zu einem Mittel werden, durch das sie im Geist verstehen oder wahrnehmen, was Gott sagt und tut.

Gott setzt neue Klänge auf der Erde frei, die Aktivitäten von Engeln auslösen.

In Anbetracht des oben Gesagten können wir verstehen, warum Satans Angriffe überwiegend gegen den Dienst von Lobpreis und Anbetung gerichtet sind. Er weiß, wenn er unsere Anbetung von Gott stoppen kann, dann kann er auch verhindern, dass himmlische Offenbarungen und Klänge auf der Erde freigesetzt werden und so die Bewegung Gottes in dieser Generation behindert oder aufgehalten wird. Wir müssen wachsam sein in Bezug auf seine Pläne, und die Dienste von Lobpreis und Anbetung mit Gebet und Fürbitte umgeben und abdecken. Wir dürfen nicht zulassen, dass der Feind die Anbeter korrumpiert oder zerstört – wir brauchen sie!

Satan hat an unserer Anbetung Interesse weil er weiß, dass sich dadurch die geistliche Kraft Gottes auf der Erde manifestieren wird. Wegen seines eigenen Hintergrunds versteht er die Macht von Musik und anderen Klängen in der Anbetung sehr gut. Die Bibel berichtet über ihn:

In Eden, im Garten Gottes warst du; mit allerlei Edelsteinen warst du bedeckt: mit Sardis, Topas, Diamant, Chrysolith, Onyx, Jaspis, Saphir, Karfunkel, Smaragd, und mit Gold. Deine kunstvoll hergestellten Tamburine und Flöten waren bei dir; am Tag deiner Erschaffung wurden sie bereitet (Hesekiel 28,13; Schlachter 2000).

Satan wurde von Gott als Cherub geschaffen (siehe Verse 14-15). Sein Name war Luzifer (siehe Jesaja 14,12[16]), und viele glauben, dass er der verantwortliche Leiter für die Anbetung im Himmel war. Die Bibel beschreibt ausführlich seine Erschaffung und legt dar, dass seine Bedeckung aus kostbaren Steinen gefertigt war. Aus diesem Abschnitt können wir schließen, dass sein Inneres mit einer Dimension von Klang versehen war, weil auf musikalische Instrumente hingewiesen wird: *„Tamburine und Flöten"*. Der Name *Luzifer* bedeutet „Morgenstern". Er war ein Träger von Licht; wenn er Gott anbetete, wurde Licht von ihm reflektiert und sein ganzes Wesen glänzte. Obwohl er zur Anbetung geschaffen war, wurde er eitel und erfüllt von Stolz und verdarb so seine Bestimmung. Er rebellierte gegen seinen Schöpfer und zog ein drittel aller Engel mit in diese Rebellion hinein (siehe Offenbarung 12,3-4).

Nach seinem Fall wurde er Satan genannt. Das hebräische Wort für Satan bedeutet „Gegner, Widersacher" und das griechische Wort „Ankläger". Als der Widersacher und Ankläger von Gott und Menschen entstellt und verdreht er seine Gaben und sein musikalisches Wissen. Dadurch will er die Menschheit zerstören. Er ist nicht mehr länger der Träger des Lichts, sondern der Träger der Dunkelheit. Während göttlicher Klang Aktivitäten von Engeln freisetzt, löst der satanische Klang dämonische Aktivitäten aus. In der gegenwärtigen Generation hat Satan bewusst Musiker gefördert, die imstande sind, Klänge des Todes freizusetzen. Er benutzt verschiedene Worte, Musik und Rhythmen, um seine Botschaften von Sünde und Tod zu verbreiten. Damit werden dunkle Klänge auf der Erde freigesetzt, die Verwirrung,

---

[16] Schlachter 2000, siehe Fußnote zu „Glanzstern" = hebräisch helel, lateinisch Luzifer

Rebellion und Zerstörung hervorrufen. Aus diesem Grund müssen wir darüber wachen, was unsere Kinder sich anhören und sie vor etwaigen dämonischen Mächten bewahren, die durch Klänge oder Töne über ihnen freigesetzt werden können.

In der heutigen Generation ist Gewalt eine unübersehbare Eigenschaft von satanischem Sound, zusammen mit Alkohol und Drogenmissbrauch, Entfremdung, Verwilderung und Selbstmord. Dämonische Philosophien schießen ins Kraut und verbreiten sich durch alle möglichen Kommunikationsmittel: Fernsehen, Radio, Filme, Zeitschriften und das Internet. Diese Generation ist gewalttätig aufgrund der Klänge und Töne, die sie hört. Wir dürfen diese Prinzipien nicht mehr unbeachtet lassen, da der Feind sie benutzt, um Zerstörung zu bringen und diese Generation ihrer Bestimmung zu berauben.

Jedes Mal, wenn ein neuer Klang oder Sound eine Gemeinde überflutet, verändert sich die Atmosphäre und alte Strukturen werden aufgebrochen.

Durch Anbetung können dämonische Festungen vernichtet werden. Die gesalbte menschliche Stimme ist kraftvoll! Wenn wir in der Autorität, die Jesus uns übertragen hat (siehe z. B. Lukas 10,17-19; Matthäus 28,18), im Geist vom Himmel inspirierte Klänge oder Töne aussenden, reagieren Engel darauf und fangen an zu handeln, da sie Gottes Anweisungen befolgen. Als Gottes Kinder können wir Klänge erzeugen, die Liebe für Gott, Errettung, Erweckung, Befreiung, Frieden, Wiederherstellung, Einheit, Gesundheit, Wohlstand, Bestimmung, Produktivität und Leben auf der Erde bewirken.

Der Dienst der Anbetung des einen wahren Gottes wurde uns gegeben, damit wir himmlische Klänge für die heutige Generation freisetzen. Bei Anbetung geht es nicht nur um singen oder sich wegen einer schönen Melodie wohlzufühlen, sondern um einen geistlichen Krieg. Wenn wir uns nur mit schönen Liedern und lieblichen Melodien zufrieden geben, werden wir den Hauptzweck unseres Dienstes als Anbeter nicht erfüllen.

Wenn wir diese Prinzipien verstehen, wird sich unsere Anbetung für immer verändern. Wir müssen lernen, wie wir den Klang identifizieren können, den Gott heute freisetzt, und wie wir ihn in Einklang bringen mit der Anbetung des Himmels. Auf diese Weise werden wir seinen Willen für unser Leben, unsere Familien, Gemeinden, Städte, Nationen und Kontinente in dieser Generation ins Leben rufen.

5. Wahre Anbetung konzentriert sich auf Gott und nicht auf das Ich

Vielen der „Anbetungslieder“, die heutzutage in den Gemeinden gesungen oder von christlichen Radiosendern gespielt werden, fehlt es an Kraft, weil sie nicht auf dem Wort Gottes basieren. Mir sind Dienste bekannt, bei denen ein Großteil der Anbetung regelrechter Götzendienst ist, da die Lieder nur dem Fleisch dienen. Wir müssen biblische Lieder schreiben – Lieder, die den Sound vom Himmel aufnehmen und wirklich vermitteln, wer Gott ist. Eine große Anzahl der Psalmen von David tun dies. Unsere Lieder sollen ständig Anbetung und offenbartes Wissen ausströmen. Wahre Anbetung ist gegründet auf dem Wort Gottes und fließt aus dem Verständnis dieses Wortes. Das bewegt Gott dazu, seine Worte mit Kraft und Manifestationen zu bestätigen. Die Bibel sagt:

> *Nehmt diese Worte mit euch und bekehrt euch zum HERRN (Hosea 14,3).*

Der oben zitierte Vers steht im Zusammenhang mit Worten des Bekennens von Sünde. Doch können wir als allgemeines Prinzip daraus folgern, dass wir wissen müssen, was das Wort Gottes über jedwede Angelegenheit zu sagen hat. Dann sollen wir damit übereinstimmen und es anschließend zurück zu ihm bringen – in Buße, im Gebet für Heilung, im Vertrauen auf seine Versorgung und so weiter.

Mangelt es unserer Anbetung an Wort Gottes, wird er sie nicht annehmen und seine Kraft nicht durch sie freisetzen.

Höre ich Lieder, deren Worte sich nicht auf die Bibel gründen, dann singe ich nicht mit. Mir ist bewusst, dass Jesus durch sie nicht erhöht und verherrlicht wird. Stattdessen singe ich in Zungen. Auf Reisen ziehe ich es vor, mein eigenes Anbetungsteam mitzunehmen, damit ich aus einer Atmosphäre der Herrlichkeit dienen kann. Die Mitglieder dieses Teams kennen den Klang des Himmels und wissen, wie sie mit mir fließen können. Sie haben gelernt, wie man eine schwere und bedrückende Atmosphäre aufbricht und den Klang der Anbetung Gottes freisetzt. Ich nehme sie mit weil sie wissen, dass der Sinn ihrer Anbetung nicht darin liegt, ihre musikalischen Gaben als Sänger oder Musiker zur Schau zu stellen, sondern Gottes Gegenwart herbeizubringen. Aus der Wolke seiner Herrlichkeit wird dann die Kraft freigesetzt, um Seelen zu gewinnen, die Gefangenen zu befreien und die Kranken zu heilen. Sie sind keine Künstler oder Stars. Sie sind Anbeter, eine königliche Priesterschaft, deren Dienst die Anbetung Gottes und das Leiten seines Volkes in seine Gegenwart ist. Natürlich sind sie nicht die Einzigen; ich kenne außer ihnen eine große Zahl von Psalmisten, Sängern und Musikgruppen, die wissen, wie man die Gegenwart Gottes manifestiert.

6. Wahre Anbetung transformiert den Anbeter

> *Sie haben Hände, tasten aber nicht; Füße, gehen aber nicht. Keinen Laut geben sie mit ihrer Kehle. Ihnen gleich sollen die werden, die sie machten, ein jeder, der auf sie vertraut (Psalm 115,7-8).*

In dieser Passage sehen wir – im Umkehrschluss – den Grund, warum der Herr unsere Anbetung möchte: Er möchte, dass wir ihm gleich sind. Menschen werden zum Abbild dessen, was oder wen sie anbeten. Dieser Psalm beschreibt Personen, die sich Götzen schaffen, sie anbeten und all ihr Vertrauen in sie setzen. Das Ergebnis ist, dass sie wie das Objekt ihrer Anbetung werden – leblos. Wenn wir im Gegensatz dazu den wahren Gott im Geist und in der Wahrheit anbeten, empfangen wir durch Jesus neues Leben. Niemand kann in Gottes Gegenwart bleiben, ohne verändert oder transformiert zu werden. Sein Licht deckt unseren wahren Zustand auf und sein Feuer reinigt uns. Etwas von ihm wird auf uns kommen! Das passierte der Frau namens Maria, die ein sehr teures Parfum[17] über den Kopf von Jesus ausgoss (siehe z. B. Matthäus 26,7). Obwohl ihr einziger Grund dafür war, Jesus anzubeten, ging sie durchdrungen von dem Duft seiner Gegenwart von dort weg.

Das Gleiche geschieht, wenn wir unser Herz voller Anbetung vor Gott ausgießen; wir *sind* dann Anbetung und das ist ewiges Leben. Während wir dem Ich sterben und Gott unsere Liebe, Ehrfurcht und Ehrerbietung darbringen, erleben wir eine radikale Transformation, denn wir werden in neue Schöpfungen umgestaltet.

Die Menschheit wurde von Gott geschaffen, um ihn anzubeten. Wenn wir darin versagen, funktionieren wir nicht richtig. Wir haben unsere Identität verloren, weil wir nicht zu dem geworden sind, was wir eigentlich sind: Anbetung. Wir wissen, dass wir Anbetung geworden sind, wenn Gott uns wie ein Instrument spielen kann, so wie ein Musikexperte sein Instrument spielt. Wir müssen dem Herrn erlauben, aus uns die schönsten Melodien der Anbetung herauszuholen. Das geschieht, wenn wir uns nur ihm zur Verfügung stellen und unser ganzes Sein permanente Anbetung ist.

7. Wahre Anbetung ist innige Gemeinschaft mit Gott

Dies führt uns zur letzten und vielleicht größten Offenbarung über Anbetung: In der Bibel wird Anbetung als Intimität angesehen. Fleischlich gesinnte Menschen verstehen die Reinheit dieses Vergleiches nicht (siehe Titus 1,15). Sexuelle Intimität zwischen Mann und Frau, die durch die Ehe miteinander verbunden sind, ist der menschliche Vergleich für die geistliche Intimität, die wir mit Gott haben können (siehe z. B. Epheser 5,28-32). In dieser perfekten Einheit werden wir eins mit seinem Herzen, seinen Plänen, seinem Leiden, seiner Vision, seinem Kampf und seinem Sieg. Aus diesem Grund kann Anbetung nicht schnell oder me-

---

[17] Salböl

chanisch abgehandelt werden. Bedenke: Wenn schneller und mechanischer Sex einer Frau keine Freude bereitet, wie soll dann unsere tote Anbetung Gottes Herz zufrieden stellen?

Wenn Gott seine Herrlichkeit nicht manifestiert, dann ist er in der Regel mit unserer Anbetung nicht zufrieden.

Wenn Gott uns durch unsere Anbetung berührt, wird sich seine Herrlichkeit in uns manifestieren. Doch wie können wir so etwas erwarten, wenn wir ihm mit unseren langweiligen Liedern und der Beteiligung an lebloser Anbetung, ausgerichtet auf unsere Bedürfnisse, etwas rein Mechanisches anbieten? Das wird nicht zu einer Romanze mit Gott führen, in der er sich selbst offenbaren und eins mit uns werden kann.

Manche Menschen meinen, dass sie entsprechend der Anzahl der Lieder, die sie singen, in die Gegenwart Gottes eintreten. Doch glaube mir, egal wie viele Lieder wir singen, wenn sie nicht aus dem Geist sind wird Gott betrübt sein und nichts wird passieren. Nach meiner Erfahrung kann schon ein vom Geist eingegebenes *rhema*-Lied ausreichen, um in die Herrlichkeit des Herrn hineinzukommen. Und das ist nicht abhängig von unserem Zustand vor dem Gottesdienst. Es kann manchmal vorkommen, dass ein Lied einfach weitergesungen wird, obwohl die Gegenwart Gottes nicht mehr länger da ist. Um so etwas zu vermeiden müssen wir Gott so gut kennen, dass wir ein Verständnis dafür bekommen, wie wir die Manifestation seiner Gegenwart in unseren Gottesdiensten aufrechterhalten. Wenn ein vom Geist inspiriertes *rhema*-Lied gesungen wird, braucht der Anbetungsleiter die Menschen nicht mehr zur Anbetung drängen oder dazu ermutigen. Das Lied wird an ihren Geist appellieren, sie mobilisieren und sie werden darauf eingehen. Wenn wir unseren himmlischen Vater kennen, dann wird es nicht lange dauern, in seine Gegenwart zu kommen. Die Distanz zwischen unserem Aufstieg und dem Eintreten in seine Herrlichkeit wird dank der anhaltenden Beziehung, die wir mit ihm aufgebaut haben, jedes Mal kürzer.

Anbetung ist die Offenbarung von Gott und Menschen nach seinem Ebenbild. Demzufolge wurde der Mensch dazu geschaffen, Gott anzubeten und zu offenbaren.

Es kommt der Tag, an dem Anbetung nicht mehr nur ein Programmpunkt zu Beginn unserer Gottesdienste sein wird. Weil sich durch sie die Herrlichkeit Gottes manifestiert, wird sie das Wichtigste überhaupt werden und zu unserer größten Leidenschaft. Wenn wir in seiner Gegenwart leben möchten, werden wir auch immer ein neues Lied in unserem Geist haben. Die gemeinsame Anbetung wird in den Gemeinden zum längsten Teil der Gottesdienste werden, weil die Menschen in Gottes Gegenwart hineinkommen und dort bleiben. Gott wird zu seinem Volk sprechen, zu jeder einzelnen Person, als Freund. Dann wird sich die Umgestaltung der Herzen beschleunigen und es wird, unter anderem, für einen Gläubigen nicht mehr Jahre dauern, geistliche Reife zu entwickeln.

Stellt unsere Anbetung Gott zufrieden, wird seine Gegenwart überall mit uns hingehen und in jede Situation eingreifen. Pastor Guillermo Jiménez und seine Frau wurden durch unseren Dienst darin geschult, große Sprünge im Glauben zu machen. Vor einiger Zeit kauften sie für drei Millionen Dollar Land in Las Vegas. Eine Million Dollar konnten sie anzahlen und den Rest finanzierten sie. Nachdem sie ein Jahr lang die monatlichen Raten beglichen hatten, standen sie vor einer schwierigen finanziellen Situation. Das Ehepaar war versucht, das Land samt allem, was es investiert hatte, aufzugeben, weil es sich die Ratenzahlungen nicht mehr leisten konnten. Doch die Frau des Pastors entschloss sich, die Situation durch Gebet, Lobpreis und Anbetung zu bekämpfen. Sie wagte es, den Eigentümer anzusprechen und ihn zu bitten, ihnen die Schulden zu erlassen. Dieser Geschäftsmann hatte das Recht auf seiner Seite, die eine Million Dollar Anzahlung zu behalten. Doch Gott berührte sein Herz und er entschied sich, ihnen die Schulden komplett zu erlassen. Dank sei Gott! Wenn seine Gegenwart mit uns ist, dann können wir ihn ihm ruhen, weil er sich um uns und alles, was uns betrifft, kümmert.

Im Augenblick ist Anbetung die Unterschrift oder das Siegel Gottes auf der Erde.

Ich bin überzeugt, wir werden Transformationen erleben ebenso wie ungewöhnliche Zeichen und Wunder, die es noch nie vorher gab. Wir erleben schon jetzt, wie die Kraft Gottes durch Anbetung kommt. Ein weiteres Beispiel dafür ist die Kubanerin Aneth. Sie war achtundvierzig Jahre alt und von Geburt an taubstumm. Während einer Heilungs- und Wunder-Campagne in unserer Gemeinde kam sie nach vorne und forderte ihr Wunder ein. Ich bat die Anwesenden, sich mit ihr im Gebet eins zu machen und erklärte sie für geheilt. Als ich meine Hände auf sie legte, spürte sie ein „Plopp" in ihren Ohren und konnte zum ersten Mal in ihrem Leben hören und sprechen – alle Ehre sei Gott! Als Test stellte ich mich hinter sie, so dass sie mich nicht sehen konnte. Dann klatschte ich in die Hände und sie sollte den gleichen Rhythmus wiederholen. Klatschte ich nur einmal, tat sie das auch. Wenn ich zweimal klatschte, dann klatschte auch sie zweimal usw. Ohne jeden Zweifel war ein Wunder passiert! Aneth weinte vor lauter Ergriffenheit, denn ihr Traum, hören und sprechen zu können, war in Erfüllung gegangen.

Die Sättigung der Atmosphäre mit der Gegenwart Gottes durch Lobpreis und Anbetung brachte ein Wunder hervor, das Aneths Leben und auch das ihrer Familie völlig veränderte. Du kannst so etwas auch erleben, wenn du die Art deiner Anbetung änderst. Schaffe eine Atmosphäre, in welcher der einzig wahre Gott angebetet wird – eine Atmosphäre, in der alles möglich ist!

Wo unser Lebensstil von Anbetung beginnt

Den HERRN will ich preisen allezeit, beständig soll sein Lob in meinem Munde sein (Psalm 34,2).

Manch einer hat die Vorstellung, dass Anbetung als Lebensstil von der Kanzel her geschaffen wird, doch dem ist nicht so. Dieser Lebensstil entwickelt sich nur in unserer Zeit der Intimität mit dem Herrn. Erst danach überträgt er sich auf die Gemeinde, der Versammlung der Gläubigen (siehe Psalm 149,1). Jeder Christ ist deshalb dafür verantwortlich, seine oder ihre Anbetung mit in die Gemeinde zu bringen. Mit anderen Worten, unsere Anbetung fängt zu Hause an – in unserem „Gebetskämmerchen", im Büro oder im Auto, an unserem geheimen Ort mit Jesus – und sie folgt uns jederzeit, egal wo wir sind. Ich persönlich investiere mindestens zwei Stunden täglich, um die Gegenwart Gottes zu suchen, und eine davon verbringe ich in Anbetung. Bete ich drei Stunden, verbringe ich neunzig Minuten mit Anbetung.

Das bedeutet aber nicht, dass ich besonders auf die Uhr achte oder denke, dass jeder dieser Regel folgen muss. Ich möchte nur sagen, dass ich die Hälfte meiner Gebetszeit mit Anbetung verbringe. Ein Beispiel: Ich danke Gott und lobe ihn wegen seiner Treue und für all das, was er in meinem Leben getan hat. Ich bete ihn an als meinen Herrn und König. Ich rede zu ihm als meinem himmlischen Vater. Ich unterhalte mich mit ihm – erkläre ihm meine Liebe und auch meine Bereitschaft, alles zu tun, was immer er von mir möchte. Dann warte ich auf ihn und lausche auf das, was er mir zu diesem Zeitpunkt sagen möchte. Ich habe gelernt seine Gegenwart zu suchen wenn niemand hinschaut, denn meine Anbetung gilt nur ihm alleine. Sie ist nicht für andere gedacht.

Eine der Fragen, die ich Gläubigen stelle, ist: „Wie sieht dein privates Gebetsleben aus, wenn niemand dabei ist?" Ich möchte das gerne wissen, denn davon hängt ab, welche Erfahrungen als Christen sie machen. Dort finden wir auch den Grund dafür, warum viele Anbetungsleiter keinen Erfolg haben, selbst in die Gegenwart Gottes hineinzukommen oder andere hineinzuführen. Sie führen kein eigenes persönliches Leben der Gottesanbetung. Wenn sie Gott nicht wirklich kennen und nicht wissen, wie man in seine Gegenwart kommt oder wie man eine Intimität im Geist mit ihm entwickelt, wie sollen sie dann andere Menschen in diese Gegenwart führen?

Du kannst niemanden irgendwohin führen, wo du selber noch nicht gewesen bist. Es ist nicht so, als ob du es einfach anhand einer Karte erklären könntest. Wenn der Heilige Geist dich in euren gemeinsamen innigen Zeiten nicht geführt hat, dann wirst du auch keine Ahnung davon haben, wie du dort hingelangst.

> *Da sagte David zu Saul: Dein Knecht weidete die Schafe für seinen Vater. Wenn dann ein Löwe oder ein Bär kam und ein Schaf von der Herde wegtrug, so lief ich ihm nach und schlug auf ihn ein und entriss es seinem Rachen. Erhob er sich gegen mich, so ergriff ich ihn bei seinem Bart, schlug ihn und tötete ihn (1. Samuel 17,34-35).*

David entwickelte seinen Mut und sein Können in der Weite der Felder, der Einsamkeit der Berge und der Dunkelheit der Höhlen, während er sich um die Schafe seines Vaters kümmerte. Dort, wo niemand ihn sehen konnte, tötete er Bären und Löwen. Das war sein Training, um dann in der Gegenwart von vielen den Riesen Goliath zu töten. Gott möchte ebenfalls, dass sein Volk seine Gegenwart im Geheimen sucht, weil dies der Ort ist, von dem sie gestärkt und zugerüstet hervorgehen, um die persönlichen und öffentlichen geistlichen Kämpfe zu gewinnen.

Ein Grund, warum wir noch nicht erlebt haben, wie die Herrlichkeit Gottes auf unser Leben herabkommt, ist darin zu finden, dass wir kein beständiges und effektives persönliches Leben mit Gott entwickelt haben. Solch ein Leben ermöglicht es seiner Herrlichkeit, auch in der Öffentlichkeit erlebbar zu werden. Gott persönlich im Privaten anzubeten ist eine innere Einstellung. Sie kommt aus unserem Herzen hervor, spontan und wenn uns niemand sieht, wenn wir keinem anderen Menschen dienen müssen, wenn wir es einfach aus Liebe zu ihm tun, ohne irgendeine Belohnung zu erwarten. Diese besonderen, persönlichen Momente veranlassen Gott, seine Gegenwart kraftvoll zu manifestieren und unserem Herzen unmittelbar zu dienen.

Prinzipien zur Schaffung einer geistlichen Atmosphäre

In meinen Augen ist es unbedingt notwendig, dass die Gläubigen wissen, wie man eine geistliche Atmosphäre der Anbetung schafft, damit die Herrlichkeit Gottes in ihrer persönlichen Gebetszeit oder während der gemeinsamen Anbetung in ihren Gemeinden herabkommen kann. Hier sind drei Richtlinien, wie man die Herrlichkeit Gottes einladen kann, sich zu manifestieren.

1. Dem König muss ein Thron errichtet werden

> *Du aber bist heilig, der du thronst über den Lobgesängen Israels (Psalm 22,4).*

Wenn wir Gott anbeten, dann errichten wir ihm im geistlichen Bereich einen Thron. Seine Gegenwart wird sich immer manifestieren, wenn der Thron errichtet ist. Ob der Thron fertiggestellt ist erkennen wir daran, dass wir die Ausgießung seiner Herrlichkeit erleben. Vorher können wir unsere Anbetung nicht beenden. Erinnern wir uns immer an dieses Prinzip: Lobpreis, bis der Geist der Anbetung kommt und Anbetung, bis die Herrlichkeit herabkommt. Es gibt keine Formel dafür, wie lange wir Gott preisen und anbeten sollen; es sollte aber immer so lange sein, *bis* sein Thron errichtet ist. Der Heilige Geist ist unser Helfer und steht uns zur Seite. Er nimmt die Anbetung entgegen und bringt sie zum Vater. Er lehrt uns, Gott im Geist und in der Wahrheit anzubeten.

2. Es muss sich eine Wolke seiner Gegenwart bilden

In der Bibel stehen Wolken für die Herrlichkeit Gottes und der Herr spricht immer aus einer Wolke heraus (siehe z. B. 2. Mose 16,10-11). Als Jesus auf dem Berg verklärt wurde, sprach Gott der Vater aus einer Wolke (siehe z. B. Matthäus 17,1-5). Als Jesus nach seiner Auferstehung zum Himmel emporstieg, nahm *„eine Wolke ihn auf vor ihren Augen weg“* (Apostelgeschichte 1,9). An dem Tag der Wiederkunft Jesu wird es sein *„auf den Wolken des Himmels mit großer Macht und Herrlichkeit"* (Matthäus 24,30). Wenn wir anbeten, formen wir eine geistliche Wolke und diese ist die Herrlichkeit des Herrn. Geistliche Wolken schaffen die richtige Atmosphäre, damit Gott sprechen und kreative Wunder tun kann.

Die Bildung einer geistlichen Wolke hängt von der Tiefe unserer Anbetung ab. In einem Gottesdienst einer Ortsgemeinde beispielsweise wird der Heilige Geist die wahren Anbeter unterstützen. Kommt er an jemandem vorbei, der nicht so anbetet, wie es sein sollte, geht er weiter zur nächsten Person. Er hält bei jedem an und nimmt die Essenz der Anbetung dieser Person auf. Daraus formt er die Wolke für diesen Gottesdienst, die es der Herrlichkeit Gottes ermöglicht, herabzukommen. Jeder, der zur Bildung der Wolke mit seiner Anbetung beigetragen hat, wird das empfangen, was in ihr ist. In unserer Gemeinde zum Beispiel habe ich schon oft miterlebt, dass der Heilige Geist vorne anfängt und sich dann nach hinten bewegt, aber andere Male beginnt er in der Mitte. Es sind die Menschen in diesen Bereichen, welche die Wolke formieren.

3. Die geistliche Atmosphäre muss erkannt und freigesetzt werden

Wenn die Wolke und der Thron errichtet sind, können wir die geistliche Atmosphäre der Herrlichkeit wahrnehmen. Im Natürlichen ist eine Atmosphäre ein gasförmiger Stoff, der einen Himmelskörper umgibt. Sie bildet sich aus den Bestandteilen des Umfeldes. Im geistlichen Bereich funktioniert es im Prinzip auf die gleiche Weise. Die Zutaten in der Atmosphäre der Herrlichkeit sind beständiges Gebet, Opfer, Fürbitte, Lobpreis, Anbetung, Gehorsam und Ehre. In der Bibel können wir erkennen, dass in einem Umfeld mit diesen Bestandteilen ein offener Himmel geschaffen und eine geistliche Atmosphäre geformt wird.

Die Atmosphäre wahrnehmen

Reise ich an Orte, wo keine gute Atmosphäre zum predigen, lehren oder dienen aufgebaut wurde, dann beginne ich als Erstes, diese schlechte Atmosphäre – belastet mit Religiosität, Zweifel und Egozentrik - durch Lobpreis aufzubrechen. Dann bete ich an, bis die Gegenwart oder Herrlichkeit Gottes herabkommt. Spüre ich sie zu uns herunterkommen, fange ich an zu predigen, lehren oder Wunder freizusetzen. Manchmal beansprucht das eine lange Zeit, aber wir können Gott nicht zwingen, sich unserem Programm anzupassen. Wir müssen solange anbeten, bis sich die Atmosphäre seiner Herrlichkeit gebildet hat. Wollen wir das Echte, dann müssen wir uns echter Anbetung hingeben.

Die Bestandteile in der Atmosphäre der Herrlichkeit sind beständiges Gebet, Opfer, Fürbitte, Lobpreis, Anbetung, Gehorsam und Ehre.

Wie ich vorher schon erwähnt habe, hatten wir vor unserem Umzug in unser jetziges Gebäude eine ehemalige Synagoge als Gemeindegebäude gekauft. Vom ersten Tag an errichteten wir dort eine geistliche Atmosphäre von Lobpreis, Danksagung, Gebet, Fürbitte, Opfern und Anbetung. In diesem Gebäude gingen wir von einem Gottesdienst am Sonntag über zu schließlich fünf Gottesdiensten, und das für fast fünf Jahre. Dazu kamen noch der Gottesdienst am Donnerstag, der Jugendgottesdienst, Frühgebet, Übungszeiten des Anbetungsteams, Jüngerschaftsgruppen, das Leiterschaftsinstitut, Retreats, Konferenzen und vieles mehr. Heute wird das Gebäude für andere Aktivitäten genutzt sowie für Gottesdienste bei besonderen Anlässen. Jedes Mal, wenn wir uns dort versammeln, spüren die Leute sehr schnell die Gegenwart Gottes. Es ist sehr einfach dort zu predigen, zu lehren, in Wundern zu dienen oder in Befreiung, weil die Atmosphäre, die dort fortwährend errichtet wurde, verbleibt. Das Gleiche nehme ich in dem Raum meines Hauses wahr, wo ich jeden Tag bete. Dort habe ich einen geistlichen Thron für meinen Herrn aufgerichtet und eine Wolke seiner Gegenwart sowie eine geistliche Atmosphäre geformt, in der die Gegenwart Gottes bleibend wohnt. Wenn ich in diesem Raum bete, brauche ich nur ein paar Sekunden, um in seine Gegenwart zu kommen. Das ist auch für dich möglich, wenn du Gott beständig zu Hause oder in der Gemeinde anbetest.

Die Atmosphäre freisetzen

> *Wenn die Wolken voll werden, gießen sie Regen aus auf die Erde (Prediger 11,3).*

Im Natürlichen gibt es ohne Wolken keinen Regen. Gleichermaßen schafft Anbetung eine Wolke, aus der die Manifestationen der Herrlichkeit Gottes auf uns herabregnen können. Aber was würde geschehen, wenn sich natürliche Wolken voller Wasser bilden, es aber nicht regnen würde? Um Regen zu schaffen oder zu fördern nutzen einige Forscher, Vertreter des Staates und Geschäftsleute eine oder mehrere Techniken, um, wie man sagt „Wolken zu säen“:

> *Ein Regenschauer erfolgt, wenn Feuchtigkeit sich um natürlich vorkommende Partikel in der Luft ansammelt, bis die Luft eine so hohe Sättigung erreicht hat, dass sie die Feuchtigkeit nicht mehr länger halten kann. Wolken säen (oder Wolkenimpfen) trägt wesentlich zu diesem Prozess bei, indem zusätzliche „Zellkerne“ beigesteuert werden, um die Wasser kondensieren kann. Diese Zellkerne können Salz, Kalziumchlorid, Trockeneis oder Silberionen sein*[18].

Im Geist passiert etwas Ähnliches. Manchmal ist die Wolke da, aber es gibt keine sichtbaren Manifestationen der Gegenwart Gottes. Ich habe schon in Gottesdiensten gedient, wo die Atmosphäre aufgeladen war mit der Gegenwart Gottes, doch zu meiner Überraschung geschah nichts. Ich weiß, dass in dieser Atmosphäre Potenzial vorhanden war und Gott bereit war zu heilen, zu erretten und Wunder zu wirken, aber irgendetwas hielt ihn auf. Was war vorgefallen?

Gott ist souverän und beschließt vielleicht, zu einer bestimmten Zeit nicht zu sprechen. Es bedeutet nicht, dass jemand ein hartes Herz hat und damit Gottes Reden blockiert; es ist seine

---

[18] Jacob Silvermann and Robert Lamb, „Can China control the weather?“ 19 July 2007. HowStuffWorks.com. http://science.howstuffworks.com/nature/climate-weather/meteorologists/cloud-seeding.htm 10 Januar 2012

Souveränität. Meiner Erfahrung nach ist es aber genauso wichtig zu wissen, wie man das, was sich in der Wolke befindet, freisetzt, wie die Kenntnis über das Formieren der Wolke. Manchmal ist es nötig, die Wolke mit noch mehr Samen unserer Anbetung zu „befeuchten“, bis seine Herrlichkeit herunterregnet, doch ein anderes Mal kann Gott uns etwas bestimmtes zeigen, das wir tun sollen. Eines Tages zeigte Gott mir in einem Gottesdienst, dass eine Frau voller Geschwüre anwesend war, verursacht durch einen Geist der Furcht. Sie hatte Angst davor, Krebs zu bekommen. Als sie nach vorne kam, beteten wir für sie und sie wurde augenblicklich befreit. Der Herr offenbarte auch den Namen einer Frau, Maria, mit einem großen Kropf am Hals. Ein Kropf ist eine Vergrößerung der Schilddrüse. Als Maria zu uns nach vorne kam, bat ich mein Team, für sie zu beten. Gott heilte sie auf der Stelle und der Kropf verschwand! Maria weinte unkontrollierbar, berührte immer wieder ihren Hals und schrie dabei: „Er ist weg! Er ist weg!“

Ich möchte ganz klar herausstellen, dass Gott derjenige ist, der die Initiative ergreift, wenn seine Gegenwart während unserer gemeinsamen Anbetung herabkommt. Wenn wir uns beteiligen, dann deshalb, weil er es so bestimmt hat. Manchmal sagt er mir, ich soll ein Wort verkünden, ein anderes Mal gibt er mir eine Vision über jemanden, nennt mir den Namen der Person und die Art der Krankheit, an der sie leidet. In der Herrlichkeit bewege ich mich nicht, bis er mir den Auftrag dazu gibt. Das Wichtigste ist: Wenn wir aus einer Atmosphäre der Anbetung heraus agieren, dann tun wir das, was Gott uns sagt und wann er es uns sagt – nicht mehr, nicht weniger, genauso wie Jesus.

Um das zu empfangen, was die Wolke beinhaltet, müssen wir auch erkennen, was sie enthält. Das kann Heilung sein, Befreiung oder Versorgung, doch wird es immer Transformation und Wachstum in unserem Leben hervorbringen. Wir müssen beständig anbeten und eine Wolke für seine Gegenwart schaffen, weil Gott sich immer im „Jetzt“ bewegt.

Ein anderer Grund, warum die Inhalte einer göttlichen Wolke nicht freigesetzt werden, kann sein, dass wir nicht gelernt haben, sie aus der Atmosphäre herauszuziehen. Wenn sich die Herrlichkeit Gottes manifestiert, müssen wir uns unser Wunder „nehmen". Wie? Indem wir sie deklarieren und entsprechende Aktionen ausführen. Wir müssen etwas tun, was wir vorher nicht konnten, und wenn das funktioniert, müssen wir uns beeilen und kundtun bzw. Zeugnis ablegen von dem, was Gott getan hat. Dadurch wird das Wunder besiegelt.

Eine geistliche Atmosphäre wird durch Anbetung geschaffen, doch muss die Wolke identifiziert werden, damit ihre Inhalte freigesetzt werden.

Gott ist bereit und darauf bedacht, sich zu manifestieren. Er braucht dafür nur, dass wir ihm einen Thron errichten. Wir müssen Gott und seiner Anbetung Vorrang geben. Wir müssen uns die nötige Zeit nehmen, um ihn anzubeten *bis* sich seine Gegenwart manifestiert, egal, wie lange das dauern mag.

Nach meiner Erfahrung werden Menschen zu einem Hindernis im Gottesdienst, wenn sie sich nicht an dem körperlichen Aufstieg im Lobpreis in die Gegenwart Gottes beteiligen. Das schließt auch den Pastor mit ein. Kommen Leute zu spät und verpassen die gemeinsame Anbetung, dann haben sie keine Ahnung, was passiert und es fällt ihnen schwer, da hineinzukommen. In dem Moment, wo sie den Raum betreten, können sie darüber hinaus die Atmosphäre behindern oder abtöten. Das liegt nicht daran, dass sie schlechte Menschen wären, sondern weil sie nicht an dem physischen Aufstieg teilgenommen haben. Deshalb ermahne ich die Leute immer, frühzeitig in der Gemeinde und von Anfang an dabei zu sein. Es gibt auch diejenigen, die, aus welchen Gründen auch immer, länger brauchen, um in den Lobpreis hineinzukommen, während andere schnell drin sind. Die Atmosphäre muss dann von unten her aufgebaut werden, indem man lobpreist, bis der Geist der Anbetung kommt und anbetet, bis die Herrlichkeit Gottes herabkommt. Wenn dies geschieht, kann jeder zu dem Thron aufsteigen und im Einklang mit in die Anbetung eintreten – als ein Leib.

Zu gegebener Zeit müssen dann die Herzen bereit sein, das Wort zu hören und Gott muss mit der Anbetung zufrieden sein, um seine Herrlichkeit durch die an diesem Ort gebildete Wolke zu manifestieren, damit die Menschen erreicht und berührt werden können.

Der ultimative Zweck der Gegenwart Gottes

Alles was wir bisher besprochen haben – einen Thron aufbauen, eine Wolke bilden und eine Atmosphäre schaffen – sind nötige Schritte, damit die Herrlichkeit Gottes herabkommen kann. Warum aber ist es für uns nötig, dass die Herrlichkeit Gottes zu uns herabkommt? Noch einmal, der Hauptzweck ist, dass wir immer wieder seine Gegenwart erleben, damit wir in das Ebenbild von Christus umgestaltet werden und seine Kraft sichtbar werden lassen. Auf diese Weise können wir seine Herrlichkeit mit zu den Menschen nehmen, die Errettung, Heilung und Befreiung brauchen.

Ich habe eine Menge Menschen kennengelernt, die Gott übernatürlich in unsere Gemeinde geführt hat. Er sprach zu ihnen in Träumen und nannte ihnen meinen Namen oder den unseres Dienstes. Und sobald sie unseren Parkplatz erreichten, konnten sie die Gegenwart Gottes so stark spüren, dass sie anfingen zu weinen. Und genau dort taten sie Buße über ihre Sünden; viele wurden sofort geheilt oder befreit. Ähnlich erging es Dr. Coradin und seiner Familie, deren Zeugnis in diesem Kapitel steht. Es ist für uns nichts Ungewöhnliches, solche Zeugnisse zu hören. Die geistliche Atmosphäre von anhaltender Anbetung, Gebet, Fürbitte, Gehorsam und Unterordnung hält unsere Gemeinde konstant unter der Wolke seiner Gegenwart.

In der Gegenwart Gottes gibt es Heilung, Befreiung, Umgestaltung, Visionen, Träume, Prophetie, Offenbarung, Impartation[19] und Aktivierung. Wir werden seine Stimme hören und angefeuert werden, zu anderen Menschen zu gehen und ihnen zu geben, was wir empfangen haben. Das Ziel besteht darin, seine Herrlichkeit einer verlorenen Welt zu bringen – zu Menschen ohne Gott, Glauben oder Hoffnung. Unsere Erlebnisse in seiner Gegenwart müssen wir mit zu unseren Arbeitsplätzen, Schulen

[19] Übertragung

und kommunalen Organisationen nehmen. Wir müssen sie überall mit hinnehmen, wo auch immer wir hingehen: Restaurants, Kaufhäuser, Supermärkte und auf die Straßen. Wir müssen sie unserem Einflusskreis mitteilen. Seine Herrlichkeit gibt uns die Kühnheit, sein Wort zu verkünden, von Jesus zu reden, die Kranken zu heilen, die Gefangenen zu befreien und Wunder zu tun. Wir wollen uns jetzt entscheiden, seine Herrlichkeit zu allen Nationen der Welt mitzunehmen!

Erfahrungen mit Gott

- Fange an, an dem Ort, wo du normalerweise betest, eine Atmosphäre der Anbetung aufzubauen. Nähere dich freiwillig sieben aufeinanderfolgende Tage Gott mit Danksagung, Lobpreis und Anbetung und lerne zu erkennen, wann du den Übergang von Lobpreis zu Anbetung vornehmen musst. Lass dies dann zu einer regelmäßige Praxis in deinem Leben werden.
- Überprüfe deine Haltung als Anbeter und nimm die nötigen Anpassungen vor, bis du in der Lage bist, Gott im Geist und in der Wahrheit anzubeten.
- Fange an, ein Träger der Gegenwart Gottes zu werden, und manifestiere den Inhalt der Wolke seiner Gegenwart in Form von Errettung, Heilung und Befreiung den Menschen um dich herum.

Kapitel 11

Entzündet vom Feuer der Gegenwart Gottes

Die geistliche Dunkelheit in der Welt wird immer dichter und der Widerstand gegen den Geist Christi verstärkt sich. Die Herausforderungen nehmen zu und wir müssen bereit sein, diesen Umständen zu begegnen. Wir müssen Christen sein, die im Feuer der Gegenwart Gottes leben, damit wir wissen, wie wir inmitten dieser bedeutsamen letzten Tage den Schmerz der Menschen lindern und sie zu Christus führen können.

In diesem Kapitel bekommen wir eine Offenbarung darüber, was es für Gott bedeutet, ein alles verzehrendes Feuer zu sein. Darüber hinaus erfahren wir, was es für uns bedeutet, erfüllt zu sein mit dem Heiligen Geist und seinem Feuer. Wir werden den Sinn und Zweck für das Feuer seiner Gegenwart erkennen, was es in uns erzeugt und wie wir es am Brennen halten. Das wird uns ermutigen hinauszugehen und die große und letzte vom Herrn vorbereitete Ernte an Seelen einzuholen, bevor er wiederkommt.

Gott ist ein verzehrendes Feuer

> *Denn der HERR, dein Gott, ist ein verzehrendes Feuer, ein eifersüchtiger Gott (5. Mose 4,24).*

Wir haben gesehen, dass die Herrlichkeit Gottes sein Wesen ist – was er in seinem Innersten ist. Wir haben auch gelernt, dass seine Natur viele Facetten hat und nur er in seiner absoluten Souveränität darüber entscheidet, wann und welchen dieser Aspekte er seinen Kindern offenbaren oder sichtbar machen möchte. Eine dieser Facetten seiner Herrlichkeit ist *„ein verzehrendes Feuer"*. Es kann auf diese Erde herabkommen, um denen Gericht zu bringen, die nicht umkehren von ihren Sünden. Doch reinigt und heiligt sein Feuer auch sein Volk, das von seinen bösen Wegen umgekehrt ist und sich danach sehnt, in Recht und Gerechtigkeit zu leben.

Wie ist die Erscheinung seiner Herrlichkeit?

> *Die Erscheinung der Herrlichkeit des HERRN aber war vor den Augen der Söhne Israel wie ein verzehrendes Feuer auf dem Gipfel des Berges (2. Mose 24,17).*

Die Herrlichkeit Gottes ist ein verzehrendes Feuer, das alles verbrennt, was nicht heilig ist. Es hat aber auch kraftvolle Auswirkungen auf die Herzen der Menschen. Doch Vorsicht! Dieses Feuer ist nicht für diejenigen geeignet, die sich nicht von Herzen wünschen, ein heiliges und reines Leben zu führen. Erinnere dich, das Volk Israel fürchtete sich vor diesem Feuer. Die Wurzel für diese Angst und Furcht war ihr Widerwille, den geforderten Preis dafür zu zahlen.

Viele wollen heilig sein, sind aber nicht bereit, den Preis für die Heiligung zu zahlen.

Diese Einstellung findet man auch heute unter den Gläubigen der Gemeinde Jesu Christi. Viele Menschen lehnen die Erweckungen, die Kraft, die Herrlichkeit und die Wunder ab, weil sie sich vor der Gegenwart Gottes fürchten und sie nicht den erforderlichen Preis dafür zahlen wollen, es am brennen zu halten.

Wer kann unter dem Feuer seiner Gegenwart leben?

> *„Wer von uns kann sich bei verzehrendem Feuer aufhalten? Wer von uns kann sich bei ewigen Gluten aufhalten?“ Wer in Gerechtigkeit lebt und Wahrheit redet … (Jesaja 33,14-15).*

Diese Verse teilen uns in einfachen Worten die Bedingungen mit, unter denen wir uns unter dem Feuer Gottes bewegen können. Der Herr sagt im Grunde genommen: „Ich möchte, dass du in meine Gegenwart kommst, und dort werde ich das Feuer freisetzen. Und wenn du diese Voraussetzungen erfüllst, wird es nicht als Gericht auf dich niedergehen." Sind wir bereit den Preis zu zahlen, um in Gerechtigkeit und Heiligkeit zu leben? Ich persönlich betrachte keinen Preis als zu hoch im Vergleich zu dem großen Wert und Nutzen der Manifestation des Feuers seiner Gegenwart.

Die Israeliten waren ein halsstarriges Volk und sie lehnten diese Bedingungen ab. Das war der Grund, weshalb Mose in der Wüste außerhalb des Lagers ein Zelt der Begegnung aufstellen musste, um sich dort mit dem Herrn zu treffen (siehe 2. Mose 33,7). Hätte er das nicht gemacht, dann hätte das Feuer Gottes das Volk vernichtet. Das hebräische Wort für „halsstarrig" ist *qaschäh* und bedeutet unter anderem „hart, grausam, streng und starrköpfig" (siehe z. B. Vers 3). Nur Mose und Josua waren in der Lage, in die Wolke der Herrlichkeit Gottes hineinzugehen und, ohne verbrannt zu werden und zu sterben, in seinem Feuer zu bleiben. Wenn wir die Berichte über die Isareliten während ihrer Wüstenwanderung aufmerksam lesen, dann erkennen wir, dass die Wolke Gottes das Volk auf ihrem Weg immer begleitete, so wie er es versprochen hatte, aber sie kam nicht in ihre Mitte.

Die Erfahrung Mose mit dem Feuer der Gegenwart Gottes

Was war die erste Erfahrung von Mose mit dem Feuer Gottes? Bevor Gott Mose zurück nach Ägypten zur Befreiung seines Volkes berief, erlebte er als Hirte in Midian vermutlich häufiger, dass ein Dornbusch in der Wüste brannte. Eines Tages sah er solch einen Busch brennen, doch entdeckte er, dass es sich um kein gewöhnliches Feuer handelte – es verzehrte den Strauch nicht. Wieso? Die Ewigkeit drang mit einer übernatürlichen Manifestation ein in die natürliche Dimension. Mose konnte das Übernatürliche vom Natürlichen unterscheiden. Der Busch verbrannte nicht, weil das Feuer Gottes nie verlöscht. Es war eine Manifestation der Ewigkeit des Herrn und auch der Leidenschaft im Herzen von Mose für Gott, die bis zum Ende seiner Tage nicht aufhören würde in ihm zu brennen.

Aus diesem Feuer heraus sprach Gott zu ihm:

Mose, Mose! Er antwortete: Hier bin ich (2. Mose 3,4).

Der Herr zeigte sich Mose durch ein Feuer. Das passierte nicht nur bei diesem Vorfall, sondern in seinem ganzen weiteren Leben. Beim ersten Mal forderte Gott ihn auf, seine Sandalen auszuziehen, weil er auf heiligem Boden stand. Es symbolisierte, dass Mose sich nicht mehr länger im Natürlichen, sondern im Übernatürlichen bewegen würde (siehe Vers 5). Als Mose sich Gott nahte, war das, was er von unten sah, ein verzehrendes Feuer. Er lebte unter dem Feuer der Gegenwart Gottes und von dort aus setzte er einige der außergewöhnlichsten Wunder frei, die in der Bibel aufgezeichnet sind.

Was geschah mit Mose nach der Erfahrung mit dem brennenden Busch?

Das Herz von Mose war durch sein Erlebnis mit dem brennenden Busch für immer verändert – transformiert. Gott setzte in ihm die gleiche Leidenschaft frei, die er selbst auch hatte, nämlich das Volk Israel aus der Gefangenschaft in Ägypten zu befreien. Interessant ist, dass Mose als Adoptivsohn des Pharao in den ersten vierzig Jahren seines Lebens völlig eingetaucht war in der Kultur Ägyptens. Das hatte ihn zu einer arroganten und unabhängigen Person werden lassen. Darum versuchte er auch aus eigener Kraft sein Volk zu befreien, als er dessen Leiden sah. Er konnte es aber nicht, denn es entsprach nicht dem Plan oder der Vorgehensweise Gottes (siehe 2. Mose 2,1-15).

Danach floh Mose aus Ägypten und verbrachte vierzig Jahre in der Wüste, wo Gott die ägyptische Kultur aus ihm entfernte und sein Ego tötete. Als er damit fertig war, sagte Mose: „*Wer bin ich, dass ich zum Pharao gehen und die Söhne Israel aus Ägypten herausführen sollte* (2. Mose 3,11), wenn ich noch nicht einmal redegewandt bin“ (2. Mose 4,10).

Letztlich verbrachte Mose weitere vierzig Jahre wie der brennende Dornbusch in der Wüste, entfacht mit dem Feuer des Herrn. Er brannte unaufhörlich und leidenschaftlich dafür, Israel in das verheißene Land zu führen und den Herrn innig und vertraut zu kennen. Ein Augenblick im Feuer Gottes brachte ihn dazu ein Volk zu befreien, dass er im Verlauf von achtzig Jahren nicht hatte befreien können. Mose wurde ein treuer Freund Gottes, ein Leiter von Millionen von Menschen, ein Mann, der voller Eifer den Willen Gottes tun wollte. Er bewirkte durch die Hand Gottes Zeichen und Wunder und sprach von Angesicht zu Angesicht mit ihm.

Ohne das Erlebnis mit dem brennenden Busch wäre nichts davon geschehen oder auch nur im Entferntesten denkbar gewesen. Erst nach dieser Begegnung war er in der Lage zu glauben, aufzustehen und eine ganze Nation dahin zu führen, ihr Erbe im verheißenen Land in Empfang zu nehmen. Diese Veränderung war das Resultat des Feuers der Gegenwart Gottes!

Als Mose dem brennenden Busch begegnete, erlebte er das Feuer von Gottes Gegenwart.

Gott hat mich beauftragt, dir durch diese Seiten die Augen dafür zu öffnen, dass auch du dieses Erlebnis haben kannst. Er ist der lebendige Gott, der fortwährend Wunder unter seinem Volk wirkt. Gott hat auch für dich einen besonderen Auftrag, den du ausführen sollst. Aus diesem Grund hat er dich erschaffen und er wird dir sein Feuer geben, um dich in die Lage zu versetzen, diesen Auftrag zu realisieren. Sein Feuer wird niemals ausgehen. Mit dem Feuer Gottes kannst du das tun, wozu du bisher nicht fähig warst.

Jeder Gläubige braucht das Erlebnis eines brennenden Busches. Ohne diese Erfahrung werden wir nur eine *Vorstellung* von übernatürlicher Kraft haben – pure Theorie. Erleben wir jedoch das Feuer, werden wir zu einer nie endenden Leidenschaft entzündet, die zur Demonstration von übernatürlicher Kraft führt. Wir werden diese Kraft auch auf andere übertragen können, um Erweckungen, Heilungen sowie Zeichen und Wunder freizusetzen, die einzelne Menschen, Städte und Nationen aus der Knechtschaft von Sünde, Krankheit und Flüchen befreit.

Vielleicht fragst du: „Bin ich für eine Erfahrung mit dem Feuer seiner Gegenwart bereit?" Oder: „Ist es in der heutigen Zeit möglich, das Gleiche zu erleben wie Mose?" Meine Antwort darauf ist: „Natürlich!" Der Ausbildungs- und Entwicklungsprozess, den du in der „Wüste" deines Lebens durchgemacht hast, war nicht vergeblich; er hat dich für diese Erfahrung vorbereitet. Rund um den Globus erleben tausende von Männern und Frauen wie ich und andere, die ich trainiert habe, jeden Tag das Feuer der Gegenwart Gottes. Der Beweis dafür ist, dass sie Gemeinden, Städte und Nationen mit diesem heiligen Feuer entzünden.

Das Feuer Gottes ist einbezogen in die *„Wiederherstellung aller Dinge"* (Apostelgeschichte 3,21), über die wir schon früher gesprochen haben, und dies ist die Zeit für seine Manifestation. Du und ich leben in der Zeit der Wiederherstellung aller Dinge! Damit dies geschieht ist es nötig, dass Gottes Feuer das *„Holz, Heu* [und] *Stroh"* (1. Korinther 3,12) verbrennt und das Gold in der Gemeinde reinigt (1. Korinther 3,12-15). Nur dann werden wir sehen, wie das Wahre durchleuchtet.

Mein persönliches Erlebnis mit dem Feuer

Als ich Jesus als meinen persönlichen Herrn und Erlöser aufnahm, wurde ich augenblicklich mit dem Heiligen Geist erfüllt mit dem Nachweis des Sprechens in anderen Sprachen. Die Bibel verweist auf dieses Erlebnis als erfüllt werden mit *„Kraft aus der Höhe"* (Lukas 24,49), um ein wirksamer Zeuge von Jesus zu sein (siehe Verse 46-49). Ich stellte aber fest, dass ich trotz der Erfüllung mit der Kraft Gottes nicht das Feuer des Geistes hatte, um Seelen in das Reich Gottes zu bringen. Ja, ich war glücklich und voller Freude, dass ich Gott kannte und seine Kraft besaß. Ich erfreute mich an seiner Gegenwart und daran, ihn zu erleben und kennenzulernen, aber ich war noch nicht in sein Feuer eingetaucht worden.

Das in Lukas 24,49 mit „Kraft" übersetzte Wort ist im Griechischen das Wort *dynamis* und es bezieht sich auf „explosive Kraft". Von diesem Wort leiten wir Begriffe wie *Dynamit* und *dynamisch* ab. Im Natürlichen kann man eine Stange Dynamit nicht ohne Feuer zur Explosion bringen. Ich kann deshalb sagen, dass ich zu Beginn meines Christenlebens zwar das Dynamit der Kraft Gottes hatte, aber ich war noch nicht explodiert, weil der Docht noch nicht entzündet worden war. Ich brauchte das Feuer!

Wie wurde der Docht angezündet? Als ich eines Tages alleine in meinem Zimmer war und die Gegenwart von Gott genoss, taufte er mich mit seinem Feuer. Diese Taufe löste in mir eine unkontrollierbare Leidenschaft danach aus, Seelen zu retten, das Angesicht Gottes kennenzulernen, heilig zu sein, sein Königreich auszubreiten, eine radikale junge Generation für Christus zu erheben und seine übernatürliche Kraft für die heutige Generation sichtbar werden zu lassen. Von diesem Moment bis heute brennt dieses Feuer ständig in mir wie eine ewige Flamme. Ich tue alles mit großer Leidenschaft. Ich bete, lobpreise, anbete, predige, treibe Dämonen aus, diene den Kranken mit Heilung und verkündige das Evangelium auf der ganzen Welt voller Leidenschaft, weil das Feuer des Geistes in mir brennt.

Du kannst das Feuer nicht übertragen, bis du selbst so etwas wie den brennenden Busch erlebt hast.

Dieses Erlebnis ist auch vielen anderen Menschen widerfahren. Vor ungefähr zehn Jahren kam ein junger Mann namens Andy zu uns in die Gemeinde. Er war in schwierigen Familienverhältnissen aufgewachsen. Sein Großvater verlor seinen Vater im Alter von 2 Jahren und Andys Vater hatte seinen Vater nicht gesehen, bis er achtzehn Jahre alt war. Ein Generationsfluch von zerrütteten Familienverhältnissen, Ehebruch und Scheidung belastete das Leben dieses jungen Mannes und seiner Familie. Andys Vater war sowohl körperlich wie auch verbal gewalttätig und das führte dazu, dass sein Sohn starke Hassgefühle und Ablehnung ihm gegenüber empfand. Später kehrte sich dieser Hass in Rebellion und Widerspenstigkeit. Als Teenager tauchte er ein in die Welt von Drogen und Gangs. Dort traf er auf Menschen, die die gleichen Gefühle hegten wie er. Anstatt Antworten auf seinen Schmerz zu finden, geriet er nur auf einen noch schnelleren Weg hinein in tiefere Depressionen, den Verlust der Identität und einem Mangel an Vaterliebe in seinen Inneren. Das Leben hatte für ihn keinerlei Bedeutung mehr. Zu guter Letzt beschloss er, sich umzubringen.

Doch in der Nacht, die er sich für seinen Selbstmord ausgesucht hatte, sprach eine Stimme zu ihm: „Tu das nicht. Ich habe eine Bestimmung für dich." Die Stimme brachte eine so tiefe Überzeugung in sein Herz, dass er auf die Knie fiel und anfing zu weinen – nachdem er jahrelang aufgrund seines harten Herzens nicht eine Träne vergossen hatte. An diesem Abend bat er Gott, in sein Herz hineinzukommen und sein Leben zu verändern. Er hatte nie zuvor solch eine echte und reine Liebe verspürt wie die Liebe des himmlischen Vaters und er war nie wieder derselbe. Andy verliebte sich total in Gott. Er ließ die Drogen, unerlaubten Sex, Gangs, Kriminalität und Unvergebenheit hinter sich. An Stelle von diesen Dingen fing er an, die Frühgebete in unserer Gemeinde zu besuchen, wo ihn meine Frau im Gebet schulte.

Eines Tages leitete der Heilige Geist mich, Andy als Jugendpastor unserer Gemeinde zu beauftragen. Heute dient er Gott in Treue und bringt reichliche und übernatürliche Frucht. Andy ruft unter der Jugend eine geistliche Revolution hervor. Er aktiviert sie in Worten der Erkenntnis, Prophetie und Befreiung, um auf den Straßen von Miami zu evangelisieren. Ihnen folgen Zeichen und Wunder und sie bringen reiche Frucht. Er hat sich in anderen multipliziert, die auch voller Feuer für Jesus sind – junge Leute, die Seelsorge anbieten und so wie er unter dem Slogan „Street Glory"[20] Zeugnis geben. Diese Gruppe geht jeden Samstag auf die Straßen, um in der ganzen Stadt zu evangelisieren, sowohl in den gefährlichen Gebieten wie auch in den sicheren Stadtteilen. In den ersten fünfzehn Wochen von „Street Glory"

---

[20] Herrlichkeit auf der Straße

ernteten diese jungen Leute mehr als sechstausend Bekenntnisse zum Glauben. Street Glory dehnt sich nun aus bis nach Washington D.C., New York, Mexiko, Venezuela, Argentinien, Guatemala, Spanien und England. Im Alter von sechsundzwanzig Jahren übertrug Andy das Feuer des Himmels auf Jugendleiter, die unter geistlicher Abdeckung unserer Gemeinde stehen. Ja, Gott erhebt eine Feuer-Generation!

Jesus kam, um Kraft und Feuer zu bringen

Ich bin gekommen, ein Feuer auf die Erde zu bringen, und wie wünschte ich, es wäre schon entzündet (Lukas 12,49; Schlachter 2000).

Die größte Leidenschaft von Jesus während seines Dienstes auf der Erde war, das Feuer der Gegenwart Gottes freizusetzen. Dadurch sollte eine große Zahl von Menschen fähig werden, mit der gleichen Leidenschaft seine Wunder zu vervielfältigen und Männer und Frauen in die Erkenntnis des Vaters zu führen. Das war neben unserer Erlösung der Grund dafür, dass er ans Kreuz ging und starb. Er wusste, was er tat! Nachdem er auferstanden war, wurde das Feuer im Obergemach über den Jüngern freigesetzt und sie erschütterten die Welt. Darum sagte Johannes der Täufer:

Ich zwar taufe euch mit Wasser zur Buße; der aber nach mir kommt, ist stärker als ich, dessen Sandalen zu tragen ich nicht würdig bin; er wird euch mit Heiligem Geist und Feuer taufen (Matthäus 3,11).

In diesem Abschnitt erkennen wir, dass es einen Unterschied gibt zwischen der Taufe im Heiligen Geist und der Taufe mit Feuer. Johannes benutzt das Verbindungswort „*und*" zwischen den beiden Begriffen *Heiliger Geist* und *Feuer*. Es bezeichnet zwei verschiedene Taufen, die aber beide nötig sind.

Um zu verstehen was es bedeutet, mit Feuer getauft zu werden, wollen wir zuerst das griechische Wort für *taufen* betrachten. Es ist das Wort *baptizō* und bedeutet „eintauchen“ oder „völlig nass machen“. Dieses Wort wurde zur Beschreibung eines Bootes gebraucht, dass von einer großen Welle bedeckt oder darin eingetaucht war. Das ist auch im Wesentlichen das, was bei der Wassertaufe geschieht. Wir werden total bedeckt und unter Wasser getaucht. Das gleiche Ereignis tritt ein, wenn wir mit dem Heiligen Geist und mit Feuer getauft werden. Wir werden in das verzehrende Feuer der Gegenwart Gottes eingetaucht, so dass es auf unser ganzes Sein einwirkt.

Zwei wesentliche Dinge, um ein effektiver Zeuge von Jesus zu sein

Sich diesen Taufen zu unterziehen ist von elementarer Wichtigkeit, damit unser Zeugnis wirksam sein kann. Die meisten Christen wollen ein Zeuge Jesu sein, doch viele von ihnen bezeugen ihn nicht, während andere ihr Bestes tun, aber unwirksam sind. Warum? Sie sind noch nicht vollständig in die Taufen des Heiligen Geistes und des Feuers hineingekommen. Wir wollen uns deshalb diese beiden so wichtigen Vorgänge anschauen:

1. Erfüllt sein mit der *Dynamis* („Dynamit“) Kraft des Heiligen Geistes

Aber ihr werdet Kraft empfangen … (Apostelgeschichte 1,8).

Als Erstes brauchen wir die Kraft des Heiligen Geistes. Diese Kraft geht über die Fähigkeit der Sprachenrede hinaus. Es ist auch mehr als nur die Möglichkeit, dadurch einen „sozialen Club“ zu schaffen, wo die Leute füreinander prophezeien können. Die Kraft des Heiligen Geistes hat etwas damit zu tun, die Verlorenen für Christus zu gewinnen. Mit dem Heiligen Geist und mit Feuer erfüllt zu sein bedeutet, dass man die Fähigkeit besitzt, die ganze Erde mit dem Evangelium des Reiches Gottes zu erschüttern (siehe Apostelgeschichte 17,6). Es hilft uns dabei, übernatürliche Beweise hervorzurufen, die bestätigen, dass Jesus tatsächlich lebt. Wir sollen das Evangelium überall mit hinnehmen, wo auch immer wir sind und die Kranken heilen, die Gefangenen befreien und das Erlösungswerk Jesu bezeugen.

Mit dem Heiligen Geist getauft zu sein hat nichts damit zu tun, Zeugnis abzulegen von einer Gemeinde, einem Dienst oder einem einzelnen Gläubigen, sondern von Jesus von Nazareth, dem Sohn Gottes. Seit dem Tod und der Auferstehung von Jesus haben viele Menschen diese zentrale Aufgabe verlassen. Wir müssen wieder dahin zurückkehren, ein wahrer Zeuge von ihm zu sein. Wir können alles bezeugen, was Gott tut, aber der primäre Zweck ist, die Hauptfigur unserer Zeugnisse zu verherrlichen, nämlich den auferstandenen Christus. Jesus muss der Mittelpunkt unseres Zeugnisses sein! Und um ein effektiver Zeuge zu sein, müssen wir ein persönliches Erlebnis mit dem Heiligen Geist haben – bereitgestellt von Jesus selbst. Der Heilige Geist ist derjenige, der den Sünder von seiner Bedürftigkeit nach Erlösung überführt.

Jemand, der den Heiligen Geist persönlich erlebt hat, ist nicht mehr länger von der Meinung anderer Menschen abhängig.

Einige von uns können wirklich gut über Theologie diskutieren, doch verlieren wir unsere Argumentation oft, weil wir nicht beweisen können, was wir sagen. Der Punkt ist, dass Gott uns nicht zum diskutieren berufen hat, sondern zum bezeugen dessen, was wir gesehen, gehört und erlebt haben. Es ist keine Wissenschaft, es ist ein Erlebnis! Dann gibt es nichts mehr, worüber man diskutieren könnte, denn normalerweise kann die Wahrhaftigkeit eines Erlebnisses nicht widerlegt werden.

2. Erfüllt sein mit dem Feuer der Gegenwart Gottes

Es gibt Gläubige, die die Erfüllung mit dem Heiligen Geist empfangen haben mit dem Nachweis des Redens in anderen Sprachen. Auch sind sie mit Kraft vom Himmel erfüllt worden, und doch legen sie nie Zeugnis von Jesus ab. Sie beten nicht für die Kranken und treiben keine Dämonen aus. Um zu unserem früheren Vergleich zurückzukehren, sie haben das Dynamit, aber es ist noch nicht durch Feuer entzündet worden.

Die Taufe mit Feuer findet statt, wenn wir vor Gott kommen, so dass er uns in Brand setzen kann mit Leidenschaft – die gleiche Art von Leidenschaft, die im Herzen des Vaters brennt. Es ist eine Leidenschaft, Jesus zu bezeugen und die Wahrheit über die Herrschaft und den Willen des Königs auf die Erde zu bringen, indem man in seinem Namen und durch seine Hand Wunder tut.

Das Feuer der Gegenwart Gottes setzt die Leidenschaft frei, die auch in ihm ist.

Erinnere dich, der Leuchter in der alttestamentlichen Stiftshütte repräsentiert die Gemeinde – alle Gläubigen. Der Leuchter blieb immer mit Öl gefüllt, der Substanz, die dafür sorgte, dass das Licht immer schien. Das Öl symbolisiert den Heiligen Geist, und er ist heute der „Kraftstoff", der das Licht seiner Herrlichkeit in uns am brennen hält. Aber damit der Leuchter sein Licht leuchten lassen konnte, gab es noch eine weitere Voraussetzung. Seine Dochte mussten mit Feuer angezündet werden. Brennt das Feuer nicht mehr, dann ist es egal, wieviel Öl da ist, der Leuchter wird nicht leuchten. Desgleichen können wir keine kraftvollen und wirksamen Zeugen von Jesus sein, wenn unsere Lampen nicht mit dem Feuer seiner Herrlichkeit angezündet wurden.

Aus diesem Grund reden zwar viele Gläubige in Zungen und sind erfüllt mit der Kraft, aber anstatt zu brennen sind sie passiv und gleichgültig. Entweder haben sie das Feuer verloren oder sie haben es anfangs nicht empfangen. Die Lösung liegt natürlich darin, von dem Feuer seiner Gegenwart angezündet zu werden. Nun wollen wir uns anschauen, welche Resultate dieses Feuer im Leben eines Gläubigen bewirkt.

Zehn Auswirkungen des Feuers der Herrlichkeit Gottes

In der Bibel finden wir zahlreiche Schriftstellen darüber, wann, wie und warum Gott das Feuer seiner Gegenwart freisetzte. Und er ist immer noch dabei, das Gleiche auch heute für denselben Zweck zu tun.

1. Das Feuer ruft eine Leidenschaft zur Seelenrettung hervor
Die größte Ernte an Seelen steht bevor, die die Gemeinde je gesehen hat. Sie wird ein Ergebnis des Feuers des Heiligen Geistes sein, dass in den Gläubigen brennt. Auf der Welt haben viele Erweckungen stattgefunden, doch scheinen nur wenige ihren Zweck erkannt zu haben. Manche Menschen empfanden sie als ein Mittel, das gute Gefühle, Tanzen, Weinen und Zeiten der Erholung brachte. Diese Dinge sind segensreich und Teil der göttlichen Manifestationen, die Erweckungen bringen. Aber der Hauptgrund, warum Gott Erweckungen schickt, ist, dass Menschen Jesus begegnen und errettet werden.

> *Jener war die brennende und scheinende Lampe; ihr aber wolltet für eine Zeit in seinem Licht fröhlich sein (Johannes 5,35).*

Johannes der Täufer war wie eine brennende Fackel, die Licht gab. Dieses Licht war aber dazu da, den anderen zu helfen, *das* Licht zu sehen – Jesus. Seine Aufgabe war es, das Kommen des Messias und das, was er auf der Erde tun würde, anzukündigen. In jenen Tagen erfreuten sich viele an dem Licht des Johannes und folgten ihm, doch machten sie in ihrem Glauben keine weiteren Fortschritte. Ebenso erfreuen sich viele Gläubige heute am Licht von anderen, doch schrecken sie davor zurück, selbst das Feuer der Leidenschaft von Gott in sich zu tragen. Ihr Feuer ist erloschen. Sie brauchen den Heiligen Geist, damit er sie wieder in Brand setzt.

Wir können kein Licht sein, wenn wir nicht brennen.

Jesus spricht davon, dass die Gläubigen das „*Licht der Welt*" sein sollen:

> *Ihr seid das Licht der Welt; eine Stadt, die oben auf einem Berg liegt, kann nicht verborgen sein. Man zündet auch nicht eine Lampe an und setzt sie unter den Scheffel, sondern auf das Lampengestell, und sie leuchtet allen, die im Hause sind. So soll euer Licht leuchten vor den Menschen, damit sie eure guten Werke sehen und euren Vater, der in den Himmeln ist, verherrlichen (Matthäus 5,14-16).*

Wir werden durch das Feuer Gottes entzündet. Kein anderes Licht als nur das, welches wir vom Heiligen Geist durch Jesus empfangen, kann die geistliche Dunkelheit vertreiben. Es gibt keine andere Quelle von Licht, die seine Gegenwart, seine Wunder und alles andere, was er durch uns für die Menschen tun möchte, hervorbringt. Jesus ist in den Himmel zurückgekehrt und jetzt sind wir das Licht dieser Welt. Ohne das Feuer des Geistes Gottes wird das Licht seiner Herrlichkeit nicht leuchten.

Javier Va Hoje, ein Jünger unseres Dienstes, ist ein professioneller kubanischer Sänger mit einem beeindruckenden musikalischen Hintergrund. Er sah unser Fernsehprogramm in Las Vegas, wo er mit seiner Familie lebte und zur Gemeinde ging. Seine Frau wurde schwanger und im vierten Monat sagten ihr die Ärzte, das Kind würde mit Down Syndrom zur Welt kommen. Javier und seine Frau sahen sich der gleichen Herausforderung gegenüber wie die Frau, von der ich am Anfang des Buches berichtet habe. Ihre Reaktion entzündete das Feuer Gottes in ihrem Leben. Obwohl der Doktor den Rat gab, es wäre weise das Baby abzutreiben, akzeptierten sie die Diagnose nicht. Stattdessen entschieden sie sich, das Leben ihres Kindes zu schützen.

Javier machte sich die Worte zu eigen, die er durch meine Lehre gehört hatte, nämlich dass die Wahrheit die höchste Ebene der Realität ist. Er erkannte an, dass die Ärzte ihre Meinung auf eine richtige Diagnose stützten, aber er kannte auch die höhere Wahrheit – Jesus hatte den Preis für die Heilung ihres Kindes gezahlt. Die Mediziner konnten nicht verstehen, dass die beiden sich nicht für die Abtreibung entschieden und sagten, sie übernähmen keine Verantwortung für die Schwangerschaft. Javier und seine Frau mussten ein Dokument unterzeichnen, dass man sie über den Zustand des Fötus unterrichtet hatte.

Zu diesem Zeitpunkt evangelisierte Javier einen Freund, der drogenabhängig war. Er erzählte ihm von dem Glaubenskampf, den sie für ihren ungeborenen Sohn kämpften und sagte: „Du wirst sehen, dass unser Sohn ohne irgendein medizinisches Problem zur Welt kommen wird. Er wird ganz normal und gesund geboren werden." Javier schloss einen Pakt mit Gott, dass für seinen Freund das Evangelium bestätigt werden würde durch das Wunder der Heilung seines Sohnes.

Gott hielt sein Wort. Der Sohn von Javier und seiner Frau wurde völlig gesund geboren! Die Herrlichkeit Gottes schuf ein Wunder, stellte die normale Chromosomenanzahl wieder her und brachte die Schwangerschaft zu einem gesunden Abschluss. Dank dieses Wunders nahm Javiers Freund Jesus an und wurde von seiner Sucht befreit.

Später entschloss sich Javier, mit seiner Familie nach Miami zu ziehen, damit sie unsere Gemeinde besuchen konnten. Sie waren hungrig danach, mehr von Gott zu erfahren. Heute ist Javier trainiert, ausgerüstet und mit dem Feuer Gottes erfüllt. Wenn er auf Tournee ist, predigt er, spricht Heilung über die Kranken aus und sie werden geheilt; er betet für die Befreiung junger Menschen und sie hören auf, Drogen zu nehmen; er predigt zu Hexen und Zauberern und gewinnt sie für Christus. In seinem Herzen befindet sich ein Feuer, das nie verlöscht.

Jesus kam für eine Gemeinde, die nicht nur Erweckung erlebt, sondern auch für die Ernte brennt.

Wenn die Erfahrung mit der Taufe des Heiligen Geistes, durch welche wir die Kraft Gottes bekommen, uns nicht dazu antreibt die Verlorenen zu erreichen, bleibt sie ergebnislos. Die Taufe mit Feuer ist nötig, um uns zu entfachen hinauszugehen und zu evangelisieren. Eine Erweckung ist wie eine Injektion mit neuem Leben, durch die wir bevollmächtigt werden – völlig erfüllt mit der Kraft Gottes – die große Ernte einzuholen. Wir sollten uns bewusst sein, dass Millionen von Menschen zur Hölle gehen, während die Gemeinde weiter nur hinter ihren vier Wänden agiert. Sie singen, tanzen und dienen einander, gehen aber nie nach draußen, um die Verlorenen zu suchen. Lass uns beten, dass in jedem von uns eine Leidenschaft für die Verlorenen freigesetzt wird!

2. Das Feuer bringt Gericht

> *Und die Söhne Aarons, Nadab und Abihu, nahmen jeder sein Feuerbecken und taten Feuer hinein und legten Räucherwerk darauf und brachten fremdes Feuer vor dem HERRN dar, das er ihnen nicht geboten hatte. Da ging Feuer vom HERRN aus und verzehrte sie. Und sie starben vor dem HERRN (3. Mose 10,1-2).*

In diesem Bibelabschnitt steht der Begriff *„fremdes Feuer"*, den ich im vorigen Kapitel schon kurz erwähnte. Es bezieht sich auf Räucherwerk, das symbolisch für Anbetung steht, doch war die Motivation dahinter falsch. Als Konsequenz wurde das Gericht Gottes über jenen ausgelöst, die es darbrachten. Das Feuer des Gerichts unterscheidet zwischen dem Heiligen und dem Weltlichen, zwischen dem Reinen und dem Bösen. Diese Wahrheit hilft uns zu verstehen, warum so viele Menschen krank sind und manche unerklärlicherweise sterben (siehe 1. Korinther 11,27-30). Einige Männer und Frauen Gottes sind durch sein Feuer auf Grund von Unmoral, Missbrauch von Finanzen, Stolz, Vermarktung der Salbung und anderen Gesetzesübertretungen gerichtet worden. Wie die Schrift sagt: *„Wenn wir uns aber selbst beurteilten, so würden wir nicht gerichtet. Wenn wir aber vom Herrn gerichtet werden, so werden wir gezüchtigt, damit wir nicht mit der Welt verurteilt werden"* (1. Korinther 11,31-32).

Jedes Mal, wenn die Erde sich füllt mit Korruption und Gewalt, bringt Gott sein Gericht, um sie zu reinigen – normalerweise durch Feuer.

Wir wollen nicht mit der Welt verurteilt werden. Die Welt erlebt Krisenzeiten, wo Sünde, Ungerechtigkeit und Boshaftigkeit in reichem Maß vorhanden ist. Der Planet steht unter einem Fluch aufgrund von Rache, Morden, anderer kriminellen Taten und Gewalt, wodurch ständig unschuldiges Blut vergossen wird. Dazu gehören auch die geschätzten fünfzig Millionen Kinder in den USA, die im Leib ihrer Mütter getötet wurden, seit 1973[21] dort Abtreibung legalisiert wurde. Wir haben auch Flüche wie Selbstmord, Armut, Unfruchtbarkeit, Scheidung und unheilbare Krankheiten, die von vergangen und gegenwärtigen Sünden her stammen. Gott muss die Bewohner dieser Welt richten. Ein klares biblisches Beispiel für diesen Tatbestand ist die Zerstörung der Städte Sodom und Gomorra (siehe 1. Mose 13,12-13; 18,17-19+28). Gott zerstörte sie wegen ihrer vielfachen Vergehen und Ungerechtigkeiten. Das gleiche wird der Erde in der Endzeit widerfahren.

Jesaja 24 ist sehr klar über das Gericht des Herrn auf der Erde, weil seine Bewohner die *„Gesetze, Ordnungen" und „den ewigen Bund"* übertreten oder verletzt haben (Vers 5). Wegen dieser Dinge verzehrt der Fluch die Erde und seine Bewohner werden vernichtet (siehe Verse 4-6).

> *Denn so spricht der HERR der Heerscharen: Noch einmal – wenig Zeit ist es noch – und ich werde den Himmel und die Erde und das Meer und das Trockene erschüttern (Haggai 2,6).*

Ich glaube, dass Gott zum jetzigen Zeitpunkt der Menschheitsgeschichte die Bewohner dieser Welt erschüttert. Er rüttelt an dem persönlichen Leben Einzelner und dem ganzer Familien. Er erschüttert das Bankensystem, große Firmen, Geschäfte, Regierungen, religiöse Institutionen und sogar physikalische Bauwerke. Die Kontinente und Ozeane sind durch Naturkatastrophen erschüttert worden. Inmitten des Chaos und der Unsicherheiten, die durch die Erschütterungen hervorgerufen werden, ist der einzig Unerschütterliche Jesus, zusammen mit seinem Wort und seinem Königreich. Wir müssen in ihm bleiben.

---

[21] http://www.nrlc.org/FS03_AbortionInTheUS.pdf

3. Das Feuer reinigt und heiligt

Gott möchte sein Feuer nicht als Gericht in unser Leben bringen, sondern um uns zu reinigen. Haben wir ein persönliches Erlebnis mit dem Feuer, dann sind wir gereinigt und geheiligt, denn es verbrennt und vernichtet sämtliche Verunreinigungen in allen Bereichen unseres Lebens. Das Feuer verbrennt alles, was Gott nicht wohlgefällig ist. Noch einmal: „*Wenn wir uns selber richteten, so würden wir nicht gerichtet*" (1. Korinther 11,31). Fürchte dich nicht vor dem Feuer seiner Gegenwart, denn es macht die heilig, die in Unterordnung, Demut, Glauben und Gehorsam darauf eingehen. Wenn wir Gott lieben und ihm gefallen wollen, dann brauchen wir keine Angst vor seinem Feuer haben. Es wird uns nicht verzehren. Stattdessen wird es uns näher zu Gott bringen und uns mit seiner Leidenschaft erfüllen. Diese Erkenntnis sollte uns ermutigen, ständig in einer Atmosphäre zu leben, in der wir seinem Feuer ausgesetzt sind. Wir können nicht mehr so weiterleben wie bisher. Es ist Zeit, sein Feuer zu suchen! Das wird aber von unserer Seite Opfer erfordern.

> *Da fiel Feuer vom HERRN herab und verzehrte das Brandopfer und das Holz und die Steine und die Erde; und das Wasser, das im Graben war, leckte es auf (1. Könige 18,38).*

Für viele Gläubige ist das Wort *Opfer* negativ besetzt. Sie werden alles Erdenkliche tun, um zu verhindern, dass sie ihre Annehmlichkeiten und ihren Komfort verlieren. Das Opfer ist jedoch Voraussetzung – die Verfolgung und Ablehnung, die mit Erweckung einhergeht. Es gibt kein Opfer ohne Unannehmlichkeiten. Deshalb müssen wir die Grenzlinie der Bequemlichkeit überschreiten.

Gottes Feuer fällt nur dort, wo es ein Opfer gibt. Es bestätigt die Echtheit des Gott dargebrachten Opfers.

Doch das Opfer von gestern ist der Komfort von heute. Unser Opfer kann mühelos daran gemessen werden, wie kraftvoll unsere Vergangenheit war, doch wollen wir unsere Zukunft nicht in der gleichen Weise sehen. Wir sind nicht auf der Suche nach noch mehr Opfern, möchten aber ständig Belohnungen für die Opfer bekommen, die wir bereits gebracht haben. Aus diesem Grund haben wir aufgehört zu wachsen, reifer zu werden und in höhere Dimensionen zu gelangen. Wir wollen weder unsere Zeit und noch viel weniger unsere Finanzen in das Werk Gottes investieren. Noch nie habe ich einen Bibelvers gelesen, in dem das Feuer auf einen Altar ohne Opfer gefallen ist. Wir müssen immer nach neuen Ebenen von Opfern suchen.

4. Das Feuer offenbart die Motive unseres Herzens

> *... weil er in Feuer offenbart wird. Und wie das Werk eines jeden beschaffen ist, das wird das Feuer erweisen (1. Korinther 3,13).*

Wir müssen uns regelmäßig fragen: „Was ist der wahre Grund für das, was ich tue? Möchte ich Gott dienen? Schöpfe ich die Gaben, die er mir gegeben hat, in vollem Maße aus? Habe ich Liebe für die anderen und wünsche ich mir, seine Herrlichkeit sichtbar werden zu lassen?“ Sind unsere Motive in Ordnung, dann haben wir nichts zu befürchten, und wenn wir vom Kurs abgekommen sind, können wir die nötigen Korrekturen vornehmen. Dann werden wir ein Verlangen nach der Erweckung haben, die Gott uns und unseren Diensten bringt.

Das passiert andauernd bei den „New Believers Retreats“[22] für neue Gläubige, die von unserer Gemeinde unterstützt werden. Unsere Motivation ist, die Verlorenen zu retten, zu heilen und wiederherzustellen, und Gott bekräftigt sein Wort durch lebensverändernde Transformationen. Die Menschen finden sich in seinem Feuer wieder und das gesamte Werk des Feindes in ihrem Leben wird verzehrt. Bei einem dieser Retreats für neue Gläubige, das wir außerhalb von Miami ausrichteten, gab ein dreißigjähriger Mann namens Kendris Zeugnis darüber, dass er von mentalen Problemen befreit worden war. Sein Zustand war so ernst gewesen, dass er mehrfach von Ärzten ins Krankenhaus einge-

[22] Retreat für neue Gläubige; Retreat: Rüstzeit, Einkehrtage

wiesen wurde, ohne dass er sich an diese Situationen erinnern konnte. Die Ärzte fanden kein Heilmittel für das, was ihn plagte, denn sein Zustand war geistlicher Natur; es war ein Generationsfluch, der von seiner Großmutter herrührte.

Dazu war Kendris von seinem neunten bis zu seinem vierundzwanzigsten Lebensjahr Alkoholiker gewesen, ohne Hoffnung auf Genesung. Kein Rehabilitationsprogramm hatte bei ihm funktioniert. Mit dreizehn fing er an, Marihuana zu nehmen und mit siebzehn hatte er nicht nur selbst Kokain und Ecstasy konsumiert, sondern es auch verkauft. Doch als er zum ersten Mal in unsere Gemeinde kam, nahm er Jesus als seinen Herrn in sein Herz auf. Sein Leben erfuhr eine völlige Kehrtwendung. Seine Ehe wurde wiederhergestellt. Er wurde von der Sünde des Ehebruchs und von seinen Süchten befreit und sein Verstand wurde wieder normal. Bevor er errettet war, glaubte seine Familie nicht an ihn. Für sie war er ein Heuchler und Lügner. Seine Verwandlung war jedoch so radikal, dass auch seine Eltern zum Glauben an Christus kamen.

Kendris fand eine Stelle als Küchenhilfe und wurde später zum Chef befördert. Heute ist er Küchenchef in einem Unternehmen. Er dient Gott als Leiter eines „Haus des Friedens“ und jedem, den er trifft, verkündet, bezeugt und demonstriert er, was Gott in ihm getan hat. Kendris brennt für Jesus!

5. Das Feuer erzeugt eine Leidenschaft, unsere Berufung zu erfüllen

> *Da sagte ich mir: „Ich will Ihn nicht mehr erwähnen und nicht mehr in seinem Namen reden!“ Doch da brannte es in meinem Herzen, als wäre ein Feuer in meinen Gebeinen eingeschlossen, und ich wurde müde, es auszuhalten; ja, ich kann es nicht (Jeremia 20,9; Schlachter 2000).*

So beschreibt der Prophet Jeremia seine Erfahrung in Bezug auf seine Berufung und das Feuer Gottes. Wenn ich in anderen Nationen predige, dann kehre ich voller Freude über die Ernte und alles, was Gott getan hat, nach Hause zurück. Ich kann aber auch nicht abstreiten, dass bei mir dadurch eine körperliche Erschöpfung eintritt. Wenn ich mich ausgelaugt fühle, beschließe ich des Öfteren in meinem Herzen, die nächsten zwei oder drei Monate nicht zu reisen. Aber diese Entscheidung hält nicht lange vor. Nach ein paar Tagen belebt sich in mir das Feuer der Leidenschaft wieder; es fängt erneut an zu brennen und ich wünsche mir, seine Herrlichkeit zu den Nationen zu bringen. Ich will erleben, wie Menschen zu Jesus laufen, um errettet zu werden; ich will sehen, wie sich sein Reich weiter ausbreitet, und deshalb möchte ich wieder zu den Nationen gehen. Das Gleiche passiert mir auch, wenn ich nicht in der örtlichen Gemeinde predige oder diene. Ich vermisse es! Die Leidenschaft, die in meinem Inneren brennt, treibt mich an. Es ist ein Feuer zu predigen und zu dienen, mit den Menschen zusammen zu sein und sie transformiert zu sehen – dieses Feuer endet nie.

Genau das geschieht, wenn in unserem Inneren ein echter Ruf Gottes existiert. Es ist ein Feuer, das uns bis in die Knochen brennt. Es kann nicht ausgelöscht werden! Zu diesem Zweck wurden wir erschaffen. Unabhängig davon, auf welch unterschiedliche und wunderbare Weise die Gläubigen Gottes Absichten sichtbar werden lassen, sind unsere Berufungen wie eine ewige Flamme, die nie verlöscht.

6. Das Feuer erzeugt eine Leidenschaft, Widerstand zu überwinden

> *... ich möchte hören, dass ihr in dem einen Geist feststeht, einmütig für den Glauben an das Evangelium kämpft und euch in keinem Fall von euren Gegnern einschüchtern lasst (Philipper 1,27-28; Einheitsübersetzung).*

Das Wort *Leidenschaft* beschreibt eine Inbrunst oder einen Eifer – eine Besessenheit, ein extremes Streben oder Suchen nach etwas. Es kann sich auch auf Leiden und Märtyrertum beziehen. Daher ist auch der Weg Jesu nach Golgatha bekannt als „ Passion Christi“ oder „Leiden Christi“. Sein inbrünstiges Verlangen, die Menschheit zu retten, brachte ihn dazu, für uns zu leiden und am Kreuz zu sterben. Die Leidenschaft des Feuers der Gegenwart

Gottes in uns befähigt auch uns, allem Leiden standzuhalten und jeden Widerstand ihm zuliebe zu überwinden.

Für leidenschaftliche Männer und Frauen, die mit göttlichem Feuer brennen, dreht sich alles um die Vision von Gott; angefangen bei ihren einfachsten Unterhaltungen bis hin zu ihren höchsten Prioritäten. Sie sind immer darauf ausgerichtet, seine Anliegen und Zielsetzungen auszuführen. Leider haben etliche Gläubige - und, schlimmer noch, auch christliche Leiter - wenig Verlangen nach den Dingen Gottes. Ein einfacher Wunsch reicht nicht aus. Hast du göttliche Leidenschaft, dann wirst du geistlich brennen und kein Widerstand gegen die Absichten Gottes kann dich bezwingen.

7. Das Feuer erzeugt eine Leidenschaft danach, Gott vertraut zu kennen

Ich habe festgestellt: Jedes Mal, wenn ich eine längere Zeit in der Gegenwart Gottes verbracht habe, breche ich von diesem Erlebnis auf mit einer noch größeren Leidenschaft, in der Wolke seiner Herrlichkeit zu bleiben. Trete ich ein in die Gegenwart Gottes, löst das einen noch größeren Eifer in mir aus, ihn zu suchen und noch inniger und vertrauter zu kennen. Es kommt auch oft vor, dass die gleiche Leidenschaft in denen entsteht, die um mich herum sind.

Fachwissen ruft die Bewunderung anderer hervor, aber Leidenschaft ist ansteckend.

Leidenschaft ist wie ein Waldbrand; es bedarf nur einer kleinen Flamme, um den Wald dermaßen in Brand zu setzen, dass das Feuer nicht mehr gelöscht werden kann.

8. Das Feuer ruft übernatürliche Kühnheit hervor

Und jetzt, Herr, sieh ihre Drohungen an und hilf deinen Sklaven, die Botschaft von dir mutig und frei zu verkündigen (Apostelgeschichte 4,29; Neue evangelistische Übersetzung).

Petrus und Johannes waren ins Gefängnis geworfen worden und wurden dann vor den religiösen Rat[23] in Jerusalem gestellt. Sie hatten durch ihre Verkündigung des auferstandenen Christus bewirkt, dass eine große Anzahl von Menschen an Jesus glaubte. Ihre Lehre war für die religiösen Leiter eine Bedrohung, denn tausende von Menschen hörten ihnen zu, kamen zum Glauben und wurden errettet. Das führte dazu, dass sich diese Menschen von Religiosität und Tradition abwandten. Hinzu kam, dass die Kranken geheilt wurden, und sie bezeugten Jesus jedem, den sie kannten. Der Docht des Evangeliums war entzündet worden und seine Flamme verbreitete sich wie ein Lauffeuer!

Als Petrus und Johannes aus dem Gefängnis freikamen, trafen sie sich mit ihren Gefährten. Zusammen beteten sie zum Herrn und baten um ein größeres Maß an Mut und Kühnheit, um weiter das Wort zu verkünden und im Namen Jesu Wunder zu tun. Sie waren nicht zufrieden mit dem, was sie bisher getan hatten. Sie wollten mehr, und Gott entsprach ihrer Bitte (siehe z. B. Apostelgeschichte 4,31; 5,12).

Ich kann bestätigen, dass, wenn ich in seine Gegenwart komme, ich jedes Mal übernatürliche Kühnheit empfange zu glauben und zu tun, was menschlich unmöglich ist. Erlebt jemand übernatürliche Kühnheit, dann gehen er oder sie große Risiken ein. Das inspiriert ohne Zweifel wiederum andere, das Gleiche zu tun, und außerdem hat es die Unterstützung durch Gott zur Folge. Gott liebt Menschen, die mutig und kühn sind!

In unserer Gemeinde sind Menschen, die in Flammen stehen mit dem Feuer Gottes. Sie fürchten sich nicht vor Risiken, Leiden oder davor, den Preis für die Verkündigung von Jesus zu zahlen. Eine Frau namens Caroline berichtete, dass sie Lehrerin an einer christlichen Schule gewesen war. Man hatte sie entlassen, weil sie in unsere Gemeinde kam, in Sprachen redete und glaubte, dass Gott auch heute noch Wunder tut. Sie wurde dadurch aber nicht entmutigt, sondern ihr Glaube ging gestärkt daraus hervor und sie wusste, dass Gott einen anderen Job für sie hatte. Während ihrer Arbeitssuche ergab sich die Möglichkeit, für eine Kieferorthopädin zu arbeiten. Sie war sich nicht sicher, ob sie den Job

---

[23] Der Hohe Rat

annehmen sollte, denn das Büro war voller buddhistischer Bilder, aber schließlich tat sie es doch.

Eines Tages rief die Kieferorthopädin sie zu sich ins Büro zu einem Gespräch. Caroline dachte, sie würde die Stelle verlieren, weil sie Christin war. Kühn betrat sie das Büro und begann, über ihre Chefin zu prophezeien. Sie hatte erst zwei oder drei Dinge gesagt, als die Frau zu weinen und zu schreien anfing. Ihre Schreie waren so laut, dass Caroline die Bürotür schließen musste. Dann konnte die Ärztin die Liebe Gottes spüren. Caroline sprach zu ihr: „ Der Herr sagt, du wirst keine anderen Götter neben mir haben." Das hatte eine so starke Wirkung auf ihre Chefin, dass sie augenblicklich ihre Sekretärin hereinrief und ihr fünfzehn Minuten Zeit gab, um alle Bilder und Statuen aus dem Büro zu entfernen. Seit diesem Tag predigt Caroline dort offen und frei, angefacht durch das Feuer der Leidenschaft Gottes, Seelen zu retten. Der Heilige Geist überzeugte die Kieferorthopädin und sie öffnete ihr Herz für Jesus. Ihr Leben machte eine völlige Kehrtwendung. Caroline gewinnt an ihrem Arbeitsplatz weiterhin Seelen für Jesus. Sie brennt! Gott transformierte sie und dadurch wurde sie eine Befreierin.

9. Das Feuer erzeugt eine Leidenschaft, Zeichen und Wunder zu erleben

Überall, wo ich hingehe, ist mein Gebet gleich, nämlich dass Gott Zeichen und Wunder tut, um die Herzen der Menschen weich zu machen, so dass sie Jesus als ihren Herrn und Erlöser aufnehmen. In mir brennt eine Leidenschaft danach, diese Wunder zu erleben, weil so viele von Gottes Volk krank sind und göttliche Heilung brauchen. Sie müssen die Erweisungen von Gottes Kraft erleben und ein Verlangen nach seinem Feuer bekommen, damit auch sie die gleichen Zeichen und Wunder in ihren Familien, Gemeinschaften, Städten und Nationen reproduzieren. Noch einmal: Die Gläubigen sind auserwählt und gesalbt worden, um die Welt zu erschüttern und zwar nicht durch Theorie und Argumentation, sondern durch Gottes übernatürliche Kraft.

In einem „Haus des Friedens" in Caracas, Venezuela, trafen sich etliche Leute, um via Satellit an einem Wunder-Gottesdienst in Miami teilzunehmen. Anwesend war auch eine fünfundvierzigjährige Ärztin mit Namen Betty. Sie war wegen einer Krebserkrankung, die auch ihre Lymphknoten befallen hatte, an der Schilddrüse operiert worden. Betty hatte auch schon einen Herzinfarkt erlitten. Nach einer Chemotherapie trat der Krebs an ihrem Hals erneut auf; die Knoten waren so groß, dass man sie leicht ertasten konnte. Freunde hatten sie zu dem Treffen eingeladen und sie war gekommen, weil sie dringend ein Wunder brauchte. Sie wollte keine weitere Chemotherapie oder Bestrahlung mehr, da sie nur zu gut über die zerstörerischen Auswirkungen solcher Behandlungen Bescheid wusste.

Als ich begann, die Samen von Krebs und Tod zu verfluchen, spürte Betty das Feuer Gottes an ihrem Hals. Man forderte sie auf etwas zu tun, was sie vorher nicht tun konnte, um ihr Wunder zu bestätigen. Sie tastete ihren Hals ab und konnte keine Knoten mehr finden. Der Krebs hatte ihren Körper übernatürlich verlassen! Als Betty realisierte, dass sie ihr Wunder empfangen hatte, begann sie zu schreien und zu weinen und bezeugte, was Gott an ihr getan hatte. Als Ärztin wusste sie mehr als jeder andere, dass es keine wissenschaftliche Erklärung gab für das, was ihr passiert war. Vor lauter Glück brachte sie ihre Freude so laut zum Ausdruck, dass die Polizei an ihrem Versammlungsort erschien. Der Leiter nutzte die Gelegenheit und verkündete den Polizisten das Evangelium. Alle nahmen Jesus als ihren Herrn und Erlöser an. Ein paar Tage später ließ Dr. Betty einen Test auf Krebszellen machen. Das Ergebnis bestätigte, dass sie vollkommen geheilt war. Der Herr hatte sämtliche Krebszellen entfernt, die ihren Körper befallen hatten.

Diese Gläubigen in Venezuela hatten eine Leidenschaft danach, Wunder zu erleben. Deshalb ließen sie sich per Satellit mit unserem Programm verbinden in dem Glauben, dass alles, was in Miami geschah, auch dort bei ihnen passieren konnte. Damit lagen sie nicht falsch! Es ist Gottes Leidenschaft, überall Wunder zu tun!

10. Das Feuer bringt mannigfaltige Erweckungen hervor

„Der Geist des Herrn ist auf mir, weil er mich gesalbt hat, den Armen frohe Botschaft zu verkünden; er hat mich gesandt, zu

heilen, die zerbrochenen Herzens sind, Gefangenen Befreiung zu verkünden und den Blinden, dass sie wieder sehend werden, Zerschlagene in Freiheit zu setzen, um zu verkündigen das angenehme Jahr des Herrn." (Lukas 4,18-19; Schlachter 2000).

Dieser Bibelabschnitt beschreibt den Dienst von Jesus, nachdem er vom Heiligen Geist gesalbt worden war, um in jeden Bereich seiner Gesellschaft Transformation zu bringen.

„Den Armen frohe Botschaft zu verkünden." Dieser Satz sagt aus, welchen Zweck die mit Jesus kommende Erweckung hatte. Es bezieht sich sowohl auf die wirtschaftlich Armen wie auf die geistlich Armen. Bei den Erweckungen, an denen ich in den USA und in anderen Ländern persönlich beteiligt war, stellte ich fest, dass Wohlstand ein gemeinsamer Nenner ist. Die Wirtschaft der gesamten Region, die in die Erweckung einbezogen war, verbesserte sich deutlich.

„Zu heilen, die zerbrochenen Herzens sind." Menschen mit zerbrochenen Herzen haben verwundete und verletzte Seelen. Sie sind erfüllt mit Schmerz, Bitterkeit, Unvergebenheit, Schuldgefühlen, Ablehnung, geringem Selbstwertgefühl und anderem mehr. Wie schon vorher erklärt ist eine der Manifestationen von Erweckungen Lachen oder Freude im Heiligen Geist, denn es hat heilende Kraft (siehe z. B. Psalm 126,2-3). Einer der bekanntesten Pioniere der „Lachen im Geist" Bewegung ist mein wunderbarer Freund Rodney Howard-Browne. Eine Erweckung oder Neubelebung von Freude und Lachen löst mehr Probleme als viele Stunden der Therapie oder Seelsorge.

„Gefangenen Befreiung zu verkünden." Die Gefangenen sind Menschen, die sich in der Knechtschaft von Süchten befinden: Alkohol, Drogen, Nikotin, Spielen, Pornografie, unerlaubter oder gesetzwidriger Sex und so weiter. Dazu gehören auch alle, die durch den Feind angekettet sind in den Gefängnissen von Zauberei, Hexerei und anderen okkulten Praktiken. Das hält sie in der Knechtschaft von Depression und Selbstmordgedanken gefangen. Wenn das Feuer Gottes auf sie kommt, wird dadurch jede Fessel der Sklaverei in ihrem Leben zerstört.

„zu verkünden … den Blinden, dass sie wieder sehend werden." Dieser Aspekt von göttlicher Heilung tritt oft auf, wenn das

Feuer Gottes fällt. Es ist ein Zeichen dafür, dass auch die geistlichen Augen geöffnet werden, damit die Menschen fähig werden, Gott und seine Wege klarer zu erkennen.

„Zerschlagene[24] in Freiheit zu setzen.“ Menschen mit Depressionen werden vom Feind mit Gedanken von Schuld, Ablehnung und Unsicherheit gequält. Sie brauchen Befreiung für ihre Gedanken. Die Erweckung des Heiligen Geistes zerbricht die dämonischen Festungen, welche die Menschen in der Gefangenschaft der Unterdrückung halten.

„Zu verkündigen das angenehme Jahr des Herrn.“ Dieser Satz spricht davon, der Erde und ihren Menschen Freiheit zu verkünden. Im Alten Testament wies Gott die Israeliten an, alle fünfzig Jahre ein Jubeljahr zu feiern (siehe 3. Mose 25,10-19). In diesem Jahr sollte den Menschen alles Eigentum zurückerstattet werden, dass sie aufgrund von Armut hatten verkaufen müssen. Wenn sie sich selbst als Sklaven verkaufen mussten, um ihre Schulden bezahlen zu können, dann sollten sie in diesem Jahr freigelassen werden. Auch durfte in diesem Jahr nicht auf den Feldern gearbeitet werden, damit beide, die Menschen und die Felder, erneuert werden konnten[25].

Geistlich gesehen erleben wir ein Jubeljahr, wenn wir die gute Nachricht des Evangeliums hören und Gottes Vergebung für alle unsere Sünden erhalten. Seit der Auferstehung von Jesus verkündet die Gemeinde der Welt das „Jubeljahr“, indem sie bekannt macht, dass Jesus die Sünden vergibt und uns freilässt. Jetzt, während des endzeitlichen „Jubeljahres“, werden die Gläubigen evangelisieren und die Zeit des Wohlwollens Gottes verkünden. Das tun sie sowohl innerhalb der Gemeinden wie auch außerhalb: auf den Marktplätzen, in Einkaufszentren, Schulen, Krankenhäusern und Gefängnissen. Das Evangelium vom Reich Gottes wird überall auf der ganzen Erde bekanntgemacht werden. Und noch einmal, es ist unbedingt erforderlich, dass wir hingehen und predi-

---

[24] Unterdrückte (Neue Genfer Übersetzung; Neues Leben. Die Bibel; Neue evangelistische Übersetzung)

[25] Siehe Merrill F. Unger, The New Unger's Bible Dictionary, R.K. Harrison, ed., “Festivals: Jubilee” (Chicago. Moody Press, 1988), S.408-409.

gen, damit die für die Endzeit vorhergesagte große Ernte eingeholt wird.

Aus dem Bibelabschnitt von Lukas 4 können wir schließen, dass eine Erweckung sämtliche Lebensaspekte umfasst: körperlich, emotional, sozial und geistlich. Sie bringt Transformation für alle Nöte der Menschheit. Diese Erkenntnis sollte uns in der Dringlichkeit bestärken Gott anzurufen, damit er sein Feuer freisetzt. In meinem eigenen Dienst habe ich erlebt, wie durch das Feuer Gottes in jedem dieser Bereiche das Leben von Menschen umgestaltet wurde. Dazu möchte ich die Geschichte von einem meiner Pastoren, Tommy Acosta, erzählen.

Tommy wurde in Kuba geboren und wuchs ohne Vater auf. Als er als Kind nach Miami zog, gab es in seinem Herzen eine große Leere. Deshalb suchte er ab seinem vierzehnten Lebensjahr Zuflucht in schlechten Beziehungen, Alkohol und Drogen. Mit einundzwanzig hatte er genug von dieser Art Leben. Er hoffte seine Sucht nach Alkohol und Drogen hinter sich lassen zu können und begab sich auf die Suche nach seinem Vater. Leider erwies sich die Begegnung der beiden als Enttäuschung, denn er bekam nicht die Liebe, nach der er sich sehnte. Das führte dazu, dass Tommy noch tiefer in seinen Süchten versank; er nahm LSD, Halluzinogene, Pillen, Crack, einfach alles, was ihm in die Hände fiel. Als er zurück nach Miami kam, war seine Lage verzweifelter als zuvor. Seine Hoffnungen für sein Leben waren so gut wie zerstört.

Obwohl all diese Dinge gegen ihn standen, schaffte Tommy einen Ausbildungsabschluss als Elektronikingenieur und eröffnete ein eigenes Geschäft. Er traf auch seine Frau, Sarahi, und sie heirateten sechs Monate später. Doch der finanzielle Wohlstand führte bei ihm nur dazu, noch mehr für seine Süchte auszugeben. Sarahi wusste Bescheid über sein trinken, aber nichts über das wahre Ausmaß und dass er auch Drogen nahm. Als sie seine Drogenabhängigkeit entdeckte, fing ihre Ehe an, darunter zu leiden. Sie stritten sich ständig und das Familienleben wurde chaotisch; es gab keinen Frieden mehr. Sie hatten einen Sohn, doch durch seine Süchte verbrachte Tommy nicht viel Zeit mit ihm. Später bekamen sie noch ein kleines Mädchen.

Sarahi hatte ebenfalls eine schwierige Kindheit erlebt. Ihr Vater hatte ihre Mutter und sie verlassen, und jetzt befand sie sich in ihrer eigenen privaten Hölle. Sarahi ertrank in Bitterkeit; sie wollte das Haus niederbrennen und sich das Leben nehmen.

Tommy fing an, seine Frau zu hassen, bis gar keine Beziehung mehr zwischen ihnen bestand. Er trank weiter und nahm von niemandem Hilfe an, denn er glaubte, er könne jederzeit mit dem Trinken aufhören, wenn er wollte. Irgendwann beschloss er, zu den Anonymen Alkoholikern zu gehen, doch er veränderte sich nicht. Tommy trank jetzt jeden Tag. An einem typischen Tag würde er mit Wodka anfangen und dann eine Zigarre und Marihuana rauchen. Seine Süchte führten schließlich dazu, dass er anfing, Blut zu spucken. Man stellte eine Leberzirrhose fest; eine Erkrankung, die zu Fehlfunktionen bis hin zu Leberversagen führt.

Selbst dieses Wissen führte zu keiner Veränderung in seinem Lebensstil. Doch eines Tages geschah etwas, dass ihn für immer erschütterte. Er kam betrunken wie immer nach Hause und ging zu Bett. Die schrecklichen Schreie seiner Frau weckten ihn auf – sie hatte ihre zwei Jahre alte Tochter tot aufgefunden! Das Mädchen war zum Schlafen in ihr Kinderbett gelegt worden und nur Minuten später fand ihr Bruder die Kleine. Sie hatte versucht, aus ihrem Bett herauszuklettern, und hatte sich irgendwie in der Schnur der Lamellenvorhänge verfangen und sich so unglücklicherweise selbst erhängt.

Tommy rannte in das Zimmer. Verzweifelt entwirrte er die Kordel vom Hals seiner Tochter und hetzte mit ihr ins Krankenhaus. Als sie dort ankamen, konnten die Ärzte das Herz des Mädchens wieder zum Schlagen bringen, doch hatten sie nur wenig Hoffnung, ihr Leben zu retten. Die nächsten vier Tage waren die reinste Tortur für Tommy und Sarahi. Er fühlte sich schuldig und beide dachten daran, ihrem Leben ein Ende zu setzen. Am zweiten Tag im Krankenhaus sprach jemand mit ihnen über Jesus, aber zu diesem Zeitpunkt trafen sie keine Entscheidung.

An dem Tag, als ihre Tochter von den Maschinen getrennt wurde, die sie am Leben gehalten hatten, nahmen Tommy und Sarahi Jesus als ihren Herrn und Erlöser an. Als Tommy das „Sündengebet" sprach, erlebte er, wie so etwas wie ein elektrischer Stromschlag in seinen Rücken eindrang und durch die Brust wieder austrat. Er fühlte sich, als würde er vor Schmerz bersten, doch in einem Augenblick war er wiedergeboren und völlig befreit von zweiundzwanzig Jahren Sucht. Dazu wurde er komplett geheilt von Bluthochdruck und der Leberzirrhose. Er hatte eine neue Leber erhalten – was im Natürlichen nur durch eine Lebertransplantation möglich gewesen wäre.

Tommys Vergangenheit wurde in der gleichen Woche begraben, in der er auch seine Tochter beerdigte. Von da an veränderte sich die Beziehung mit seiner Frau völlig. Sie fingen an, einander wieder tief zu lieben. Als sich ihre Beziehung mit Gott intensivierte, wurden beide dahingehend geführt, in den Dienst für Gott einzutreten. Heute ist Tommy ein Pastor und Sarahi eine Prophetin. Sie retten verlorene Seelen, stellen Ehen wieder her und befreien Menschen von Süchten und Schmerz. Wenn du dieselbe Unterdrückung und Zwangsherrschaft wie Tommy erlebst – das Feuer Gottes ist deine Lösung. Pastor Tommy und Sarahi Acosta preisen Gott jeden Tag für das Feuer, das sie für immer verändert hat. Das gleiche Feuer kann auch dich umgestalten.

„Belebe dein Werk!"

O Herr, belebe dein Werk inmitten der Jahre! Inmitten der Jahre offenbare dich (Habakuk 3,2; Schlachter 2000).

Die Israeliten baten Gott, sein Werk zu *„beleben"*. Das Wort *beleben* ist übersetzt von dem hebräischen Wort *chajah* und einige Bedeutungen sind: beleben, Leben wiederherstellen, aufleben, Leben geben. Sie wollten, dass Gott sein Werk erneuerte oder neu belebte.

Ich glaube, jeder neue Gläubige erlebt eine „Wiederbelebung", wenn er oder sie zum ersten Mal dem Herrn begegnet. Die Bibel spricht in Bezug darauf von der *„ersten Liebe"* (Offenbarung 2,4). In unserer ersten Liebe erleben wir solch eine Leidenschaft für Jesus, dass wir jedem von ihm, seiner Liebe und seiner Kraft erzählen. Wir sind so Feuer und Flamme für ihn, dass wir es der ganzen Welt mitteilen möchten. Doch nach einer Weile verlieren wir aus verschiedenen Gründen diese Leidenschaft. Aus diesem Grund betete der Prophet Habakuk zu Gott, sein Werk *„inmitten der Jahre“* neu zu beleben. Es gibt heute tausende von Gläubigen, die ihr Feuer und ihre Leidenschaft für Gott verloren haben. Wenn das deine Situation ist, dann glaube ich, dass der Heilige Geist sein Feuer und seine Leidenschaft in dir erneut freisetzen wird, während du dieses Buch liest.

Verliert die Gemeinde ihr Feuer, dann wird die Erweckung Gottes unterbrochen. Wie wir sehen konnten führt dies dazu, dass die Menschen nach religiösem Ersatz, neuen Methoden, Vorschriften und Strukturen suchen. Sie bemühen sich etwas zu erwecken, was tot ist. Das schlimmste dabei ist, dass der Ersatz den neuen Wein des Heiligen Geistes nicht fließen lassen kann. Die neuen Weinschläuche, die den neuen Wein der Erweckung mit sich führen können, sind flexible Männer und Frauen Gottes, die ein Verständnis davon haben, dass eine echte und lebendige Beziehung mit dem Vater über jeder religiösen Struktur steht; dass Leben wichtiger ist als Tradition, Regularien und Ordnungen. Bitte missverstehe mich nicht. Ich stimme völlig damit überein, dass es in der Gemeinde eine Ordnung geben muss, aber nur solange, wie wir dabei weiter flexibel bleiben und bereit sind, der Führung des Heiligen Geistes zu folgen. Der neue Wein – die Erweckung – ist Leben, nicht Gesetz. Es ist eine Beziehung mit dem lebendigen Gott und das Erleben des Feuers seiner Gegenwart.

Wesentliche Schritte, um sich in Erweckung zu bewegen

Um sich entweder in persönlicher Erweckung oder in Erweckung des Dienstes zu bewegen, müssen wir den folgenden fünf Schritten folgen:

1. Rufe zu Gott, um entzündet zu werden

> *Höre das Wort des HERRN! So spricht der Herr, HERR: Siehe, ich will in dir ein Feuer anzünden ... (Hesekiel 21,3).*

Obwohl Gott in diesem Vers über Gericht durch Feuer spricht, können wir es auch auf den anderen Zweck des Feuers Gottes anwenden, nämlich eine Leidenschaft in uns anzuzünden, während wir von ihm gereinigt werden. Wenn wir unseren passiven geistlichen Zustand, unsere mangelnde Hingabe, lauwarme Einstellung und Selbstzufriedenheit erkennen, wird Gott in uns ein Feuer anfachen, das alle diese Hindernisse beseitigt und unser Leben transformiert. Dadurch werden wir zu Instrumenten, die andere anleuchten, die sich ebenfalls in einem Zustand von Gleichgültigkeit befinden. Wird uns unser geistlicher Zustand bewusst und rufen wir aus zu Gott nach Erweckung, dann werden wir das Feuer seiner Gegenwart erhalten.

2. Reiße die alte Atmosphäre in der Ortsgemeinde nieder
Im vorigen Kapitel habe ich erklärt, wie und warum wir durch die harte Atmosphäre von Bedrückung und Zweifel durchbrechen müssen, um eine Atmosphäre der Herrlichkeit und Gegenwart Gottes zu schaffen. Wird das nicht gemacht, ist es sehr schwer, dass Erweckung kommt, und noch viel schwieriger, dass sie bleibt. Um diesen Durchbruch zu erreichen sollten wir uns daran erinnern, dass der Lobpreis hoch sein soll und die Anbetung tief.

Wird die alte Atmosphäre durch eine Atmosphäre der Herrlichkeit verändert, dann wird im Geist der Menschen ein Hunger und Durst nach Gott erzeugt.

3. Sei bereit, den Preis für Erweckung zu zahlen
Unser Dienst ist ein lebendiges Zeugnis dafür, dass es sich lohnt, den Preis für Erweckung zu zahlen. Wir hatten von Anfang an eine anhaltende Erweckung. Was meine ich damit? Wir können

selbst bezeugen oder haben gehört, dass tausende von Menschen am Altar der Gemeinde und weitere zigtausend in den Nationen, wo wir gedient haben, errettet wurden. Mehrere Tausend wurden durch den Heiligen Geist erfüllt und in Wasser getauft; sie wurden treue Jünger des Herrn und mit dem Heiligen Geist erfüllt. Wir können von unzähligen Heilungen, Befreiungen und wiederhergestellten Ehen und Familien Zeugnis ablegen. Tausende junger Menschen wurden von Drogensucht befreit, es gab Zeichen, Wunder und auch Ereignisse mit übernatürlicher Versorgung. Tausende empfingen und sind erfüllt mit Freude und Feuer, und tausende wurden durch das Feuer der Leidenschaft Gottes entzündet, um hinauszugehen und überall Jesus zu verkünden. Ich könnte noch weiter fortfahren, die Liste der Früchte dieser fortdauernden Erweckung aufzuzählen. Ich bin überzeugt, der Schlüssel war die konstante Manifestation der Herrlichkeit Gottes in unserer Gemeinde, wie auch in den Gemeinden unter unserer geistlichen Abdeckung. Sie verteilen sich auf über dreißig Nationen der Welt. Bei ihnen manifestieren sich die gleichen Erweckungen und Beweis dafür sind die gleichen Früchte.

Wie oft wir diese Dinge erlebt haben? Jedes Mal, wenn ich das Wort Gottes gepredigt habe – seit mehr als zwanzig Jahren, lokal und international. Ich glaube es lässt sich darauf zurückführen, dass wir uns Gott zur Verfügung gestellt haben, dass wir hingegeben sind und bereit, den Preis zu zahlen, um eine anhaltende Erweckung des Geistes in unserer Mitte zu haben. Wir haben diese Erweckung mit Wundern, Errettungen und Befreiungen und den gleichen herrlichen Resultaten zu über fünfzig Nationen rund um den Globus gebracht. Wir wollen das auch künftig weiter ausbauen und das Feuer in jedes Land und jeden Kontinent bringen, wo der Herr uns hinführt.

4. Entscheide dich, das Feuer Gottes zu suchen und zu erleben

Ich kenne deine Werke, dass du weder kalt noch heiß bist. Ach, dass du kalt oder heiß wärest! Also, weil du lau bist und weder heiß noch kalt, werde ich dich ausspeien aus meinem Munde (Offenbarung 3,15-16).

Die Stadt Laodizea lag an einer wichtigen Handelsroute. Sie war eine florierende Stadt und ein wachsendes Zentrum für das Bankwesen. Es gab dort viele Industriezweige und Laodizea war bekannt für die Herstellung einer Augensalbe namens *Collyrium*[26]. Doch die arrogante Atmosphäre der Stadt war auch in die Gemeinde gelangt und der Herr musste sein Volk dort zur Buße rufen. Der Reichtum der Stadt führte bei den Gläubigen dazu, dass sie sich unabhängig fühlten. Jesus riet ihnen, von ihm *„im Feuer geläutertes Gold"* zu kaufen, um wirklich reich zu sein, und eine besondere Augensalbe, damit ihre geistliche Blindheit geheilt würde (Offenbarung 3,17-18).

Leider ist die Einstellung der Laodizäer auch die Sinneshaltung in einem Großteil der Gemeinde Christi von heute. Im Wesentlichen sind die Gemeinden selbstzufrieden und voll mit „Geheimagenten", die nie mit jemandem über Jesus sprechen. Sie erheben auch in ihrer Kommune oder ihrem Umfeld nicht die Stimme, um die Werte des Reiches Gottes zum Ausdruck zu bringen und moralischen Problemen entgegenzutreten. Diese Menschen haben entschieden, sich einem toten religiösen System anzupassen. Sie sind dem Anschein nach Christen, doch fehlt ihnen die Kraft (siehe 2. Timotheus 3,5); der Feind hat sie komplett neutralisiert. Diese Gläubigen ziehen gar nicht in Betracht, dass ihr Zustand Gott missfällt. Wegen ihrer lauwarmen Haltung riskieren sie es, aus Gottes Mund ausgespuckt und von dem Feuer seines Gerichtes verzehrt zu werden. Es ist an der Zeit sich zu entschließen, für Gott zu brennen. Diese Entscheidung wird sicherlich etliche Menschen erschrecken und bei anderen dazu führen, dass sie sich unwohl fühlen. Doch solange wir Gott gefallen, sollten wir uns nicht darum kümmern, was andere davon halten.

---

[26] The Zondervan Pictorial Bible Dictionary, Merill C.Tenney, gen. ed., "Laodicea" (Grand Rapids, MI: Zondervan Publishing House, 1967), S.476, and Simon J. Kistemaker, Comentario al Nuevo Testamento: Apocalipsis (Grand Rapids, MI: Libros Desafio, 2004), http://cofccasanova.files.wordpress.com/2009/05/apocalipsis-simon-j.pdf

5. Fache neu die Gaben in uns an

Aus diesem Grund erinnere ich dich daran, die Gnadengabe Gottes wieder anzufachen, die durch Auflegung meiner Hände in dir ist (2. Timotheus 1,6; Schlachter 2000).

In den Gemeinden befinden sich jede Menge Gläubige, denen Gott besondere Gaben geschenkt hat, doch haben sie diese komplett abgeschaltet. Manche erhielten die Gabe für Musik, Dienstgaben (siehe Epheser 4,11-12) und Motivationsgaben (siehe Römer 12,6-8), während andere die Gnade empfingen zu prophezeien, das Wort zu lehren oder sich im Bereich von Leiterschaft oder Führung zu bewegen (siehe 1. Kor. 12,27-28). Sie lassen ihre Gaben aber umkommen, weil das Feuer erloschen ist. Wenn das bei dir der Fall ist, dann wird Gott dich dafür zur Rechenschaft ziehen! Belebe das Feuer deiner Gabe wieder neu!

In 2. Timotheus 1,6 bittet der Apostel Paulus Timotheus eindringlich, das Feuer seiner Gabe, die er ihm durch Handauflegung übertragen hatte, wieder neu anzufachen. Das mit *„anfachen"* übersetzte griechische Wort ist *anazōpyrẹō* und es bedeutet „wieder entfachen" oder „wieder anzünden". Es ist die einzige Stelle im Neuen Testament, an der dieses Wort benutzt wird. Paulus sagt nicht, er soll es wieder auferwecken oder wiederbeleben, so wie in Habakuk 3,2. Er ermahnt Timotheus, das Feuer der Gabe, die er bereits empfangen und anfangs schon aktiv gebraucht hatte, anzufachen – wieder neu anzuzünden. Eine der Hauptaufgaben des apostolischen Dienstes ist, Gaben zu übertragen und Menschen dahin zu führen, dass sie die Gaben, die Gott ihnen bereits gegeben hat, wieder neu anzünden. Genau das mache ich gerade mit dir! Zuerst müssen wir unsere eigenen Gaben anfachen, damit wir dann später mit dem gleichen Feuer anderen dabei helfen können, ihre Gaben neu zu entzünden. Dazu bedarf es einer Entscheidung von uns, nämlich dass wir danach trachten, durch sein Feuer entzündet zu werden, und zwar jetzt!

Lieber Freund, liebe Freundin, gib mir die Gelegenheit, für dein Leben zu beten, damit das Feuer der Gegenwart Gottes auf dich kommen kann und du anfangen kannst, sein Angesicht und sein Feuer zu suchen.

Himmlischer Vater, danke für jede Person, die dieses Buch liest. Ich bitte für diejenigen, die noch nie mit der Kraft durch die Taufe des Heiligen Geistes erfüllt wurden - mit dem Nachweis des Redens in anderen Sprachen - dass sie jetzt erfüllt werden. In Jesu Namen, Amen.

Lieber Leser, liebe Leserin, hier mein Rat: Öffne jetzt deinen Mund und fange an, die Wörter auszusprechen, die der Heilige Geist dir in anderen Sprachen[27] gibt. Und im Namen von Jesus setze ich das Feuer der Gegenwart Gottes für jeden frei, der ein Verlangen danach hat. Ich erkläre, dass du jetzt, in diesem Augenblick, eingetaucht und entzündet bist. Empfange es jetzt und sei erfüllt mit Kraft und Feuer! Habe uneingeschränkten Glauben und die Überzeugung, dass sein Feuer in diesem Moment in deinem Innersten brennt. Wenn du entzündet bist - du brennst - dann lebe als ein Werkzeug Gottes und sei ein Zeuge von Jesus. Rufe die Verlorenen zur Erlösung, heile die Kranken, treibe Dämonen aus und befreie die Gefangenen. Amen!

Erfahrungen mit Gott

- Die Zeit, die du während des Lesens dieses Buches in Intimität mit Gott verbracht hast, wird anfangen, ihre Frucht hervorzubringen. Bete, dass das Feuer Gottes dein Leben reinigt und heiligt und in dir eine Leidenschaft danach freisetzt, Seelen zu retten.
- Wenn sein Feuer und seine Leidenschaft dich entzündet haben, dann tu das, was ich dir am Ende dieses Kapitels geraten habe und sammle die große Ernte ein! Gott wird dir eine übernatürliche Kühnheit dafür geben, sein Wort zu verkünden und es mit Zeichen und Wundern bestätigen.

[27] Anderen Zungen

Kapitel 12

Irdische Gefäße, auserwählt zur Manifestation seiner Herrlichkeit

Von Anbeginn der Schöpfung war es Gottes Absicht, dass Männer und Frauen in seiner Herrlichkeit leben und sich darin bewegen; sie sollten Träger seiner Gegenwart sein. Wie wir sehen konnten war es immer schon sein Plan, in uns zu wohnen. Aus diesem Grund deponierte er seinen Lebensatem in uns; er betrachtet uns als die höchsten Wesen seiner Schöpfung und krönt uns mit seiner Herrlichkeit.

Denn du hast ihn [den Menschen] wenig geringer gemacht als Engel, mit Herrlichkeit und Pracht krönst du ihn (Psalm 8,6).

Die Menschen waren die erste „Stiftshütte" oder das erste „Zelt der Begegnung" der Herrlichkeit Gottes. Doch als der Mensch sündigte und von der Herrlichkeit Gottes abfiel, hatte dieser keinen physikalischen Ort mehr, um dort zu wohnen. Ein Symbol für diese Realität sehen wir in dem Bericht von der großen Flut, vor der Noah und seine Familie durch den Schutz der Arche gerettet wurden. Nach vierzig Tagen und Nächten hörte der Regen schließlich auf.

Und er [Noah] ließ die Taube von sich hinaus, um zu sehen, ob das Wasser weniger geworden sei auf der Fläche des Erdbodens (1. Mose 8,8).

In der Bibel ist eine Taube normalerweise ein Sinnbild für den Heiligen Geist. Als die Taube zum ersten Mal von der Arche wegflog, konnte sie keinen Ruheplatz finden. Dies symbolisiert den Wunsch Gottes nach einem dauerhaften Wohnort. Er konnte nicht zum Menschen zurückkehren, um in ihm zu leben, bevor

Jesus nicht den Preis für die Sünden der Menschheit bezahlt hatte. Erst dadurch konnte der Geist des Menschen erneuert werden und die Gabe des Heiligen Geistes empfangen.

Jesus wurde zum Wohnsitz der Herrlichkeit Gottes

Im Alten Testament ruhte der Geist Gottes auf Menschen, die verschiedene Führungsrollen innehatten - Könige, Priester, Propheten und Richter - doch blieb er nicht in ihnen. Wenn der Geist auf jemanden herabkam, würde diese Person prophezeien oder besonderen Mut bekommen, etwas zu unternehmen. Doch war alles vollbracht, was diese Person tun sollte, dann würde der Geist die Person wieder verlassen. Seine Gegenwart war nur vorübergehend da. Außerdem zeigen einige Beispiele, dass die Gegenwart Gottes zum Eingang des Zeltes der Begegnung kam, um Mose die Gelegenheit zu geben, mit dem Herrn zu sprechen (siehe 2. Mose 33,9-11); sie kam zum Zelt herab und erfüllte es (siehe z. B. 2. Mose 40,34) und sie erfüllte den Tempel Salomos (siehe 1. Könige 8,10-11). Doch waren alle diese Besuche ebenfalls zeitlich begrenzt. Aber dann entfaltete sich Gottes Plan der Wiederherstellung:

> *Und das Wort wurde Fleisch und wohnte unter uns, und wir haben seine Herrlichkeit angeschaut, eine Herrlichkeit als eines Eingeborenen vom Vater, voller Gnade und Wahrheit (Johannes 1,14).*

Das ist ein wunderbarer Vers zum nachsinnen, denn hier sehen wir zum ersten Mal seit dem Sündenfall der Menschheit die Offenbarung von Gott, wohnend in einem Menschen. Er machte Jesus - der sowohl ganz Mensch war wie auch ganz Gott - zu einem Wohnsitz, einem Heim, einem Zelt der Begegnung für sich. Jesus wandelte auf dieser Erde als *„Immanuel"*, was bedeutet *„Gott mit uns"* (Matthäus 1,23). Gott der Vater wohnte in seinem Sohn, welcher kam, um die Kranken zu heilen und die vom Teufel Unterdrückten zu befreien. Jesus ging ans Kreuz und gab sein

Leben auf, um die Menschheit von der Sünde Lohn zu erlösen; am dritten Tag wurde er von den Toten auferweckt und fuhr später auf in den Himmel. Doch bevor dies geschah, betete er auf eine Weise zum Vater, wie es noch kein Mensch vor ihm getan hatte. Wir gehen zurück zu dem Vers, mit dem wir in Kapitel 1 begonnen haben:

> *Und die Herrlichkeit, die du mir gegeben hast, habe ich ihnen gegeben, dass sie eins seien, wie wir eins sind (Johannes 17,22).*

Diese Aussage von Jesus ist außergewöhnlich, egal, wie wir sie betrachten! Sein Auftrag war, die Herrlichkeit wiederherzustellen, die wir verloren hatten. Wir sind der Wohnsitz seiner Gegenwart und tragen seine Herrlichkeit in uns. Kannst du dir Menschen vorstellen, die in der gleichen Dimension der Herrlichkeit wandeln, die Jesus von den Toten auferweckt hat? Das ist der Kern dieses Gebetes Jesu an den Vater. Der Sohn Gottes bezahlte durch seinen Tod am Kreuz den Preis, um der gesamten Menschheit die Herrlichkeit Gottes zurückzugeben. Als Glied seines Leibes hat heute jeder Gläubige die Verantwortung, diese Herrlichkeit in sich zu tragen, zu schützen und auf der Erde sichtbar werden zu lassen. Gott hat endlich einen permanenten Wohnort gefunden. Wir sind der Tempel, errichtet nicht von Menschen, sondern durch die Hand Gottes, wo seine Gegenwart durch den Heiligen Geist wohnt (siehe 1. Korinther 6,19). Das ist wunderbar!

Wie ist deine Beziehung zur Herrlichkeit?

Die Menschen in der Gemeinde haben heutzutage unterschiedliche Beziehungen mit der Herrlichkeit, die in ihnen ist. An verschiedenen Punkten in diesem Buch haben wir uns einige dieser Beziehungen angeschaut. Wir wollen sie hier noch einmal besprechen, damit wir ein besseres Verständnis für die Sichtweise von anderen gewinnen in Bezug auf dieses bedeutsamste aller Geschenke an uns.

- **Menschen, die die Herrlichkeit mit sich tragen.** Im Prinzip ist jeder Gläubige ein Träger der Herrlichkeit Gottes. Doch ein Träger zu sein reicht nicht aus. Wir müssen auch eine Offenbarung seiner Gegenwart bekommen. Auf diese Weise kann Jesus zu einer Realität in unserem Leben und im Leben von Menschen aus allen Nationen der Erde werden. So kann er seine Gegenwart sichtbar werden lassen, um andere zu segnen. Einer der Gründe, warum ich dieses Buch geschrieben habe, ist, Gläubige zu ermutigen, aktive Träger seiner Gegenwart zu werden!
- **Menschen, die sich der Herrlichkeit widersetzen.** Es gibt Menschen, welche die Offenbarung der Herrlichkeit Gottes und ihre Manifestationen kritisieren und verfolgen. Manche tun es, weil sie kein Verständnis darüber haben. Andere fürchten sich vor allem Neuen oder vor dem, was über ihre bisherigen Erfahrungen hinausgeht. Und wiederum andere sind verblendet durch Traditionen und den Geist der Religiosität.
- **Menschen, die der Herrlichkeit folgen.** Es gibt auch Menschen, die damit zufrieden sind, aus der Ferne zuzuschauen, was die Herrlichkeit Gottes durch andere bewirkt. Sie wagen nicht, sich selbst in den Fluss des Geistes zu begeben, um das Gleiche zu tun. Manche halten sich vielleicht zurück aus Furcht vor dem Unbekannten, Furcht vor Verbindlichkeit oder Furcht vor dem Feuer Gottes, das ihren geistlichen Zustand entlarven würde. Andere wiederum halten sich zurück, weil sie Entscheidungen getroffen haben, die sie von diesem Fluss wegführten. Wieder andere haben sich vielleicht entschieden, der Herrlichkeit von Ferne zuzusehen, weil sie keine ausreichenden Kenntnisse oder Offenbarung darüber besitzen.
- **Menschen, welche die Offenbarung der Herrlichkeit bringen.** Gott erwählt Männer und Frauen, um anderen Kenntnisse und Offenbarung über seine Herrlichkeit zu vermitteln. Es kann keine Manifestation geben, wenn man nicht zuvor die Offenbarung bekommen hat. Aber obwohl diese Lehrer die Offenbarung bringen, müssen sie diese nicht notwendigerweise auch manifestieren.

- **Menschen, die die Herrlichkeit manifestieren.** Menschen, welche die Herrlichkeit Gottes auf der Erde manifestieren, empfingen die Offenbarung darüber und setzten ihre Kenntnisse durch sichtbare Demonstrationen in die Tat um. Der Herr erhebt in dieser Zeit eine neue und kühne Generation, um seine Herrlichkeit unter jenen zu manifestieren, die voller Bereitschaft den Preis zahlen, damit sie sichtbar wird.
- **Menschen, die die Herrlichkeit schützen oder absichern.** Wenn eine Bewegung Gottes – in diesem Fall die Herrlichkeit – auf die Erde kommt, erhebt der Herr auch Menschen, die diese Bewegung schützen und darüber wachen, dass sie nicht ins Extreme gerät. Das bewahrt die Herrlichkeit davor, ihren ursprünglichen Zweck zu verlieren. Jedes Mal, wenn Gott dem Leib Christi eine Wahrheit offenbart, bringt der Feind eine entsprechende Lüge ins Spiel, um die Wahrheit in Misskredit zu bringen. Sein Ziel ist es, die Leute davon abzuhalten, der Wahrheit zu glauben. Gott hat den Dienst des Apostels als Aufseher und Hüter der Wahrheiten wiederhergestellt, die er der Gemeinde in diesen letzten Tagen offenbart. Dementsprechend muss alle Lehre aus solchen Bewegungen beurteilt werden, ebenso die Worte von Propheten und alle weiteren geistlichen Gaben, die ausgeübt werden. So wird sichergestellt, dass alles mit dem Wort Gottes im Einklang ist (siehe 1. Korinther 14,32; 2. Timotheus 2,16-17).

Wie sieht deine Beziehung mit der Herrlichkeit aus? Bist du jemand, der die Herrlichkeit Gottes manifestiert, oder begnügst du dich damit, anderen dabei zuzuschauen? Die Herrlichkeit kann beispielsweise folgendes bewirken:

Während eines Gottesdienstes in unserer Gemeinde erzählte ein Mann namens José Louis sein Zeugnis. Ein Bluttest hatte ergeben, dass er HIV positiv war. Nach diesem Untersuchungsergebnis behandelten ihn die Ärzte sofort mit antiretroviralen Medikamenten, von denen ihm übel und schwindelig wurde. Trotzdem nahm er diese Medikamente vier Jahre lang. Zu diesem Zeitpunkt war José Louis nicht gläubig; er war nicht praktizierender Katholik.

Eines Tages stieß er beim Fernsehen auf unser Programm *Tiempo de Cambio*, und zwar gerade in dem Augenblick, als ich sagte: „Schalte deinen Fernseher nicht aus!“ José sagte, dass diese Worte ihn so trafen, dass er weiter zuhörte. Seine Schwägerin hatte ihn schon mehrmals in unsere Gemeinde eingeladen, doch war er nie mitgegangen. Als er aber nun das Fernsehprogramm sah, entschied er sich für einen Besuch der Gemeinde. Als er das in die Tat umsetzte, nahm er den Herrn an. Langsam begann sich sein Leben zu verändern. Er besuchte ein Treffen in einem Haus des Friedens und der Leiter betete dafür, dass die Kraft Gottes ihn heilt. José begann zu glauben, dass er geheilt werden könnte. Im Glauben entschied er sich dazu, die Medikamente nicht mehr einzunehmen, obwohl die Ärzte ihm gesagt hatten, dass er dann schnell sterben würde.

Ein Jahr später wurde er wieder untersucht und das Ergebnis war negativ. Der AIDS Virus war verschwunden! Der Herr hatte ihn geheilt. José Louis ist heute ein glücklicher und veränderter Mensch. Er war mit seinen Mitarbeitern hart und kaltherzig umgegangen, und das ging soweit, dass niemand mehr mit ihm arbeiten wollte. Jetzt hat sich die Situation aufgrund des Wunders in seinem Herzen und in seinem Körper völlig verändert. Gott gebrauchte den Leiter eines Haus des Friedens als Instrument für die Erlösung und Heilung von José Louis. Er kann auch dich auf die gleiche Weise gebrauchen! Willst du dich von der Offenbarung hin zur Manifestation begeben?

Die frühere Herrlichkeit und die künftige Herrlichkeit

Wenn wir in unserer Zeit heute die Gegenwart Gottes manifestieren, dann müssen wir verstehen, was die Bibel mit der „früheren Herrlichkeit“ und der „künftigen Herrlichkeit“ meint.

> *Größer wird die Herrlichkeit dieses künftigen Hauses sein als die des früheren, spricht der HERR der Heerscharen (Haggai 2,9).*

Was ist die frühere Herrlichkeit?

Die frühere Herrlichkeit umfasst alle Ereignisse und übernatürliche Taten, die ab dem „*Gesetz und den Propheten*" im Alten Testament bis hin zu Johannes dem Täufer im Neuen Testament stattfanden. Jesus sagte:

> *Bis zu Johannes hatte man nur das Gesetz und die Propheten. Seitdem wird das Evangelium vom Reich Gottes verkündet und alle drängen sich danach, hineinzukommen (Lukas 16,16; Einheitsübersetzung).*

Einige der spektakulären Manifestationen der früheren Herrlichkeit waren: Die Berufung von Mose durch den brennenden Busch; Aarons Stab verwandelt sich in eine Schlange und frisst die Stäbe/ Schlangen der Wahrsagepriester des Pharao; die zehn Plagen Ägyptens (Wasser wurde zu Blut, Frösche, Mücken, Stechfliegen, Vieh-Pest, Geschwüre, Hagel, Heuschrecken, Finsternis und der Tod der Erstgeborenen); die Befreiung der Israeliten aus Ägypten und sofortiger Wohlstand und Gesundheit; die Israeliten überqueren das Rote Meer auf trockenem Boden; das bittere Wasser von Mara wurde süß; Versorgung mit Essen durch Manna und Wachteln; Mose lässt Wasser aus dem Felsen strömen; die Feuersäule führt die Israeliten bei Nacht und die Wolkensäule bei Tag; die Sandalen der Israeliten verschlissen nicht (die Sandalen der Kinder müssen wunderbarerweise auch gewachsen sein, als die Kinder wuchsen) ; die Wolke der Herrlichkeit ruhte auf dem Zelt der Begegnung und erfüllte es; Josua teilt das Wasser des Jordan und erobert das verheißene Land mit der neuen Generation der Israeliten; die Mauern von Jericho fallen und die Stadt wird zerstört; Gideon besiegt die Midianiter mit einem kleinen Überrest an Männern; Elisa bringt auf dem Jordan eine Axt zum Schwimmen; Samson zerreißt einen Löwen und tötet tausende von Philistern in ihrem Tempel durch seine übernatürliche Kraft; die Witwe aus Zarpat wird durch die Vermehrung von Öl und Mehl versorgt und ihr Sohn wird von den Toten auferweckt, beides durch den Dienst von Elia; das Opfer von Elia am Berg Karmel wird durch Feuer vom Himmel verzehrt; die Rückkehr von Regen nach einer dreieinhalbjährigen Dürre; Elias

Knochen erwecken einen toten Mann zum Leben; David tötet den Philister-Riesen Goliat, wird König und besiegt Israels Feinde; Daniels Freunde überleben den Feuerofen und Daniel wird durch die Hand Gottes in der Löwengrube bewahrt. Und dann, bevor Jesus den Neuen Bund durch seinen Tod und seine Auferstehung einführte, gab er den Blinden ihre Sehkraft, den Tauben ihr Gehör, den Lahmen und Aussätzigen Gesundheit und sogar Toten neues Leben. Er ging auf dem Wasser, stillte Stürme und speiste Tausende durch die Vermehrung von nur wenigen Broten und Fisch. All diese Dinge geschahen unter dem Alten Bund. Wenn sie die frühere Herrlichkeit repräsentieren, dann stell dir vor, wie die künftige Herrlichkeit sein wird!

Was ist die künftige Herrlichkeit?

Jesus bildet die Brücke zwischen der früheren und der künftigen Herrlichkeit. Jesus hatte Anteil an der früheren Herrlichkeit, da er während seines Erdenlebens sowohl unter dem Gesetz lebte als es auch erfüllte (siehe Matthäus 5,17). Nach seiner Auferstehung leitete er die künftige Herrlichkeit ein. Diese herrliche Bewegung wurde zu Pfingsten im Obersaal ausgelöst. Alles, was wir soeben gelesen haben (und vieles mehr), fand statt entsprechend der früheren Herrlichkeit unter dem geringeren Bund – das Gesetz und das Blut von Schlachtopfern. Wie viel mehr können wir von der künftigen Herrlichkeit erwarten, die unter einem *„besseren Bund, … aufgrund besserer Verheißungen"* (Hebräer 8,6) existiert und durch den Glauben an das Blut von Jesus, dem perfekten Lamm, kommt. Deshalb sagte Jesus, dass wir *„größere Werke"* (Johannes 14,12) tun würden als er während seines Erdenlebens.

Welche Manifestationen können wir in der künftigen Herrlichkeit erwarten? Wir werden in jedem Bereich eine Beschleunigung von Gottes Werk erleben, sowie radikale Transformationen, Zeichen, Wunder, Dämonenaustreibungen, Millionen von Menschen werden für Christus gewonnen, übernatürliche Wendungen und Manifestationen in der Natur, übernatürliche Versorgung und Bewahrung, Erschütterung von Städten, Nationen und Kontinenten durch die Herrlichkeit Gottes und andere Phänomene, die wir uns gar nicht vorstellen können.

Kürzlich wurde ich von Pastor Peter Hornung eingeladen, vor mehr als zwölftausend Gemeindeleitern in Lima, Peru, zu predigen. Pastor Hornung leitet eine der größten Gemeinden in Lateinamerika. Der Herr gab mir genaue Anweisung, was ich ihnen mitteilen sollte:

- Impartiere[28] ein klares Verständnis darüber, dass er unser Vater ist und wir seine geliebten Kinder (viele Menschen haben aufgrund von schwierigen und gestörten Familienbeziehungen Probleme damit, diese geistliche Realität anzunehmen).
- Lehre über das Verlangen Gottes, seine übernatürliche Kraft in unserer Generation wiederherzustellen, damit seine Absichten erfüllt werden können.

Durch das Mitteilen der oben genannten biblischen Wahrheiten fachte ich etwas an, das schon in diesen Leitern schlummerte: Ihre Fähigkeit, die Stimme Gottes durch den Heiligen Geist zu hören und ihre Salbung, sich im Übernatürlichen zu bewegen, damit sie hinausgehen und Seelen für Jesus gewinnen konnten.

Am Ende des Gottesdienstes gingen die Leiter zu den Einkaufszentren in Lima und stellten jedem, dem sie begegneten, das Evangelium vor. Die Herrlichkeit auf ihnen war so stark, dass Pastor Peter und sein Sohn mich baten, noch einen Tag länger zu bleiben. Ich nahm die Einladung an, da der Herr mir bestätigte, dass es sein Wille für mich war. Am nächsten Tag wurde ich von Gott geführt, den zwölftausend peruanischen Leitern zu zeigen, wie man die Herrlichkeit Gottes erlebt. Voller Leidenschaft lobten wir Gott und beteten ihn an, bis die Atmosphäre für Gottes Reden geschaffen war. Nach sieben Minuten Lehre kam die Wolke der Herrlichkeit Gottes zu uns herab und berührte die Leiter zutiefst. Alle brachen in unkontrollierbare Schreie aus. In jedem Winkel des Gemeindegebäudes konnte man die Gegenwart Gottes spüren. Währenddessen wurden Menschen geheilt, zerbrochene Beziehungen wiederhergestellt und ein echtes Verständnis darüber, dass Gott unser Vater ist und wir seine Kinder, setzte sich in ihren Herzen fest.

---

[28] Impartieren: etwas zuteilen; jemanden mit etwas ausrüsten

Ich glaube, die künftige Herrlichkeit ist der Zusammenschluss beider Herrlichkeiten; es verstärkt die Kraft, die freigesetzt wird, und die Wunder, die wir bezeugen. Die Manifestationen dieser neuen Herrlichkeit finden gerade jetzt statt, in der Gegenwart, und wir werden sie in der Zukunft in ihrer Fülle erleben. Halten wir eine wichtige Tatsache fest: Jede Manifestation der früheren Herrlichkeit, die während der Wüstenwanderung Israels geschah, war ein souveränes Handeln von Gott. Dem Volk fehlte es an Glauben, sie wussten nur, wie man murrt und klagt. Doch durch Jesus Christus können wir innerhalb dieser Dimension von Glauben und Herrlichkeit leben und sind in der Lage, die Manifestationen der Herrlichkeit Gottes *jetzt* zu erleben! Und das nur, weil Jesus das Kreuz überwunden hat und von den Toten auferstanden ist!

Die künftige Herrlichkeit wird die miteinander verbundene Manifestation der früheren und künftigen Herrlichkeit sein.

Ich möchte noch von zwei Wundern berichten, die meiner Meinung nach zu den Manifestationen der künftigen Herrlichkeit gehören. Auf einer meiner Reisen nach Argentinien begegnete ich einem einundzwanzigjährigen Mann namens Matias. Er war nicht größer als ein zehnjähriger Junge. Matias wurde mit Achondroplasie geboren; es handelt sich dabei um eine genetische Störung, die das normale Knorpel- und Knochenwachstum beeinträchtigt. Das führt zu einer Form des Zwergwuchses, bei welcher der Oberkörper oft normal ist und die Extremitäten verkürzt sind[29].

Die Ärzte erklärten Matias Mutter, dass ein Mangel an Fruchtwasser in der Gebärmutter das Wachstum ihres Sohnes hatte verkümmern lassen. Die medizinischen Möglichkeiten in der Gegend, wo sie lebten, waren sehr eingeschränkt. Trotzdem konsultierten sie verschiedene Ärzte, aber niemand konnte ihnen irgendwelche Hoffnung machen. Matias konnte seine Arme nicht

[29] http://de.wikipedia.org/wiki/Achondroplasie

drehen und auch nicht immer richtig gehen. Er wurde mehrerer Operationen unterzogen, um die Krümmung seiner Beine zu korrigieren, da sie drohten zu X-Beinen zu werden, doch ohne positives Ergebnis.

Der junge Mann litt unter schweren Schuldgefühlen und einem geringen Selbstwertgefühl, da er sich als eine Last für seine Eltern empfand. Er suchte Erleichterung in Alkohol und Drogen. Er brach auch die Schule ab, da er sich von seinen Mitschülern abgelehnt fühlte. Er brauchte verzweifelt ein Wunder! Dann besuchte er einen unserer Heilungsgottesdienste, und nachdem ich ein Wort in Bezug auf kreative Wunder ausgesprochen hatte, kam Matias nach vorne, um Zeugnis zu geben. Er berichtete, dass er das Feuer Gottes gespürt hatte, und dass er seine Arme jetzt ganz normal bewegen konnte. Matias weinte so sehr, dass man ganz deutlich die kraftvolle Gegenwart Gottes auf ihm wahrnehmen konnte. Als ich sah, wie klein er war, wurde mein Herz von Erbarmen erfüllt. Der Heilige Geist leitete mich zu verkünden, dass sein Körper innerhalb von vierundzwanzig Stunden anfangen würde zu wachsen. Danach fiel er unter der Kraft Gottes zu Boden.

Die Veranstaltung ging zu Ende und ich kehrte nach Hause zurück. Am nächsten Tag rief mich der Pastor von Matias an, der auch Arzt ist. Er erzählte mir, dass Matias wuchs! Nachdem ich das Wort verkündet hatte, war Matias etwas mehr als zwei Zentimeter gewachsen und zweiundsiebzig Stunden später noch einmal drei Zentimeter. Er wuchs weiter, bis ihm seine Kleidung nicht mehr richtig passte. Nach drei Tagen war er insgesamt um acht Zentimeter gewachsen. Und er wächst weiter!

Matias fing an, sich über Muskelschmerzen zu beklagen – besonders in den Muskeln zwischen seinen Hüften und Beinen und den Oberschenkeln. Also ging er zu seinem Doktor um herauszufinden, was da los war. Der Arzt erklärte, dass durch das Knochenwachstum alle seine Muskeln, Sehnen, das Gewebe und so weiter sich daran anpassen mussten. Dieses Wunder transformierte das Leben eines jungen Mannes, das seiner Familie und von all jenen, die ihn kannten. Matias ging zurück zur Schule und er erzählt sein Zeugnis überall, wo er hingeht. Dadurch trägt er dazu bei, dass der Glaube von anderen zunimmt, die auch ihre

Heilung empfangen. Im Natürlichen war das, was ihm passiert war, unmöglich. Ich habe nie zuvor solch ein Wunder erlebt.

Einer meiner geistlichen Söhne in Lima, Peru, Pastor César Augusto Atoche, wurde wegen einer Blockade in seinen Herzkranzgefäßen ins Krankenhaus gebracht. Dort bekam er einen doppelten Bypass. Sofort nach der Operation erlitt er einen tödlichen Herzinfarkt, Die Ärzte versuchten alles menschenmögliche, um ihn wiederzubeleben, aber vergeblich. Niedergeschlagen verließen sie den OP und informierten seine Frau, dass er gestorben war. Für etwas mehr als eine Stunde blieb der Leichnam von Pastor Atoche in dem Operationssaal liegen. Seine Angehörigen waren völlig geknickt und weinten über den Tod ihres Vaters, Pastors und Leiters. Es war eine sehr schmerzliche Zeit der Trauer.

Als dies geschah, hielt ich mich gerade in Dalls, Texas, auf – mehr als fünftausendeinhundert Kilometer entfernt – und machte dort einen Spendenmarathon für Enlace[30], eine Tochtergesellschaft von TBN. Die Frau von Pastor Atoche hatte eine Spende dorthin geschickt und meine Aufgabe war es jetzt, die eingegangen Spenden zu berühren und für sie zu beten. Ich wusste nichts darüber, was dem Pastor widerfahren war, aber der Herr zeigte mir etwas und im Gehorsam gab ich den Befehl: „Steh auf! In dem Namen von Jesus befehle ich dir, aufzustehen!" Genau in diesem Augenblick kehrte Pastor Atoche zurück ins Leben – er stand von den Toten auf! Stell dir einmal den Aufruhr in dem Krankenhaus vor! Das ist die Kraft der Auferstehung in Christus. Gott weckte ihn ohne irgendeine weitere Komplikation von dem klinischen Tod wieder auf. Heute ist Pastor Atoche ein außergewöhnlicher Zeuge dafür, was es heißt, sich in der Herrlichkeit Gottes zu bewegen. Er betet für die Kranken und die Kraft der Auferstehung manifestiert sich durch ihn in Peru und heilt, befreit, rettet und stellt Leben wieder her. Die künftige Herrlichkeit wird sichtbar!

Du hast keine Vorstellung davon, was Gott alles durch dich tun kann, wenn du ihm nur die Erlaubnis gibst, dich in der künftigen Herrlichkeit zu gebrauchen. Er manifestiert sich auf einzig-

---

[30] Christlich-orientierter Unterhaltungskanal

artige Weisen. Wir erlebten Phänomene wie sofortigen Gewichtsverlust bei Menschen – einige benötigten mehrere Kleidergrößen weniger als vorher. Geld tauchte in Portemonnaies oder auf Bankkonten auf, das vorher dort nicht vorhanden war und für das es keine rationelle Erklärung gab. Außerdem wurden ohne menschliches Eingreifen übernatürlich Schulden getilgt und Hypotheken bezahlt. Kreative Wunder gehören zum Alltag. Gott hat beispielsweise Nieren, Hüften und Muskelgewebe geschaffen. Er erschuf und verlängerte Knochen, schenkte neue Zähne, wo keine mehr gewesen waren, und ließ auf kahlen Köpfen Haare wachsen. Und er befreite Menschen aus dämonischer Knechtschaft. Doch der wichtigste Punkt ist: Wenn sich die Herrlichkeit der Gegenwart Gottes manifestiert, geschehen radikale Transformationen im Leben der Menschen. Jesus hat sich nicht verändert. Er ist immer noch dabei, Leben umzugestalten und Wunder zu tun (siehe Hebräer 13,8).

Ich möchte noch ein weiteres Zeugnis erzählen von einem jungen Mann in Honduras. Sein Name ist Sergio und er gehört zu einer Gemeinde, die unter unserer geistlichen Abdeckung steht:

> *Mein älterer Bruder schenkte mir das Buch How to Walk in the Supernatural Power of God*[31]*. Durch dieses Buch offenbarten sich mir viele Dinge. Eine Erkenntnis war, dass Glaube die erste Dimension des Übernatürlichen und für „jetzt" ist und nicht für die Zukunft – Glaube ist jetzt! In dem Buch erklärte der Apostel, dass, wenn wir etwas im Gebet aussprechen, wir auch eine Zeit für die Manifestation im Natürlichen festlegen sollen. Dieses Wort schlug in meinem Geist ein wie ein Blitz. Zu dieser Zeit benötigte ich Geld, um meinen finanziellen Verpflichtungen für meinen Abschluss an der Universität nachzukommen. Mein Bankkonto befand sich im Minus und so entschied ich mich zu beten. Ich sagte: „Vater, ich bin dein Sohn und ich habe dir gedient. Diese Offenbarung ist heute mein. Ich erkläre, dass bis Ende dieses Monats das benötigte Geld übernatürlich auf meinem Konto auftauchen wird." Ich machte weiter im Geist der*

---

[31] Guillermo Maldonado: Übernatürlich in der Kraft Gottes Leben © 2012 Verlag Gottfried Bernard

Anbetung und mit der vollen Überzeugung, dass Gott meiner Not begegnen und mein Gebet beantworten würde. Nach zwei Tagen rief ich täglich die Bank an um zu überprüfen, ob eine Einzahlung erfolgt war. Bis zum letzten Tag, den ich in meinem Gebet genannt hatte, passierte nichts. An diesem Tag rief ich die Bank an, und voller Überraschung und Erstaunen hörte ich, dass eine Kontoeinlage gemacht worden war. Der angekündigte Betrag war sogar höher als das, was ich brauchte! Menschlich gesehen war dies nicht möglich! Ich hatte niemandem mitgeteilt, dass ich Geld benötigte und es schuldete mir auch niemand Geld. Das bedeutete, dass nur Gott dieses Wunder ermöglicht hatte. Ich staune! Noch nie zuvor habe ich etwas in dieser Art erlebt. An diesem Tag berichtete ich in der Gemeinde darüber und die ganze Versammlung war sehr berührt. Um das Wunder zu versiegeln, teile ich das Zeugnis jedem mit, der bereit ist zuzuhören – wie der Apostel es in dem Buch lehrt.

… erleuchtete Augen eures Verständnisses, damit ihr wisst, was die Hoffnung seiner Berufung und was der Reichtum der Herrlichkeit seines Erbes in den Heiligen ist (Epheser 1,18; Schlachter 2000).

In Johannes 17 betet Jesus zum Vater und in Vers 22 erklärt er, dass er seine Herrlichkeit seinen Nachfolgern gegeben hat. Dies ist in unserer Zeit wahr geworden. Die Herrlichkeit Gottes ist das Erbe für jeden Gläubigen. Und wir müssen es anderen gegenüber sichtbar werden lassen, damit sie errettet, geheilt und befreit werden können, denn auch sie sind genau wie wir Erben Gottes. Wir müssen verstehen, dass die Herrlichkeit nicht dazu da ist, sie nur für unseren eigenen persönlichen Nutzen „einzulagern".

Wir haben aber diesen Schatz in irdenen Gefäßen, damit die überragende Kraft von Gott sei und nicht von uns (2. Korinther 4,7; Schlachter 2000).

Im 1. Kapitel haben wir gesehen, dass das hebräische Wort *kabod* für „Herrlichkeit" auch die Vorstellung von „Fülle" und „Reichtum" beinhaltet; man könnte auch sagen „Schatz". Der Begriff

„irdische Gefäße" in dem oben genannten Vers bezieht sich auf Menschen (Adam wurde aus dem Staub der Erde geformt), die zerbrechlich, unvollkommen, voller Schwachheiten, Unsicherheiten und Mängel sind. Wie ist es dann für diesen Schatz oder diese Herrlichkeit möglich, sich durch uns zu manifestieren? Darauf gibt es nur eine Antwort: Es ist dann möglich, wenn nicht der Mensch, sondern Gott in unserem Leben ständig verherrlicht wird.

Wir sind auserwählte Gefäße mit dem „Schatz des Lichtes" in uns und wir tragen ihn in die Welt. Das bedeutet, die Realitäten des Himmels zu nehmen und sie dort, wo sie benötigt werden, sichtbar werden zu lassen. Erleben Menschen durch uns übernatürliche Dinge, dann werden sie erkennen, dass diese außergewöhnliche Kraft von Gott kommt. Diese Erkenntnis wird dazu führen, dass sie anfangen, ihn zu verherrlichen. Es ist einfach wunderbar zu wissen, dass überall dort, wo wir hingehen, dieser in uns wohnende Schatz die Fähigkeit besitzt zu retten, zu heilen, zu befreien und Herzen umzugestalten. Die einzige Voraussetzung für diesen Schatz ist unsere Verfügbarkeit, um seine Herrlichkeit zu manifestieren.

Im Alten Testament war es nur den gereinigten und geheiligten Leviten gestattet, die Herrlichkeit mit sich zu führen. Deshalb denken manche Menschen, Zeichen und Wunder sind nicht für die heutige Zeit, oder, wenn sie geschehen, dann nur in den Gemeinden während des Gottesdienstes und zwar ausschließlich durch Pastoren oder andere vollzeitige Dienste. Diese Sichtweise veranlasst viele dazu, ihre Augen auf Menschen zu richten, denn sie denken, dass nur diese Leiter etwas von Gott weitergeben können. Doch Jesus betete zum Vater für *alle* Gefäße aus Ton – all jene, die ihn als Erlöser und Herrn ihres Lebens bekennen – dass sie zu Trägern werden, die seine Herrlichkeit manifestieren. Ich möchte noch einmal betonen, dass sich die manifeste Herrlichkeit nicht nur in den Gemeinden zeigt, sondern sie offenbart sich überall dort, wo das irdene Gefäß hingeht: Restaurants, Arbeitsplätze, Schulen, Sport-Arenen – im Grunde genommen überall.

Gott bestimmt uns dazu, seine Herrlichkeit auf der Erde sichtbar zu machen

In Jesaja 60 finden wir eine eindrückliche Beschreibung darüber, wie wir die Herrlichkeit Gottes in der Welt demonstrieren sollen:

> *Steh auf [von der Depression und Niedergeschlagenheit, in der Umstände dich gehalten haben – erhebe dich zu neuem Leben]! Leuchte [strahle mit der Herrlichkeit des Herrn], denn dein Licht ist gekommen, und die Herrlichkeit des Herrn ist über dir aufgegangen! (Jesja 60,1, wörtlich übersetzt aus der Amplified Bible).*

„Steh auf!" Dies ist ein Aufruf, aber auch ein Befehl, eine Entscheidung zu treffen und zu handeln. Leider stehen viele Gläubige den großen Herausforderungen in der Welt gleichgültig oder teilnahmslos gegenüber. Sie verhalten sich passiv, warten ab und tun nichts. Sie stecken fest in einem weltlichen, atheistischen System, das die Menschen ohne Jesus, ohne seine Liebe und seine Kraft festhält. Krank und verletzt ertrinken sie in Depression, Verwirrung und Unsicherheit. Aber Gott hat auch für heute den Auftrag gegeben: „Steh auf! Erhebe dich aus dieser Depression! Steh auf und lege die Enttäuschung ab! Erhebe dich aus dem Versagen! Steh auf von den Toten! Steh auf in ein neues Leben!"

„Leuchte …" Das Wort *leuchten* ist eine Übersetzung des hebräischen Wortes *ôr*, in dessen Definition „Licht sein oder werden, zu leuchten, Licht geben oder zeigen" und auch „anzünden". Dieses Leuchten tritt dann auf, wenn wir aus dem geistigen Zustand von Passivität und Angepasstheit „aufstehen". Um zu leuchten müssen wir aufstehen! Gott ist bereit, seine Herrlichkeit sichtbar werden zu lassen, doch damit dies geschieht, müssen wir anfangen zu handeln.

„… denn dein Licht ist gekommen." Gott gibt uns sein Licht, damit wir leuchten. Dieses Licht ist für uns Leben und Wohlstand, aber auch Wissen und Führung, um das in die Tat umzusetzen, was er anordnet. Sein durch uns scheinendes Licht beseitigt alle Spuren von Dunkelheit um uns herum. Deshalb wird dieses Licht überall dort, wo wir uns aufhalten, unsere Umgebung transformieren. Da jeder von uns dieses Licht besitzt, können wir bestimmen, welche Dimension der Herrlichkeit bzw. welchen Anteil seines Lichtes wir auf der Erde sichtbar werden lassen möchten. Wird das Licht, das wir ausstrahlen, wie das von einer Lampe sein, die auf einen Schreibtisch scheint, oder wie das von einer Deckenlampe, die den ganzen Raum erhellt? Wird es wie das Mondlicht sein – nur eine Reflexion des Sonnenlichts? Oder wird es sein wie die Sonne, die die Erde hell erleuchtet? Deine Entscheidung, mit welcher Menge an Gottes Licht du scheinen willst, bestimmt über deinen Einfluss- und Herrschaftsbereich.

In welchem Maß von Licht agierst du? Um die ganze Welt mit dem Evangelium des Reiches Gottes zu beeinflussen, müssen wir voll und ganz mit der Herrlichkeit Gottes leuchten. Du wurdest geboren, um Geschichte zu schreiben! Es ist an der Zeit, inmitten der Dunkelheit zu leuchten!

Dunkelheit ist der Schrecken erregende Einfluss von Satans Reich auf der Erde. Licht ist die Herrlichkeit Gottes, die alle Dunkelheit vertreibt.

Gottes Licht überwand die Dunkelheit, als ich in East London in Südafrika diente. Durch ein Wort der Erkenntnis offenbarte der Herr, dass unter den Anwesenden eine Frau mit AIDS war. Als ich für sie betete, bemächtigte sich der Dämon ihrer Stimmbänder. Er schrie: „Ich weiß, wer du bist. Ich kenne dich und ich hasse dich. Ich hasse jeden." Sofort ergriff ich meine Autorität im Namen Jesu und befahl dem bösen Geist, diese Frau zu verlassen. Augenblicklich fiel die Frau unter der Kraft Gottes zu Boden und begann zu zittern und sich zu schütteln. Dann fing sie an zu schreien wie jemand, der schon eine lange Zeit Qualen erlitten hatte und endlich davon befreit war. Der Ausdruck auf ihrem Gesicht zeigte ganz deutlich, dass sie jetzt frei war. Zwei Tage später kehrte diese Frau glücklich und von ihrer Familie begleitet zur Konferenz zurück. Sie berichtete, dass sie zum Arzt gegangen war, um sich testen zu lassen. Nun konnte sie die Dokumente vorlegen, die ihre Heilung bestätigten. Ich tat einfach nur, was

Gott mir gesagt hatte – steh auf und lasse sein Licht inmitten der Dunkelheit erstrahlen – und er wurde verherrlicht!

„… die Herrlichkeit des Herrn ist über dir aufgegangen!“ Wir erwarten immer, dass die Herrlichkeit von oben „herabfällt“, weil es so im Alten Testament geschah. Auch heute kann die Herrlichkeit immer noch *auf* uns kommen, genau so, wie sie auf die ersten Christen kam (siehe z. B. Apostelgeschichte 11,15; 19,6). Aber sie ist auch *in* uns, ebenso wie sie in ihnen war – die frühere und die künftige Herrlichkeit vereint. Es ist ein Schatz, der in uns zur Geburt kam, und offenbarte Erkenntnis wird dazu führen, dass er sich manifestiert. Wir haben vorher darüber gesprochen, was mit Jesus auf dem Berg der Verklärung geschah. Dabei stellten wir fest, dass der Begriff *verklären* ausdrückt, dass alles, was im Inneren war, außen sichtbar wurde. Das wahre Wesen wurde zum Ausdruck gebracht. Und die gleiche Herrlichkeit, die Jesus hatte, ist heute in *uns*! Gott möchte nicht limitiert sein. Er möchte unsere Erlaubnis, dass er aus uns herausleuchten kann in eine verlorene Welt.

> *Denn siehe, Finsternis bedeckt die Erde und Dunkel die Völkerschaften; aber über dir strahlt der HERR auf, und seine Herrlichkeit erscheint über dir (Jesaja 60,2).*

„Seine Herrlichkeit erscheint über dir.“ Die Herrlichkeit des Herrn wird sich in einer sichtbaren und spürbaren Art und Weise manifestieren, wenn wir *„aufstehen“*. Die Welt wird die Herrlichkeit in uns sehen, aber wie wird sie sich manifestieren? Gott wird Dinge tun wie Menschenmengen in die Gemeinde ziehen, durch Worte der Erkenntnis und Prophetien zu den Herzen der Menschen sprechen und die zerbrochenen Herzens sind durch Umarmungen von Gläubigen heilen.

Das ist die Herrlichkeit Gottes! Es ist nicht nur eine theoretische Sache, ein schönes Konzept oder bloße Theologie, die man im natürlichen Bereich nicht beweisen kann. Nein! Wir werden die Herrlichkeit mit eigenen Augen sehen! Aber, um es noch einmal zu sagen: Damit dies geschieht müssen wir bereit sein, die Verlorenen zu suchen, Jesus zu bezeugen und die Gaben des Heiligen Geistes einzusetzen. Wir müssen darauf vorbereitet sein *hinzugehen*, wo die Not ist, und seine Herrlichkeit dort manifestieren, wo die Menschen mit Depression, Einsamkeit, Krankheit und Armut zu kämpfen haben. Die Frage ist: Bist du bereit zu gehen? Bist du bereit, von Gott zu seiner Ehre gebraucht zu werden?

„Finsternis bedeckt die Erde und Dunkel die Völkerschaften." Geistliche Dunkelheit bedeckt die Erde und die Dunkelheit wird immer dichter, derweil die Menschen nicht wissen, was sie dagegen unternehmen können. Die stärksten Belege für diese Situation sind die zunehmenden Naturkatastrophen – Erdbeben, Wirbelstürme, Tsunamis und so weiter – wie auch das ständige Blutvergießen, die Massen von Menschen, die den Hungertod sterben, die endlosen Kriege unter den Nationen, die Zunahme des Bösen und auch die globale Wirtschaftskrise. Was sollen Gläubige inmitten dieser Dunkelheit tun? Wir können Ruhe bewahren, weil die Herrlichkeit, die wir mit uns tragen, die Kraft hat, die Dunkelheit zu mindern und – letztendlich – zu beenden.

Die Herrlichkeit Gottes kann sich in jedem seiner Aspekte manifestieren – sichtbar und unsichtbar – hier und jetzt.

Wir müssen entscheiden, was wir mehr lieben: die Herrlichkeit oder die Dunkelheit. Die Bibel lehrt, dass wir die Dunkelheit bloßstellen sollen, aber nichts mit ihr gemein haben sollen (siehe Epheser 5,11). Wenn wir das Licht lieben, werden wir darauf zulaufen, lieben wir aber die Dunkelheit, werden wir vor dem Licht fliehen. Es gibt keinen Mittelweg oder Raum dafür, lauwarm zu sein oder an Traditionen festzuhalten. Zu welcher Seite willst du laufen?

In dem gleichen Treffen in East London, Südafrika, in dem die Frau von AIDS geheilt wurde, hatte ich die Möglichkeit, die Dunkelheit bloßzustellen und zu besiegen. Der Gottesdienst war nahezu beendet, als der Herr mir ein Wort der Erkenntnis gab. Durch den Geist wusste ich, dass ein „Zauberdoktor" anwesend war. Er war gekommen, um gegen mich und den Gottesdienst Hexerei auszuüben. Ich teilte das den Leuten mit und sagte: „Ich weiß, dass du da bist, und dass dein Gott keine Macht hat.

Mein Gott ist viel größer als deiner, deshalb sitzt du jetzt zitternd auf deinem Sitz."

Ich machte noch einen Aufruf für die Verlorenen für Errettung, doch niemand kam nach vorne. Der Geist des Herrn offenbarte, dieser „Hexendoktor" sei weiblich. Sofort kam eine Frau nach vorne und ich fragte sie, ob sie die Hexe sei. Sie nickte. Dann sagte ich: „Weißt du, dass Gott dich liebt? Wenn du heute Abend Buße tust, wird er dich von der Hexerei befreien." Schnell leitete ich sie in das „Sündengebet" und sie nahm Jesus als ihren Herrn an. Als ich von der Bühne herunterstieg, um für sie zu beten, manifestierte sich der Dämon heftig und forderte mich heraus. Mit Kühnheit im Geist und in Autorität sagte ich: „Durch den Finger Gottes, lass sie gehen!" Augenblicklich verließ der Dämon sie. Am nächsten Tag kam sie mitsamt ihrem Ehemann und weiteren Familienangehörigen zum Gottesdienst, völlig umgestaltet durch den Heiligen Geist. Was war passiert? Die Gegenwart Gottes in mir hatte mitten in ihre Dunkelheit hineingeleuchtet und ihr Leben gerettet.

In diesen Tagen der künftigen Herrlichkeit geschehen die Wunder Gottes im Leben Einzelner, aber sie manifestieren sich auch in der Gesellschaft. Vor einigen Jahren passierte etwas wirklich Unglaubliches während unserer alljährlichen Konferenz des apostolischen und prophetischen Dienstes (CAP). Es war Oktober, und zusammen mit den anderen Gastsprechern begrüßten wir über zwölftausend Menschen in der American Airlines Arena in Miami. Über sechstausend von ihnen waren Leiter, die den fünffältigen Dienst von mehr als fünfzig Nationen repräsentierten. Wir wollten sie schulen und ausrüsten, sich in der übernatürlichen Kraft Gottes zu bewegen und die geistliche Herrschaft über den Gebieten zu ergreifen, wo sie leben. Im Gebet für die Konferenz leitete der Heilige Geist mich, dem himmlischen Bereich über der Stadt die Anordnung zu geben, dass während der Konferenz keine Verbrechen in den Straßen von Miami stattfinden (siehe Epheser 6,12). Im Namen von Jesus nahm ich Autorität und Herrschaft über die Fürstentümer und Festungen und untersagte alle kriminelle Aktivitäten während dieser drei Tage.

Die Konferenz war herrlich und Gott tat erstaunliche Wunder. Im November wurde der Polizeibericht für Oktober veröffentlicht. Begeistert lasen wir, dass Miami zum ersten Mal in zweiundvierzig Jahren im Laufe eines ganzen Monats kein Tötungsdelikt zu verzeichnen hatte[32]. Dies ist ein Beispiel dafür, wie Gläubige ihre Herrschaft ausüben können über die Mächte des Bösen in ihren Städten und Gemeinden.

Und es ziehen Nationen zu deinem Licht hin und Könige zum Lichtglanz deines Aufgangs (Jesaja 60,3).

„… Könige zum Lichtglanz deines Aufgangs." Wie bereits zuvor in diesem Buch erwähnt glaube ich, dass für das Herabkommen der Herrlichkeit Gottes eine göttliche Ordnung in der Gemeinde durch den fünffältigen Dienst der Apostel, Propheten, Evangelisten, Pastoren und Lehrer etabliert werden muss. Nehmen wir diesen fünffältigen Dienst an und geben ihm Ehre, wird die Verheißung des obigen Verses in Erfüllung gehen. Wenn Gott seine Herrlichkeit über uns manifestiert und sie für die Welt sichtbar wird, dann werden die Führer und Leiter dieser Erde - Präsidenten, Premierminister, Gouverneure, Bürgermeister, Senatoren, Kongressabgeordnete - unsere Leitung und Richtungsweisung suchen. Sie werden erkennen, dass sie inmitten solch massiver Dunkelheit keine Antworten mehr für die Menschen haben, die sie regieren. Viele dieser Leiter befragten schon Hexen, Zauberer und Wahrsager, fanden dort aber keine Antworten. Wenn Gott seine Herrlichkeit über uns manifestiert, dann werden wir ihnen keine Antworten geben, die sich auf den menschlichen Verstand oder natürliche Schlussfolgerungen gründen, sondern auf die Offenbarungen des Heiligen Geistes. Wir werden ihnen übernatürliche prophetische Worte geben, die sich ganz spezifisch auf ihr Leben, ihre Städte und ihre Nationen beziehen werden. So war es auch bei Joseph und dem Pharao in Ägypten und Daniel und dem König von Babylon (siehe 1. Mose 41; Daniel 2 + 4).

---

[32] http://articles.sun-sentinel.com/2008-11-03/news/0811020215_1_homicide-miami-lt-girlfriend-s-brother.

... kommen zu dir: Deine Söhne kommen von fern her, und deine Töchter werden auf den Armen herbeigetragen (Jesaja 60,4).

„Deine Söhne kommen von fern her.“ Gott bringt eine Generation verlorener Söhne und Töchter nach Hause, um sie zu retten und in dieser Bewegung seiner Herrlichkeit zu erheben. Er bringt sie *„von ferne“*, indem er sie befreit von Alkoholmissbrauch, Drogensucht, Unmoral, Depression und vielem mehr. Diese Generation sehnt sich nach dem Übernatürlichen und läuft zum Licht. Sie wird in seiner Herrlichkeit umgestaltet, um dann andere zu befreien, die von den gleichen Zwängen und Bollwerken gefangen gehalten werden.

Peter ist einer meiner geistlichen Söhne und ein lebendiges Zeugnis von diesem Überrest. Hier seine Geschichte:

Als ich vierzehn war, starb mein Vater an AIDS. Damals fing ich mit Drogen und Alkohol an. Mit siebzehn stellte man Schizophrenie und zwanghaftes Verhalten bei mir fest. Die Ärzte teilten mir mit, dass es dafür keine Heilung gibt und ich den Rest meines Lebens Medikamente nehmen müsse. Ich fühlte mich leer und wollte nicht mehr leben.

Eines Tages lud mich ein Freund in seine Gemeinde ein. Als der Evangelist den Aufruf machte, Jesus als Herrn anzunehmen, spürte ich, wie mich etwas zum Altar zog. Ich ging nach vorne, nahm Jesus an und wurde sogar an diesem Tag noch getauft. Nach dem Gottesdienst fühlte ich mich wie ein neuer Mensch. Gott zeigte mir, dass Jesus der einzige Weg ist. Er befreite mich von der Schizophrenie und ich brauchte keine Medikamente mehr nehmen. Mein Psychiater sagte, dass ich nicht auf diese Medikamente verzichten könnte, aber neun Jahre später bin ich immer noch frei und ohne Medikamente!

Gott gab mir eine Leidenschaft für Seelen ... Irgendwann später aktivierte unser geistlicher Vater uns, durch Worte der Erkenntnis und Prophetie zu evangelisieren, und andere anzuregen, das gleiche zu tun. Die Frucht war sogar noch größer als vorher. Evangelisation wurde ein Weg, Gott zu manifestieren und zu beweisen, dass er real ist ... Ich gehe auf große Men-

schengruppen zu und sage ihnen, dass ich die Realität Gottes beweisen kann. Ich bete für Heilung und sie empfangen Heilung. Wir erleben, wie ganze Menschenmengen zu Christus kommen! Als wir einmal außerhalb einer Schule in Miami evangelisierten, stellten sich die Schüler in einer Reihe auf und warteten darauf, dass wir ihnen ein Wort von Gott gaben. Bei fast allen flossen die Tränen. Drei der Schüler, die an diesem Tag errettet wurden, sind bereits als Mentoren in der Gemeinde tätig: Sandra, ein siebzehnjähriges Mädchen, die Selbstmord begangen hätte, wenn sie nicht an jenem Tag errettet worden wäre, ist heute eine Evangelistin, die im Übernatürlichen fließt, und schon viele zu Jesu Füßen geführt hat. Yosselin ist einundzwanzig und hat schon mehr als einhundert Seelen seit dem Tag ihrer Errettung gewonnen. Sie betet für Heilungen und Wunder. Und Joel, achtzehn Jahre alt und voller Piercings, wurde durch das prophetische Wort an jenem Tag sehr berührt. Er fing an, die Gemeinde zu besuchen und führte seine Professoren zu Christus; er prophezeit und bewirkt übernatürliche Heilungen. Vor einiger Zeit gebrauchte der Herr mich, um einen sechszehnjährigen jungen Mann namens Victor zu evangelisieren. Ich traf ihn außerhalb der Schule, wo er mit ein paar Freunden zusammen war. Alle waren high von Marihuana. Ich teilte ihnen ein Wort der Erkenntnis mit und direkt an diesem Ort nahmen sie den Herrn an. Victor war zutiefst erschüttert! Aufgrund von vier Straftaten wartete er darauf, zu mehreren Jahren Gefängnis verurteilt zu werden. Wir beteten für ihn und wie durch ein Wunder ließen sie ihn gehen. Weniger als ein Jahr nach seiner Errettung war Victor bereits Leiter eines Haus des Friedens und führte viele Menschen zu Jesus Christus. Er hat viele andere junge Leute befreit und seine ganze Familie zu Jesus geführt. Victor ist ein Träger der Herrlichkeit Gottes und manifestiert diese durch Heilungen und Wunder. Gott offenbart ihm Worte der Erkenntnis – Namen und Daten – um die Verlorenen zu Christus zu leiten. Seit dem Tag, an dem wir damit anfingen, andere in den Gaben zu aktivieren, sind jetzt ca. vierzig der ehemals Neubekehrten Leiter eines Haus des Friedens und Mentoren, die das gleiche mit anderen machen. Es ist eine Kettenreaktion, die unaufhörlich zunimmt!

Die Gemeindeleiter müssen eine Antwort haben für die jungen Menschen, die in ihre Gemeinden kommen und nicht nach Religion suchen, sondern die Kraft und Herrlichkeit Gottes erleben wollen. Diese jungen Leute wollen eine persönliche Erfahrung machen mit dem lebendigen Christus, der ihre Fragen beantworten kann. Gemeinde, wie wir sie kannten, ist vorbei. Jetzt wird alles unter der absoluten Führung des Heiligen Geistes sein. Der Hauptgrund, warum die jungen Erwachsen heutzutage in keine Gemeinde gehen wollen, liegt daran, dass sie dort nur Religion, Förmlichkeiten, Regeln und den Anschein von Kraft erleben. Sie erkennen die Heuchelei in den Traditionen und fliehen davor. Sie wollen die manifeste Kraft Gottes erleben! Wir können ihnen nicht einfach nur Theologie anbieten. Es ist wichtig, ihnen eine Demonstration der spürbaren Kraft Gottes zu geben. Es ist an der Zeit, die leeren Rituale, religiösen Strukturen, Formen und den Schein aufzubrechen. Wir müssen aufhören, eine institutionelle Gemeinde zu sein, und zu einem lebendigen Tempel werden, wo die Herrlichkeit Gottes ständig bezeugt werden kann. Dann wird Gott eine Generation von jungen Menschen aufrichten, die die Welt erschüttern.

... die Schätze der Heidenvölker werden zu dir kommen (Jesaja 60,5; Schlachter 2000).

„... der Reichtum der Heidenvölker“ wird den Gerechten übergeben werden (siehe auch Sprüche 13,22). Erinnere dich, einer der Aspekte der Herrlichkeit – die *kabod* – von Gott ist Reichtum. Der Reichtum der Heiden – der Ungläubigen – wird in der Manifestation seiner Herrlichkeit zu den Gerechten kommen, genau wie die Israeliten Reichtümer von den Ägyptern bekamen, als sie das Land durch die mächtige Hand des Herrn verließen. Jetzt ist der Zeitpunkt Gottes, um über seinen Söhnen und Töchtern ungewöhnliche Gunst freizusetzen. So können wir durch seine Gnade den Reichtum der Ungerechten entgegennehmen.

Unser himmlischer Vater hat Freude daran, seine Kinder zu versorgen. Ich erinnere mich an das Zeugnis von Luisa und Margarita. Sie sind Schwestern und zogen von Kolumbien nach Miami. Sie waren beruflich erfolgreich, lebten aber unabhängig von

Gott. Eines Tages beschlossen sie, ihre Beziehung mit ihm wiederherzustellen. Diese erneute Hingabe führte zu heftiger Verfolgung durch den Feind, in deren Verlauf sie ihr Geschäft, ihren Reichtum, ihre Kontakte und ihren Lebensstil einbüßten. Sie befanden sich in einer ernsthaften finanziellen Notlage bis hin zu dem Punkt, dass sie Bankrott gingen. Doch niemals kehrten sie in dem Ganzen Gott ihren Rücken zu. Sie gaben weiter ihren Zehnten, Opfer und ihre Erstlingsfrucht dem Herrn (siehe Sprüche 3,9). Sie lernten auch, ihr Wunder zu ergreifen.

Als sie dachten, sie stünden vor der Obdachlosigkeit, öffnete Gott eine Tür und sie wurden eingeladen in einem Haus zu wohnen, wo sie sechs Monate lang keine Miete und nichts für Strom oder Wasser zahlen mussten. Die Schwestern wussten, dass Gott alles unter Kontrolle hatte. Während ihrer Krise fing der Herr an, ihnen göttliche Verbindungen zu schenken und umhüllte sie mit übernatürlicher Gnade und Gunst. Eines Tages besuchte ein christlicher Geschäftsmann Margarita an ihrem Arbeitsplatz und sagte: „Gott hat mir gesagt, ich soll dir helfen und für dich sorgen." Margarita begriff nicht, was er meinte, doch der Mann wusste, wieviel Geld sie und ihre Schwester benötigten, und stand im Begriff, ihre Schulden abzuzahlen. Und das tat er! Jeden Monat in den letzten zwei Jahren zahlte er 3.500 Dollar auf ihr Konto ein. Aber damit nicht genug, ein paar Monate später rief er an und lud sie zu der Besichtigung eines Hauses ein, das zum Verkauf stand. Sie gingen hin und als sie das Haus wieder verließen, fragte er sie nach ihrer Meinung zu der Immobilie. Die Schwestern antworteten, das Haus sei groß, schön und gut gelegen. Daraufhin sagte der Mann: „Gut, ich freue mich, dass es euch beiden gefällt, denn es gehört euch!" Und er übergab ihnen einen Scheck zur Bezahlung des Hauses. Ein paar Tage später erhielten sie von der Bank die Besitzurkunde ihres Hauses. Der Herr versorgte übernatürlich! Lob und Dank sei Gott! Die Freude und Dankbarkeit der beiden Frauen kann man gar nicht in Worte fassen. Doch der Eindruck, den ihr Zeugnis gemacht hat und immer noch macht, ermutigt andere, der Versorgung Gottes zu vertrauen.

Vielleicht denkst du: *Was kann ich tun, damit diese Wunder in mir und durch mich stattfinden?* Die Antwort lautet: schaffe eine Atmosphäre der Anbetung, durch die seine Herrlichkeit herabkommen kann, Wunder stattfinden und Seelen für das Reich Gottes gewonnen werden. Dann wirst du den wahren Zweck entdecken, zu dem du geschaffen wurdest, und es gibt nichts Befriedigenderes als das – dein Leben wird endlich Sinn machen. Wenn du erlebst, wie die übernatürliche Kraft Gottes durch deine Lippen und Hände fließt, wirst du morgens aufstehen und jeden Tag voller Leidenschaft leben.

Du kannst Mitglied werden der „Neuer Wein“ Generation von Männern und Frauen, die Gott dabei ist zu erheben. Ihre Aufgabe ist, Städte, Nationen und Kontinente zu beeinflussen. Du kannst ein Instrument werden, das Gott gebrauchen wird, um den größten Strom an Wundern freizusetzen, den die Welt je gesehen hat, und um die abschließende Ernte an Seelen einzusammeln.

Wir können die manifeste Gegenwart Gottes nicht erleben, wenn wir sie nicht suchen.

Nochmals: Du kannst entscheiden, wie deine Beziehung zu der Herrlichkeit sein wird. Wenn dieses Buch für dich reine Information ist, dann wirst du nicht aktiv werden. Erlaubst du Gott aber, dir eine Offenbarung über seine Herrlichkeit zu geben – ein *Rhema*-Wort – wirst du sagen: „Ich will seine Herrlichkeit sichtbar machen.“ Du wirst hinausgehen und andere mit der Gegenwart Gottes berühren!

Erfahrungen mit Gott

- Heute, in deiner Zeit der persönlichen Anbetung, verpflichte dich zur Absonderung für Gott, damit er dich gebrauchen kann. So kannst du ein wahres auserwähltes Gefäß und Träger seiner Herrlichkeit werden.
- Bitte den Heiligen Geist dich zu leiten, um ein Licht in deiner Nachbarschaft, deiner Stadt und deinem Land zu sein.

Kapitel 13

Trage die Herrlichkeit Gottes mit dir

Ich erwarte, dass sich die Herrlichkeit Gottes manifestiert, wo immer ich auch bin. Ich lebe unausgesetzt in dieser Erwartung. Als ich beispielsweise auf einer christlichen Buchmesse meine Bücher signierte, wurde die Gegenwart Gottes plötzlich deutlich spürbar. Vor mir stand eine Frau mit ernsthaften Rückenproblemen, denn eins ihrer Beine war kürzer als das andere. Sie litt seit Jahren ständig unter Schmerzen. Es waren die Symptome einer Skoliose; einer Deformation der Wirbelsäule, die zu einer Verkrümmung derselben führt. Ich ließ die Frau sich setzen und im Namen Jesu befahl ich dem kürzeren Bein zu wachsen. Sofort wuchs das Bein um fast eineinhalb Zentimeter und der Schmerz verschwand.

Diese Art von Dienst erlebe ich oft. Ich rede mit Menschen und plötzlich weiß ich, die Gegenwart Gottes ist da. Mein Herz trachtet fortwährend danach oder wartet darauf, dass sich seine Gegenwart manifestiert. Jedes Mal, wenn es geschieht, unterstelle ich mich dem, was der Heilige Geist in diesem Augenblick tun möchte, und umgehend wird ein Wunder erzeugt.

Möchtest du die Gegenwart und Herrlichkeit Gottes überall mit dir hintragen und seine Werke sichtbar werden lassen? In diesem letzten Kapitel möchte ich dich auf eine weitere Ebene der Leidenschaft und Kühnheit bringen. Sie wird dich dazu drängen, hinauszugehen und Seelen für Jesus zu gewinnen, Gläubige zu Jüngern zu machen und ein Zeuge zu sein, der die Herrlichkeit Gottes durch Wunder, Heilungen und andere Wundertaten manifestiert. Das Versprechen von Jesus in Markus 16,17 besagt, dass den Gläubigen Zeichen folgen werden, und du bist da keine Ausnahme. Menschen aus allen Rassen, Kulturen und jeder sozialen und wirtschaftlichen Stellung werden in Gefäße umgestaltet, die seine Herrlichkeit manifestieren.

Gottes Gegenwart manifestiert sich überall

Ich möchte noch von einigen großartigen Dingen berichten, die Gott durch Menschen wirkt, die sich ihm zur Verfügung stellen.

Miguel Bogaert ist ein junger Mann, der sich in „aufsuchender medizinischer und sozialer Arbeit" in der Dominikanischen Republik auszeichnet. Er ist Arzt, Thoraxchirurg und Pneumologe (Lungenarzt) und ehemaliger Oberst in der Luftwaffe. Er ist auch der einzige Lateinamerikaner, der die Auszeichnung „Great Supreme Silver" erhielt, eine Ehrung für Studenten in Spanien. Miguels Frau Montserrat ist Computer-Ingenieurin, und beide sind Pastoren einer der am schnellsten wachsenden Gemeinde in ihrem Land. Ihre Gemeinde ist voller Christen, die für Jesus brennen. Es begann jedoch alles, als Miguel an einem Tiefpunkt in seinem Leben ankam. Hier sein Zeugnis:

Ungeachtet meiner beruflichen Verdienste war mein Leben chaotisch, weil ich in einem zerrütteten Zuhause aufwuchs. Ohne triftigen Grund war ich ein Rebell und ein depressiver Alkoholiker. Ich fühlte mich abgelehnt, litt an Unvergebenheit und einem Mangel an Identität. Mit neunzehn unternahm ich einen Selbstmordversuch, der jedoch fehlschlug. Stattdessen versteckte ich mich hinter einem Schutzwall von Stolz und Eitelkeit. Das führte zu einem Gefühl von solch tiefer Leere in mir, dass ich sogar Gott hasste. Ich konnte dieses Gefühl nur überwinden, indem ich mir sagte, dass ich imstande war, alles fertigzubringen. Nach jeder Operation würde der Patient sagen: „Gott sei Dank, alles ging gut", und meine Antwort wäre: „Danke nicht Gott, sondern meinen Händen, denn Gott hat nicht Medizin oder Chirurgie studiert." Die Leute pflegten zu sagen: „Du bist so kaltherzig!" Das ging so weiter, bis ich eine Dame mit Lungenkrebs operierte. Während der Operation unterlief mir ein Fehler und sie begann auszubluten. Ihr Tod stand unmittelbar bevor. In diesem Augenblick spürte ich in meiner Brust den größten Schmerz und das kälteste Gefühl, das ich je erlebt hatte – ich war ohnmächtig im Angesicht des Todes. Mitten in dieser Kriese schrie ich auf: „Gott, wenn du existierst, dann rette diese

Frau, und ich werde dir den Rest meines Lebens dienen.“ Daraufhin hörte ich eine Stimme sagen: „Wo sind deine Hände? Lass deine Hände sie retten!“ Sofort bat ich Gott um Vergebung. Unter Weinen öffnete ich Jesus mein Herz und machte ihn zu meinem persönlichen Herrn und Erlöser. Acht Tage später verließ die Dame das Krankenhaus lebendig und gesund.

Eine Woche danach besuchte ich eine Gemeinde und gab mein Leben Jesus; das war vor zwanzig Jahren. Dort traf ich auch meine Frau. Vierzehn Jahre später fingen wir mit einem Dienst für Ehepaare an. Als die Gruppe auf vierzig Leute anwuchs, hörten wir von der Konferenz des apostolischen und prophetischen Dienstes (CAP) und nahmen daran teil. Die Botschaft dort über die Vaterschaft Gottes von Apostel Guillermo Maldonado hatte starke Auswirkung auf uns. Im folgenden Jahr nahmen wir wieder an dieser Konferenz teil und trafen uns für eine halbe Stunde mit ihm. Er sagte: „Ich nehme dich als meinen Sohn an und deine Gemeinde adoptiere ich auch.“ Meine Antwort war: „Ich habe keine Gemeinde, nur eine Gruppe von vierzig Leuten.“ Darauf entgegnete er: „Das macht nichts. Ich adoptiere dich und sie alle, weil Gott es so möchte.“ Als er mich umarmte, musste ich weinen. Innerhalb von einer Sekunde sah ich all mein Leid und den Schmerz der Vergangenheit, aber noch nie vorher hatte ich solch einen tiefen Frieden gespürt. Diese Umarmung und das Hören des Wortes „Sohn“ veränderte mein Leben. Zum ersten Mal in meinem Leben spürte ich, ich habe eine Identität. Im nächsten Jahr war die Gruppe von vierzig auf sechshundert Mitglieder angewachsen. Die Gemeinde wuchs, als die Vaterschaft Gottes unsere verwundeten Seelen heilte. Sieben Jahre später haben wir nun über viertausend Mitglieder. Wir sind eine der am schnellsten wachsenden Gemeinden in der Dominikanischen Republik, und alles, was in El Rey Jesús geschieht, dupliziert sich in unserem Dienst.

Wir übermitteln das Evangelium durch fünf Fernsehsender und einen internationalen Sender; wir leiten die Herrlichkeit Gottes mit allen möglichen Mitteln weiter. Außerdem haben wir gerade Land gekauft, um unser neues Gemeindegebäude schuldenfrei zu bauen und eines Tages werden siebentausend Menschen dort Platz finden.

Die Regierung genehmigte auch das Projekt für ein Netzwerk, dass preiswert medizinische Behandlung für Pastoren und ihre Familien ohne Versicherungsschutz im ganzen Land zur Verfügung stellt. Im Land gibt es mehr als fünftausend Pastoren und 98 Prozent von ihnen haben keinen Zugang zu medizinischen Leistungen. Dieses Projekt beinhaltet auch eine Klinik auf höchstem Standard mit achtzig Räumen im Wert von zwölf Millionen Dollar, die Gott bereits zur Verfügung gestellt hat. Wir stehen auch kurz vor der Fertigstellung unseres ersten Kinderheims für Straßenkinder. Diese Kinder werden durch Unternehmen und Firmen gesponsert und eines Tages von christlichen Eltern adoptiert werden …

Eine verheiratete Frau im Alter von dreißig Jahren, ein Sohn, besuchte die Gemeinde, nachdem man Schizophrenie und Depressionen bei ihr festgestellt hatte. Sie war schon im Krankenhaus gewesen und mehrere Male mit Antidepressiva und Antipsychotika (Neuroleptika) behandelt worden. Die Wurzel ihrer Depression lag in einer Abtreibung, die sie vor ihrer Heirat hatte durchführen lassen. Als wir gegen den Geist der Depression beteten, fand in ihr eine starke dämonische Manifestation statt. Sie ging durch einen Prozess der inneren Heilung und Befreiung und besuchte mich einige Monate später. Als ich sie sah, offenbarte der Herr mir, dass sie eine Tochter bekommen würde. Zwei Monate später war sie schwanger und bekam dann ein kostbares kleines Mädchen. Die Frau war vollständig geheilt und brauchte nie wieder psychiatrische Behandlung. Heute ist sie eine erstaunliche Fürbitterin mit einer glücklichen und gesunden Familie.

Gläubige Christen sind ganz gewöhnliche Menschen, die von einem übernatürlichen Gott gebraucht werden.

Viele Leiter und Mitglieder unserer Gemeinde und aus den Gemeinden unter unserer geistlichen Abdeckung berichten von Manifestationen der Herrlichkeit Gottes. Vielleicht erinnerst du dich noch an Pastor José und Rosa Margarita Lopez, deren Zeugnis am Anfang des Buches zu lesen ist. In ihrem Dienst erleben sie alle möglichen Arten von übernatürlichen Zeichen. Ein Zeugnis stammt von einer Dame, die ihren vierjährigen Sohn mit an ein Schwimmbecken nahm. Sie wollte ihn eigentlich nur für eine Minute alleine lassen, doch dann wurde ihr auf einmal bewusst, dass schon eine halbe Stunde vergangen war. Sie lief los, um ihren Sohn zu finden und entdeckte ihn auf dem Boden des Schwimmbeckens! Verzweifelt fing sie an zu schreien und um Hilfe zu rufen, aber als man ihren Sohn aus dem Wasser holte, war er schon ganz lila, hatte erweiterte Pupillen und keinen Puls mehr. Ein Krankenwagen wurde gerufen und die Rettungshelfer versuchten, den Jungen mittels CPR[33] wiederzubeleben, doch ohne Erfolg. Sie bestätigten, dass der Kleine tot war.

Während dieses Geschehens erinnerte sich die Mutter an die Schulung im Übernatürlichen durch ihre Pastoren, und hörte nicht auf, für ihren Sohn zu beten. Aus Rücksicht auf ihr Leid sagten die Rettungssanitäter nichts dazu. Sie wiegte ihren Sohn über eine Stunde in ihren Armen und rief zu Gott um sein Leben. Plötzlich, nachdem das Kind schon über eine Stunde für tot erklärt worden war, befahl die Mutter ihm, zurück ins Leben zu kommen, und er tat es. Er öffnete seine Augen und begann zu atmen und sich zu bewegen. Die Sanitäter prüften seinen Puls und dieser war normal. Dieser kleine Junge stand dank einer Mutter, die gelernt hatte, die Auferstehungskraft von Jesus zu aktivieren, ohne neurologische Schäden von den Toten auf. Lob und Dank sei Gott! Halte dir vor Augen: Wenn Gott ganz gewöhnliche Männer und Frauen zum Wirken von Wundern gebraucht, dann kannst auch du ein auserwähltes Gefäß sein, um seine Herrlichkeit zu manifestieren.

Für welche Art von Gemeinde kommt Jesus wieder?

... damit er sie sich selbst darstelle als eine Gemeinde, die herrlich sei, so dass sie weder Flecken noch Runzeln noch etwas

---

[33] Cardio-Pulmonale-Reanimation (Herz-Lungen-Wiederbelebung)

Ähnliches habe, sondern dass sie heilig und tadellos sei (Epheser 5,27; Schlachter 2000).

Jesus kommt zurück für eine *„herrliche Gemeinde“* und nicht für eine Gemeinde, die krank, depressiv, arm, kraftlos, ohne Öl für ihre Lampen oder in der Finsternis verloren ist. Er kommt nicht für eine Gemeinde wieder, die sein Licht nicht in die Welt hinausstrahlt.

Das Wort *herrlich* im oben genannten Vers zeigt die Manifestation von jedem Aspekt des Wesens Gottes an. Erinnern wir uns, das hebräische Wort für „Herrlichkeit“, *kabod*, wird bildlich im Sinne von „Pracht, Reichtum, Ehre“ oder „Herrlichkeit“ gebraucht. Im Alten Testament wird *kabod* verschiedentlich gebraucht, um den Reichtum, die Macht oder Majestät, einflussreiche Position oder großes Ansehen einer Person zu beschreiben.

Mit anderen Worten, jemand Herrliches ist ehrbar, würdevoll, geschätzt, wohlhabend, zahlungskräftig, sicher, von hohem Ansehen und prächtig. Folglich demonstriert eine herrliche Gemeinde die Kraft Gottes durch Zeichen, Wunder, Heilungen und das Austreiben von Dämonen. Eine herrliche Gemeinde lässt die Heiligkeit, den Charakter und die Reinheit ihres Königs sichtbar werden; sie manifestiert seinen Reichtum auf der Erde. Diese Gemeinde leuchtet mit dem Licht Christi, bezeugt ihn überall dort, wo sie hingeht, und beseitigt die Finsternis. Unentwegt predigt, errichtet und erweitert sie das Königreich Gottes überall auf der Welt. Diese herrliche Gemeinde macht das Auferstehungsleben von Jesus sichtbar, indem sie kreative Wunder tut, die Toten auferweckt und die Herrschaft über jeden Bereich der Gesellschaft antritt: Politik, Kunst, Wissenschaft, Medizin, die Geschäftswelt, Sport, Ausbildung, Religion und mehr.

Wer gehört zu dieser herrlichen Gemeinde?

... damit er auch den Reichtum seiner Herrlichkeit an den Gefäßen der Barmherzigkeit erzeige, die er zuvor zur Herrlichkeit bereitet hat (Römer 9,23; Schlachter 2000).

Jeder Gläubige, der Jesus als Herrn und Erlöser empfangen und anerkannt hat, ist dazu auserwählt, ein Gefäß der Barmherzigkeit zu sein, um seine Herrlichkeit auf der Erde zu manifestieren. Das ist unabhängig von Kultur, Alter, Nationalität, Rasse oder Geschlecht. Wenn du bereit bist; wenn du dich Gott in völliger Unterordnung hingibst und dich zur Verfügung stellst, ihm zu dienen, dann wird seine Herrlichkeit unausweichlich in dir wachsen, denn jetzt ist die Zeit gekommen!

Die Endzeit-Bewegung Gottes wird eine Bewegung der Offenbarwerdung der Söhne Gottes sein.

Denn ich bin überzeugt, dass die Leiden der jetzigen Zeit nicht ins Gewicht fallen gegenüber der Herrlichkeit, die an uns geoffenbart werden soll (Römer 8,18; Schlachter 2000).

Möglicherweise hast du schon große Drangsal in deinem Leben erfahren. Vielleicht bist du bereit aufzugeben und denkst, dass diese Transformation der Herrlichkeit in dir nicht geschehen kann. Doch die Bibel sagt, dass unsere Leiden nichts sind im Vergleich zu der Herrlichkeit, die in uns offenbar wird, wenn Jesus wiederkommt. Ich glaube, dass sie auch nicht vergleichbar sind mit der Herrlichkeit, die erscheint, wenn sich seine Gegenwart jetzt in und durch uns manifestiert. Materielle Probleme, Krankheit, Arbeitslosigkeit oder andere zeitweilige Attacken des Feindes, denen du gerade eventuell gegenüberstehst, können nicht mit Folgendem verglichen werden: die Befriedigung, für Blinde zu beten und das Wunder zu erleben, wenn sie ihr Augenlicht wiederbekommen, oder für die Tauben zu beten und Zeuge zu sein, dass sie wieder hören können; für dämonisch Besessene zu beten und zu sehen, wie sie befreit werden oder Jesus zu bezeugen und zu erleben, wie Menschen ihre Erlösung erhalten und transformiert werden; für übernatürliche Versorgung zu beten und bezeugen zu können, dass sie eingetreten ist, und so weiter. Keine der gegenwärtigen Bedingungen sind vergleichbar mit der Herrlichkeit, die Gott auf dich scheinen lassen wird. Dein Leiden ist kurz, zeitlich begrenzt, und es wird in dir ein größeres Gewicht an Herrlichkeit hervorrufen (siehe 2. Korinther 4,17). Gott wird dich nicht in deinem Versagen oder Misserfolg ertrinken lassen. Er wird dich zu mehr als einem Überwinder machen (siehe Römer 8,37)!

> *Denn das sehnsüchtige Harren der Schöpfung wartet auf die Offenbarung der Söhne Gottes (Römer 8,19).*

Sogar die Schöpfung hat eine ernsthafte Erwartung oder ein brennendes Verlangen danach, die Manifestation der Träger der Herrlichkeit Gottes zu sehen. Während die „*Offenbarung*" schließlich bei der Wiederkunft Jesu eintritt, so glaube ich, dass die Schöpfung tatsächlich jetzt schon wachsam ist. Sie wartet auf den Moment, wo ein Kind Gottes ein Krankenhaus betritt, ein Wort verkündet und alle Kranken geheilt sind. Sie wartet darauf, dass ein Kind Gottes ein Bestattungsinstitut oder eine Leichenhalle betritt und die Toten auferweckt. Die Erde wartet gespannt darauf, dass ein Sohn oder eine Tochter Gottes für tausende von kranken Menschen betet und diese geheilt werden. Möchtest du diese Person sein? Willst du den Komfort und die Bequemlichkeit deiner vier Wände verlassen und dich Gott zur Verfügung stellen? Dies ist dein Moment und das ist die Verheißung der letzten Tage für jeden gläubigen Christen!

Jesus ist unser Vorbild, um das Reich, die Kraft und die Herrlichkeit zu demonstrieren

> *Den ersten Bericht habe ich verfasst, o Theophilus, über alles, was Jesus anfing zu tun und zu lehren (Apostelgeschichte 1,1; Schlachter 2000).*

In Matthäus 6,13 lesen wir „*Denn dein ist das Reich und die Kraft und die Herrlichkeit in Ewigkeit*". Jeder dieser Aspekte ist unterschiedlich. Einfach ausgedrückt, das Reich ist die Botschaft vom Himmel, die Kraft ist die Fähigkeit des Himmels und die Herrlichkeit ist die Atmosphäre oder Umgebung des Himmels. Jesus zeigte kraftvoll die Botschaft des Evangeliums, die er mit sich trug, und er brachte die Atmosphäre des Himmels auf die Erde.

In unserer heutigen Kultur sind wir es gewohnt, dass die Ausbilder oder Lehrer nicht vorführen oder praktizieren, was sie lehren, weil Konzepte, Theorien und Wissen oft höher angesehen sind als Erfahrung. Zum Beispiel kann man die Wirtschaftshochschule besuchen und einen Masterabschluss in Betriebswirtschaft machen, ohne jemals von einem aktiven Geschäftsmann oder Unternehmer mit unmittelbarer Kenntnis, wie man ein Unternehmen managt, unterrichtet worden zu sein. Deshalb betrachtet die Gesellschaft normalerweise Wissen ohne Erfahrung als die Norm. Ich liebe Wissen, Theorie und Theologie, aber ich gebe mich nicht damit zufrieden. Ich will darüber hinausgehen – ich möchte dieses Wissen, diese Theorie oder Theologie erleben.

Neutestamentliche Gläubige sollten das Übernatürliche lehren, demonstrieren und darin fließen.

Im Gegensatz zu unserer Kultur betont die Bibel, dass die Lehrer nicht nur lehren, sondern auch tun sollen. Nikodemus beispielsweise sagte zu Jesus: *„Rabbi, wir wissen, dass du ein Lehrer bist, von Gott gekommen, denn niemand kann diese Zeichen tun, die du tust, es sei denn Gott mit ihm" (Johannes 3,2).* Auch als die siebzig Jünger von Jesus in verschiedene Orte ausgesandt wurden, um dort zu dienen, kehrten sie mit dem Bericht über das zurück, was sie gesagt und getan hatten (siehe Lukas 10,1-17).

Ich definiere das Verb *lehren* als „Wissen, Informationen und Fakten übertragen" und das Verb *tun* als „etwas demonstrieren, manifestieren oder realisieren". Was ist der Hauptgrund, weshalb Gläubige, die mit dem Heiligen Geist und mit Feuer getauft sind, die Gemeinde besuchen? Damit sie Wissen, Offenbarung, Aktivierung sowie das Feuer seiner Herrlichkeit empfangen, um „alles" mit nach draußen zu nehmen. Wenn das Reich Gottes sich nicht in den Straßen manifestiert und wenn die Erkenntnis der Herrlichkeit des Herrn nicht die Erde erfüllt, dann liegt das daran, dass viele gläubige Christen nichts mit dem tun, was sie empfangen haben. Sie sind abhängig geworden von Wissen und dem Besuch von Konferenzen, und so unterscheiden sie sich kaum von anderen Süchtigen, die von irgendwelchen Substanzen abhängig sind. Sie suchen nur den Segen – dass jemand ihr Leben mit Heilung oder Befreiung berührt – aber sie machen nichts mit dem, was sie empfangen und setzen auch niemand anderen mit dem Feuer der Herrlichkeit Gottes in Brand.

„*Tu und lehre*" (Apostelgeschichte 1,1)! Diese beiden Dinge führten dazu, dass Jesus ein zweischneidiges Schwert benutzte. Er hatte sowohl das Wort, wie auch die Werke. Wenn die Theologie, die wir verkünden, kein „Tun" hervorbringt, dann leiten wir nur Information weiter und vermitteln keine Offenbarung.

Zu beachten ist auch, dass bei Jesus die Demonstration meistens vor der Lehre stattfand. Wenn wir seinem allgemeinen Vorbild und übernatürlichen Dienst folgen, wobei er zuerst die Dinge offenbarte, dann werden wir als erstes *tätig* – wir manifestieren die Gegenwart – und *lehren* dann über das Evangelium und die Herrlichkeit. Der sichtbare Beweis des Übernatürlichen macht das menschliche Herz empfänglich dafür, das Wort zu glauben und zu empfangen. Ohne eine sichtbare Manifestation werden Argumente und Zweifel den Verstand der Menschen beherrschen. Sogar nach seiner Auferstehung zeigte Jesus jedem einzelnen seiner Jünger durch unbestreitbare Zeichen, dass er am Leben war. Dadurch ließ er keinen Raum für Zweifel.

Das Wichtigste an einem Gottesdienst ist nicht die Teilnahme der Menschen, sondern dass Gott seine Gegenwart manifestiert.

Welche Anforderung stellt Gott heutzutage an einen gläubigen Christen? Verfügbarkeit! Jeder einzelne von uns ist ein Gefäß, welches das Reich, die Kraft und die Gegenwart Gottes in sich trägt. Dies sind nicht die Tage von Mose, Elias oder David. Dies ist dein Tag! Bis heute haben die Menschen etwas über sie gehört, aber noch nichts von dir. Diese Männer waren gewöhnliche Menschen, die eine göttliche Leidenschaft empfingen und Gott unter einer geringeren Herrlichkeit manifestierten, als wir sie heute haben. Ich fordere dich heraus! Wage es, die Kühnheit des Heiligen Geistes zu ergreifen!

Gottes Herrlichkeit beschränkt sich nicht auf einen bestimmten Ort oder eine bestimmte Situation. Ich möchte, dass du wirklich verstehst, dass er sich sowohl außerhalb der Gemeinde bewegt, als auch in ihr. Der wesentliche Grund für unsere Erwählung als Träger seiner Gegenwart ist, dass er sich überall dort, wo wir hingehen, manifestieren kann!

Die Gegenwart Gottes außerhalb der Gemeinde bringen

Bist du ein Träger der Herrlichkeit Gottes, dann werden sich Zeichen und Wunder überall ereignen, wo du dich aufhältst. Du musst nicht auf den nächsten Gottesdienst warten, damit eine Heilung oder ein Wunder stattfinden kann.

Viele christliche Leiter und Gläubige sind überzeugt, dass ohne eine Musikgruppe und eine gemeinsame Zeit der Anbetung Gott nicht fließen kann. Gemeinschaftliche Anbetung erzeugt die Wolke der Herrlichkeit, die alle Dinge möglich macht. Sie füllt uns, erneuert das Öl in unseren Lampen und gibt uns so das Feuer, das wir brauchen, und sie bringt spontane Wunder hervor. Dennoch ist es nicht weniger wahr, dass du und ich die Gegenwart Gottes außerhalb solch eines Umfeldes durch „nackte" Autorität und Glauben manifestieren können; ohne Chor, Musik oder errichtete Atmosphäre der Herrlichkeit. Der Heilige Geist in uns ist mehr als genug! Du kannst ein Instrument Gottes überall in der Welt sein, weil du ein bewegliches Zelt der Herrlichkeit des Heiligen Geistes bist.

Wir tragen die Herrschaft und den Willen des Königs mit uns. Deshalb verfügen wir über das Potenzial, die Realität seines Reiches zu manifestieren, egal welcher Person und Situation wir begegnen, und es dadurch kraftvoll auszuweiten. *„Von der Zeit Johannes' des Täufers an bis heute bricht sich das Reich, das vom Himmel regiert wird, mit Gewalt Bahn, und die Menschen drän-*

gen sich mit aller Gewalt hinein" (Matthäus 11,12; Neue Evangelistische Übersetzung).

In der Bewegung der künftigen Herrlichkeit wird der schwächste Gläubige sein wie David, und die ganze in Christus vereinte Gemeinde wird sein wie Gott.

In einer Konferenz, die in einem Stadion in Argentinien stattfand, versetzte uns das folgende Wunder in helles Erstaunen. Ein vierzehnjähriger Junge namens Pablo Alejandro empfing während der Versammlung seine Heilung. Er litt an einer genetisch bedingten Krankheit, der angeborenen Ektodermaldysplasie, wodurch auch sein Wachstum gehemmt war. Seine Mutter berichtete, dass eins ihrer Kinder schon daran gestorben war, ebenso ihr Bruder. Als Ergebnis dieses Gendefekts konnte Pablo nicht schwitzen, obwohl er in einem Landesteil lebte, wo die Temperaturen im Sommer sehr hoch waren. Dieser Zustand ist infolge möglicher Überhitzung lebensbedrohlich. Der Gendefekt hatte auch dazu geführt, dass er kein Zahnfleisch und keine Zähne besaß und deshalb Zahnprothesen tragen musste. Hinzu kam auch noch, dass seine Haut brannte und schmerzte. Er sehnte sich verzweifelt nach Heilung und Befreiung von allem, was ihn plagte – und vom Tod.

In einem der Gottesdienste strömte die Herrlichkeit Gottes auf uns herab und alles wurde möglich. Als ich begann, kreative Wunder und übernatürliche Zeichen zu proklamieren, verspürte Pablo in seinem Mund Hitze; er sagte, es war wie ein „Brennen". Er bat die Person neben sich darum, seinen Mund zu inspizieren, und zu seiner Überraschung hatte sich Zahnfleisch geformt. Die Person konnte ihm mitteilen, dass er jetzt dort Knochen besaß und dass Zähne wuchsen! Seine Prothese passte nicht mehr. Darüber hinaus begannen überall an seinem Körper Haare zu wachsen. Damit dieses Wunder geschehen konnte, musste Gott neue Schweißdrüsen schaffen. Wo die medizinische Wissenschaft hilflos war, schuf die Herrlichkeit Gottes ein kreatives Wunder!

Schritte zur Manifestation der Herrlichkeit Gottes

Du kannst auch der Träger von solch einem Wunder sein, wie es bei Pablo geschah. Du musst nur glauben und dich Gott zur Verfügung stellen.

1. Glaube von ganzem Herzen

> *Jesus spricht zu ihr: Habe ich dir nicht gesagt: Wenn du glaubst, wirst du die Herrlichkeit Gottes sehen (Johannes 11,40; Schlachter 2000).*

Jesus gab uns den Schlüssel, um die spürbare und sichtbare Herrlichkeit Gottes zu erleben: Glauben – über jegliches Denken und Verstehen und alle Umstände hinaus. Hast du schon einmal überlegt, dass vielleicht gerade das, was du jetzt durchlebst, dazu dienen könnte, dass sich seine Herrlichkeit manifestiert? Die einzige Voraussetzung dafür ist dein rückhaltloser Glaube!

2. Geh hinaus in deine Welt

> *Dann sagte er zu ihnen: Geht hinaus in die ganze Welt, und verkündet das Evangelium allen Geschöpfen (Markus 16,15; Einheitsübersetzung).*

„*Gehen*" ist im griechischen das Wort *poreuomai* und es bedeutet „davonziehen, von einem Ort zu einem anderen weitergehen". „Es wird deutlich mehr dazu benutzt, um auf einen Vorgang oder einen Verlauf hinzuweisen"[34]. Ein gravierendes Problem in der Gemeinde – wenn nicht sogar das Schlimmste – besteht darin, dass die meisten Gläubigen die wahre Bedeutung des Wortes „*gehen*" nicht verstanden haben. Es ist so einfach, doch entweder scheinen die meisten Gemeinden es immer noch nicht zu verstehen, oder sie wollen das gar nicht. Wir lesen im Buch der Apos-

---

[34] *Vine's Complete Expository Dictionary of Old and New Testament Words* (Nashville, TN: Thomas Nelson Publishers, 1985), S.269, s.v. "Go (Went), Go Onward."

telgeschichte, dass in der Urgemeinde das Gleiche passierte. Die Gläubigen bewegten sich nicht; zehn Jahre nach der Auferstehung von Jesus predigten sie hauptsächlich immer noch innerhalb der Mauern von Jerusalem. Sie bekamen immer mehr Offenbarungen, die Verkündigung nahm zu und sie dienten einander. Vielleicht dachten sie, sie seien noch nicht genug vorbereitet, um hinauszugehen, wie es ja auch heute viele in den Gemeinden glauben. Doch tatsächlich waren sie nicht bereit loszugehen, bis die Verfolgung begann.

In unserer Zeit empfangen die gläubigen Christen weiterhin Offenbarungen, sie beten, streben nach mehr Aktivierung und Impartation[35], fragen nach noch einer Prophetie oder einem Wort der Erkenntnis, doch sind sie nie bereit, zu *gehen*! Ich behaupte nicht, dass irgendeins dieser Dinge falsch ist – sie sind alle gut – aber was fangen wir mit all dem an, was wir empfangen? Wenn sich die Einstellung im Leib Jesu nicht ändert, werden wir die gleiche „Aufforderung" bekommen wie die Urgemeinde. Gott musste Drangsal zulassen, so dass sie gezwungen waren, zum Rest der Welt zu gehen und dort zu predigen, Kranke zu heilen und Dämonen auszutreiben.

Jedes Kapitel der Apostelgeschichte wurde geschrieben, damit du Erkenntnis, Offenbarung, Impartation und Aktivierung erhältst, damit du dann sofort losgehst und das Gleiche tust. In dem Augenblick, wo du etwas lernst, trägst du vor Gott die Verantwortung dafür, auch zur Tat zu schreiten. Wandelst du es nur in Kopfwissen um, dann wirst du zu einer weiteren religiösen Person, die die Wahrheit zwar kennt, aber nicht darin lebt. Bevor das also passiert, oder sogar wenn es schon geschehen sein sollte, fordere ich dich heraus, eine Entscheidung zu treffen. Geh hinaus in deine „Welt" – dein Heim, Büro, Geschäft oder deine Stadt – und lege Zeugnis ab von Jesus. Ich versichere dir, dass sich die Herrlichkeit Gottes durch unwiderlegbare Zeichen manifestieren wird. Jetzt ist die Zeit für die Manifestation der Herrlichkeit in und durch die Gläubigen. Dem Wort Gottes nach folgen die Zeichen denen, die gehorsam sind und gehen.

---

[35] Übertragung

Du wirst die Kraft und Herrlichkeit Gottes nur erleben, indem du gehst.

Wohin wirst du gehen? Du wirst *„in alle Welt“* gehen. Das griechische Wort für „Welt“ in Markus 16,15 ist *kosmos*, und es bedeutet „geordnete Anordnung“ oder „Welt“. Hier bezieht es sich in seinem unmittelbaren Sinn auf die physikalische Erde als Schauplatz menschlicher Behausung[36], da Markus ein Partizip Präsenz[37] benutzt: „während du in der Welt herumgehst“. In einem anderen Sinn kann das Wort *kosmos* den „gegenwärtigen Zustand menschlicher Angelegenheiten“ in der Distanzierung oder Opposition zu Gott kennzeichnen“[38]. Ich fasse das Wort *kosmos* hier folgendermaßen auf: Eine gesellschaftliche Ordnung oder Struktur in der Welt, in der wir leben, die dazu gedacht ist, dem System, der Regierung oder dem Königreich Gottes entgegenzuwirken, denn Satan ist der *„Herrscher dieser Welt“* (Johannes 12,31; Einheitsübersetzung).

Was sind die Systeme dieser Welt? Die wichtigsten sind: politische, rechtsprechende, künstlerische (Theater, Film, Musik und andere Unterhaltung), wirtschaftlich/ finanzielle, erzieherisch/ schulische, kommunikative, medizinische und religiöse Systeme. Obwohl in jedem dieser Bereiche gläubige Christen tätig sind, werden die Systeme doch im Allgemeinen von Satan und seinen menschlichen Agenten kontrolliert – Menschen, die ihm dienen (wissentlich oder unwissentlich), indem sie die Systeme aufrechterhalten. Wir können mit der Kraft, dem Reich und der Gegenwart Gottes „gehen“, und die die Systeme kontrollierenden dämonischen Mächte beseitigen, so dass die Menschen zur Erkenntnis Christi kommen. Auf diese Weise können alle, die zum Königreich Gottes gehören, diese Bereiche beeinflussen.

Man kann diese Aufgabe nicht mit menschlicher Kraft erfüllen! Wir müssen die übernatürliche Kraft Gottes gebrauchen,

---

[36] Siehe zum Beispiel Watchman Nee, *Love Not the World: A Prophetic Call to Holy Living* (Fort Washington, PA: CLC Publications), S.11.

[37] Das Partizip Präsens (Aktiv) beschreibt meistens eine aktive Handlung und drückt ein bestimmtes Zeitverhältnis aus: die Gleichzeitigkeit

[38] *Vine's Complete Expository Dictionary*, S. 685, s. v. “World”,1. (e).

entsprechend dem Maß an Gunst, Gnade und Einfluss, das er uns gegeben hat. Was ist unser Kosmos? Es könnte ein Friseurgeschäft, Krankenhaus, Warendepot, Büro, Unternehmen, Fernseh-oder Radiostation, Filmproduktionsgesellschaft, Verlag, Bank, Supermarkt, Kino, Gericht, Bücherei, Universität, Taxi, Parkplatz, Ballsaal, Tankstelle, Schönheitssalon, Gesundheitszentrum, Hotel oder anderes mehr sein. Wir können die in uns wohnende Herrlichkeit manifestieren, indem wir das Wort Gottes mitteilen, unsere Hände auf Kranke legen und Dämonen austreiben. Wir bringen die Wahrheit und Realität des Himmels in die Gebiete unseres Kosmos.

Indem wir „gehen", manifestieren wir das Übernatürliche

Und während ihr geht, predigt und sagt: „Das Reich der Himmel ist nahe gekommen! Heilt die Kranken, weckt die Toten auf, reinigt die Aussätzigen, treibt Dämonen aus. Umsonst (ohne Bezahlung) habt ihr empfangen, umsonst (ohne Berechnung) gebt (Matthäus 10,7-8; wörtl. übersetzt aus der Amplified Bible).

Da die meisten Gemeinden darin versagt haben, dem Heiligen Geist zu folgen und das Übernatürliche sichtbar zu machen, versuchen wir jetzt zu lehren und zu erklären, was die Gläubigen ursprünglich hätten erfassen sollen, nämlich in enger Beziehung mit und unter der göttlichen geistlichen Atmosphäre zu leben. Die Gemeinde hat in der Regel nicht gelernt, sich spontan zu bewegen; stattdessen hat sie, wie wir sehen konnten, das Übernatürliche auf die Vernunft reduziert. Das kommt daher, weil viele Menschen denken, dass das, was sie nicht verstehen können, auch nicht real sein kann.

Das Übernatürliche sollte zuerst erfahren und dann verstanden werden.

Fleischliche oder weltliche Menschen verstehen nicht, dass Gott übernatürlich ist. Sie denken, es gibt keinen Grund für einen geistlichen Bereich, weil sie in Finsternis leben und es nicht erkennen können. Unsere Verantwortung und Aufgabe ist es, den übernatürlichen Bereich sichtbar werden zu lassen und ihnen das Licht und die Wunder zu zeigen. Niemand kann Gott erklären, doch wenn wir ihn erleben, wird keine weitere Erklärung mehr nötig. Wenn wir nur Erklärungen abgeben, dann liegt das daran, dass Religion uns von der Erfahrung abgetrennt hat. Die Menschen werden glauben, wenn sie Gott erleben können.

Neben den Berichten, die ich schon in diesem Buch mitgeteilt habe, könnte ich eine Geschichte nach der anderen erzählen darüber, was die Mitglieder unserer Gemeinde in ihrem Alltag erleben, wenn sie die Offenbarung der Herrlichkeit in ihrem Kosmos sichtbar machen.

Zum Beispiel ging eine Frau mit Namen Silvia zu einer Routineuntersuchung. Zwei Wochen später rief der Arzt sie wegen der Ergebnisse an. Der Test war positiv in Bezug auf HPV (Humane Papillomaviren) ausgefallen, was bedeutete, dass sie Gebärmutterhalskrebs hatte. Sofort wies sie diese Diagnose und die Krankheit von sich. Sie nahm sie nicht an und sprach sie auch nicht aus, sondern erklärte sich als geheilt im Namen von Jesus. In der gleichen Woche betete ihr Mentor in ihrer Jüngerschaftsgruppe für sie und gegen den Geist der Krankheit. Silvia spürte in ihrer Gebärmutter ein Kribbeln, gefolgt von einem tiefen Gefühl des Friedens. Als sie ihren Arzt zu einer weiteren Untersuchung aufsuchte, konnten weder HP-Viren noch irgendwelche Krebszellen nachgewiesen werden. Sie war völlig geheilt! Der Arzt hatte dafür keine Erklärung.

In dem darauf folgenden Monat bemerkte Silvia, dass ihre Chefin niedergedrückt zu sein schien; sie sprach immer wieder übers Sterben. Sie fand dann den Grund heraus: Man hatte in beiden Brüsten Krebs festgestellt. Sofort gab Silvia ihrer Chefin Zeugnis und sagte: „Wenn du glaubst, dass Gott dich heilen kann, dann bete mit mir." Ihre Vorgesetzte nahm die Einladung an und bekannte Jesus als ihren Herrn und Erlöser. Silvia betete für ihre Gesundheit, legte ihr die Hände auf und erklärte sie für geheilt. Danach kehrte sie zurück an ihre Arbeit. Eine Woche später ging ihre Chefin wieder zum Arzt. Sie wurde untersucht und für vollständig geheilt erklärt. Jetzt ist sie nicht mehr deprimiert, sondern voller Hoffnung, Freude, Gesundheit und Jesus! Vorher hätte sie Silvia niemals erlaubt, im Büro ihre Bibel zu lesen oder über Jesus zu sprechen, doch jetzt lässt sie sie für ihre kranken Freunde beten und glaubt, dass sie geheilt werden. Während Silvia arbeitet, bringt sie das Reich Gottes an ihren Arbeitsplatz. Gott heilte sie und jetzt vermittelt sie Heilung an andere.

Die Botschaft vom Reich Gottes, seiner Kraft und seiner Herrlichkeit irritiert die Religiösen, lässt aber jene, die nach Gott dürsten, aufleben.

Mit welcher Ausrede vermeiden es die Gläubigen, das Reich Gottes zu manifestieren? Sowohl die entspannten passiven Christen wie auch die verschüchterten unsicheren Christen haben heutzutage unzählige Ausreden, wie beispielsweise: „Ich bin schüchtern“, „Ich bin eine Frau“, „Ich kann nicht gut reden“, „Ich habe selbst Probleme“, „Meine Finanzlage ist nicht gut“, „Ich habe einfach keine Zeit“ und „Ich bin zu müde“. Oder sie reden sich heraus mit der Aussage, dass dies nur die Aufgabe von Aposteln oder Evangelisten sei. Gott hat genug von den Ausreden! Die Zeit ist jetzt gekommen, dass du predigst, lehrst und sein Reich sichtbar werden lässt. Fang mit deiner Familie an, mache weiter mit deinen Freunden und dann deinem übrigen Kosmos.

Soll ich darauf warten, dass eine Gemeinde mich offiziell aussendet?

Jesus sagte: „Wenn du gehst …“ (Matthäus 10,7), und das bedeutet, du bist unterwegs, während du durch dein tägliches Leben gehst. Wir müssen nicht darauf warten, dass der Pastor uns aufruft und uns mit einer speziellen Bezeichnung versehen aussendet, damit wir predigen und die Kraft Gottes demonstrieren. Jesus hat uns bereits in alle Welt ausgesandt, in alle Gesellschaftsschichten: zu den Armen, den Reichen, den Intellektuellen, den Analphabeten, den Fachleuten, den einfachen Arbeitern, den Chefs, den Mitarbeitern, den Geschäftsleuten, den Künstlern, den Sportlern, den Kindern, den jungen Erwachsenen, den Erwachsenen und den Senioren; in die Städte, in die Außenbezirke, in die Länder und in die Nationen.

Ich sage damit nicht, dass die Christen alleine regieren oder nicht unter Autorität stehen sollen. Wir haben bereits über die Wichtigkeit gesprochen, sich unter geistliche Autorität zu stellen und dass Unterordnung Ordnung und geistliche Abdeckung bewirkt. Ich beziehe mich vielmehr auf die Verkündigung des Wortes und die Manifestation des Reiches Gottes durch jeden gläubigen Christen in seinem Einflussbereich.

Dazu bedarf es keines Titels und keiner besonderen Erlaubnis. Während du also dein Leben lebst, teile mit anderen die Manifestationen der Herrlichkeit Gottes. Dein Ruf gilt deiner Nachbarschaft, um dort die in dir wohnende Herrlichkeit sichtbar werden zu lassen. Bist du beim Friseur, dann gib deiner Friseuse ein Wort der Erkenntnis, und wenn sie krank ist, bete für sie. Gehst du in Urlaub, dann bete mit dem Angestellten, der dich an der Rezeption des Hotels bedient. Gib ihm ein prophetisches Wort und gewinne ihn für Jesus. Wenn du in ein Restaurant gehst, dann erzähle der Bedienung von Jesus und bete für sie. Hunderte von jungen Leuten in unserem Dienst haben ihre Lehrer um Erlaubnis gebeten, vor ihren Klassen stehen zu dürfen und für kranke Klassenkameraden zu beten. Gott bestätigte ihre kühnen Worte und Handlungen durch mächtige Zeichen und Wunder und ließ so seine Herrlichkeit sichtbar werden.

Der Gläubige, der ein auserwähltes Gefäß zum Tragen der Herrlichkeit Gottes sein will, muss die Grenzen von Bequemlichkeit, Annehmlichkeit und des Verstandes überschreiten.

Wir sollen Gefäße sein, die in ihrem Alltag auch außerhalb der Gemeindemauern die Herrlichkeit Gottes mit sich tragen, um zu heilen, zu befreien und erstaunliche Wunder zu tun. In Chaco, Argentinien, diente ich in einem Freiluft-Stadion, und während der Lobpreis-und Anbetungszeit kamen viele Menschen nach vorne, um zu tanzen und den Herrn zu feiern. Unser Fotograf machte etliche Aufnahmen, und unter den Bildern konnte man ein kleines Mädchen sehen, das nicht älter als acht Jahre aussah. Sie war violett gekleidet und saß auf den Schultern eines jungen Mannes. Ihre Hände waren zum Himmel erhoben und wir konnten erkennen, dass ein großer Teil des rechten Zeigefingers fehlte.

Als dann später die Herrlichkeit Gottes auf die mehr als zwanzigtausend Menschen herabkam, betete ich für die Kranken und befahl allen verkürzten Knochen zu wachsen. Wir konnten spüren, wie die übernatürliche Kraft Gottes am Werk war! Die Leute wurden in ihrem Innersten berührt. Ich fragte nach Zeugnissen und aus der Menge kam dieses kleine Mädchen mit ihrer Mutter nach vorne. Die Frau weinte und war tief beeindruckt von dem Wunder, dass ihrer Tochter widerfahren war. Gott hatte ihren Finger neu geschaffen! An ihrer rechten Hand besitzt dieses Mädchen nun einen Zeigefinger in normaler Länge. Im Alter von zwei Jahren hatte sie den Finger bei einem Unfall mit der Brotmaschine verloren und sie hatte sehr darunter gelitten, dass ihr Schulkameraden sich oft darüber lustig gemacht hatten. Doch an diesem Abend spürte sie das Feuer Gottes in ihrer Hand und zeigte sie ihrer Mutter. Als die Ärzte sie anschließend untersuchten, waren sie völlig geschockt. Die vorher-nachher Bilder zeigten, wie sehr der Finger „gewachsen“ war!

Manchmal sind die Demonstrationen der Gegenwart Gottes außerhalb der Gemeinde gewaltiger als jene, die innerhalb der Gemeinde passieren. Ich bin davon überzeugt, dass jetzt der Zeitpunkt gekommen ist, wo großartige übernatürliche Manifestationen nicht nur in den Gemeinden, sondern auch in Sporthallen, Arenen, Parks, Theatern und an anderen öffentlichen Orten geschehen werden. Sie werden überall dort stattfinden, wo ein Gläubiger erfüllt ist mit der Gegenwart Gottes und bereit, diese zu manifestieren.

Was interessiert dich mehr: Deine Bedürfnisse oder die von anderen?

Manche Menschen sind so auf ihre eigenen Bedürfnisse, ihr Ego, ihr Ansehen oder ihre Angst vor Ablehnung fixiert, dass es ihnen schwerfällt den Mut aufzubringen, die Herrlichkeit sichtbar werden zu lassen, die Gott in ihnen deponiert hat. Wenn wir uns nicht mehr um uns selbst drehen, sondern uns der Bedürfnisse und Nöte anderer bewusst werden und uns fragen, wie wir diesen begegnen können, dann werden Zeichen und Wunder geschehen. Wenn du morgens aufwachst, dann bitte Gott, dir jemanden mit einer Not über den Weg zu schicken – jemanden, der krank, deprimiert oder verloren ist. Bitte Gott um Kühnheit, seine Gegenwart sichtbar werden zu lassen, damit diese Person sein Licht erkennen kann. Wo auch immer du gehst, denke daran, dass Gottes Gegenwart wirksam und bereit ist, sich zu manifestieren.

Frederic wurde aufgrund einer Infektion im Mutterleib taubstumm geboren. Wegen seines Zustandes war die Atmosphäre in seinem Heim geladen mit Frustration, doch hörte seine Mutter Reyna nie auf, an die Liebe von Jesus zu glauben. Vor nicht allzu langer Zeit brachte sie Frederic mit zu einem unserer Gottesdienste für Heilungen und Wunder. Während der Anbetung fing ich an, für Menschen zu beten, und als ich in die Nähe des Kindes kam, konnte ich den Glauben seiner Mutter wahrnehmen. Ich legte meine Hände auf den Jungen und befahl dem taubstummen Geist, das Kind loszulassen und sprach: „Verlasse ihn! Lass ihn los!“ Dann sagte ich dem Kind, es solle das Wort „Papa“ nachsprechen. In dieser Atmosphäre, die erfüllt war mit der Gegenwart Gottes und der Erwartung einer Vielzahl von Menschen, seine Kraft zu erleben, sagte Frederic plötzlich „Papa“. Die Leute brachen in Freudenschreie aus, als dieser neunjährige Junge, der noch nie in seinem Leben ein Wort gehört oder gesprochen hatte, mit einem Mal den ersten Klang, der auf sein Ohr traf, nachsprach. Die Herrlichkeit Gottes hatte ihn geheilt. Frederic war taubstumm zu diesem Gottesdienst gekommen, aber er verließ ihn mit einem kreativen Wunder, dass ihn befähigte zu hören und zu sprechen. Ein Augenblick in der Herrlichkeit Gottes hatte ihn transformiert.

Bist du bereit, dich der Demonstration der Gegenwart Gottes zu verpflichten?

Wenn dir Religion gefällt oder du damit zufrieden bist, dann willst du nicht „gehen“ und tun, worum Gott dich bittet. Du wirst dann auch nicht verstehen, wovon ich spreche. Aus diesem Grund waren so viele Gläubige in den letzten Jahrhunderten so unwirksam. Für die meisten von ihnen wurden Religion und Formalismus zu einer Gebundenheit, die sie davon abhielt, ihren Auftrag von Gott zu erfüllen. Jeder gläubige Christ ist berufen, Geschichte zu schreiben und nicht dazu, routinemäßig oder aus einer Tradition heraus ohne die übernatürliche Kraft Gottes zu leben. Jetzt ist die Zeit sich zu verpflichten, ein Angehöriger des Überrestes von auserwählten Gefäßen zu werden – den Trägern *und* Darstellern der Herrlichkeit Gottes. Und während du durch dein Leben gehst, beginne gerade jetzt da, wo du bist, und schreib Geschichte! Predige den Verlorenen, heile die Kranken, treibe Dämonen aus und beseitige die Finsternis mit dem Licht seiner Herrlichkeit.

Sei Teil dieser letzten Bewegung der Herrlichkeit Gottes, die die Erde in dieser Endzeit erfüllen wird. Die großartigsten Manifestationen seiner Kraft werden in diesem Zeitalter zu sehen sein – diesem offenbarten Zeitabschnitt – und du kannst nicht zurückbleiben. Diese Herrlichkeit ist in dir. Geh hinaus und mache sie außerhalb der Gemeinde durch Zeichen und Wunder sichtbar. Du bist ein Träger des Lichts für diese Welt. Beginne jetzt und erlebe die eindrucksvollsten übernatürlichen Erfahrungen, die du dir vorstellen kannst.

Mache ab jetzt Glaubenssprünge und dann kannst du wahrscheinlich dein eigenes Buch schreiben, voll mit solchen Wundern, wie sie in der Apostelgeschichte zu finden sind. Lass die Generation, die heute geboren wird, nicht nur die Taten der

Apostel in der Bibel lesen, sondern sie sollen auch lesen können, was Gott durch dich getan hat.

Ich lade dich ein, gemeinsam mit mir zu beten:

Himmlischer Vater, im Namen von Jesus bitte ich jetzt um Vergebung dafür, dass ich mich angepasst habe an Religion, Gesetzlichkeit und leere Traditionen. Ich bitte dich im Namen von Jesus, einen Hunger und Durst nach deinem Königreich und deiner Herrlichkeit in mir freizusetzen. Ich bitte dich, mich als ein irdenes Gefäß zu gebrauchen, das erwählt ist, deine Herrlichkeit zu manifestieren, während ich mein Leben lebe. Ich bitte dich, das Feuer deiner Gegenwart jetzt in mir freizusetzen, so dass ich nie wieder ein passiver Christ sein werde, sondern aktiv und wagemutig. Gib mir Kühnheit, Herr. Lass deine Herrlichkeit auf mir sein, jeden Tag meines Lebens, so wie es bei Mose alle Tage seines Lebens war – und sogar noch mehr in diesen Tagen der künftigen Herrlichkeit. Ich verpflichte mich, dir zur Verfügung zu stehen, meinen Körper als ein lebendiges Opfer zu geben und deinem Wort zu gehorchen. Ich will Teil dieses Überrests sein, den du erhebst, um die künftige Herrlichkeit zu manifestieren. Ich empfange es jetzt und ich gehe hinaus in meine „Welt“, im Namen von Jesus. Amen!

Die Bewegung der Herrlichkeit Gottes wird als kleiner Wasserlauf beginnen; die Strömung wird zunehmen, bis es ein Bach ist; der Bach wird zu einem großen Strom werden, der überfließen wird und zu einem Meer wird, und dieses Meer wird sich in einen mächtigen Ozean verwandeln. Dann wird die Herrlichkeit des Herrn die Erde bedecken wie Wasser das Meer, und Jesus wird für seine Gemeinde zurückkehren!

Erfahrungen mit Gott

- Für die Gläubigen ist die Stunde gekommen, die Erkenntnis der Herrlichkeit Gottes auf der Erde zu manifestieren. Stehst du zur Verfügung? Erlebst du gerade schwierige Zeiten, dann rufe den wahren Gott um Hilfe und Versorgung an. Wenn du den auferstandenen Christus noch nicht anerkannt hast – Jesus, der die einzige Antwort auf deine Probleme ist – dann streck dich nach ihm aus, indem du dieses Gebet laut sprichst:

Himmlischer Vater, ich erkenne an, dass ich ein Sünder bin und tue jetzt Buße für meine Sünden. Mit meinem Mund bekenne ich Jesus als den Sohn Gottes und ich glaube in meinem Herzen, dass der Vater ihn von den Toten auferweckt hat. Im Namen von Jesus bin ich errettet. Amen!

- Bete für die Kranken, gib Zeugnis von Jesus und prophezeie sein Wort zu anderen. Bewege dich in den Gaben des Heiligen Geistes, um die Verlorenen zu suchen; geh dorthin, wo Depression, Krankheit und Armut zu finden sind. Manifestiere die Herrlichkeit Gottes überall, wo du hingehst.

Über den Autor

Guillermo Maldonado ist dazu berufen, der heutigen Generation auf lokaler und internationaler Ebene Gottes übernatürliche Kraft zu bringen. Seit über zwanzig Jahren steht er aktiv im Dienst und ist Gründer der Ministerio Internacional El Rey Jesús (King Jesus International Ministry), eine der am schnellsten wachsenden multikulturellen Gemeinden in den USA. Sein Dienst ist bekannt für die Ausbildung von Reich Gottes Leitern und für die sichtbaren Manifestationen der übernatürlichen Kraft Gottes.

Dr. Maldonado erwarb den Magister in Praktischer Theologie auf der Oral Roberts Universität und den Doktortitel der Theologie auf der Vision International University. Er steht fest in der Vision, die Gott ihm gegeben hat und ist fokussiert darauf, zu evangelisieren, zu bestätigen, zu Jüngern zu machen und auszusenden. Sein Auftrag ist zu lehren, zu trainieren, auszurüsten und Leiter sowie alle gläubigen Nachfolger Jesu auszusenden, die übernatürliche Kraft Gottes in ihr soziales Umfeld zu bringen, um zukünftigen Generationen ein Erbe an Segen zu hinterlassen. Dieser Auftrag gilt weltweit. Maldonado ist ein geistlicher Vater für über einhundert Pastoren und Apostel von lokalen und internationalen Gemeinden, die Teil des wachsenden Verbandes „New Wine Apostolic Network“[39] sind, das er gegründet hat.

Er schrieb viele Bücher und Handbücher, von denen etliche in verschiedene Sprachen übersetzt wurden. Sein letztes Buch war *Übernatürlich in der Kraft Gottes leben*[40]. Des Weiteren verkündet er die Botschaft von Jesus Christus und seiner erlösenden Kraft durch sein internationales Fernsehprogramm *Tiempo de Cambio (Zeit für Veränderung)*, das von verschiedenen Netzwer-

---

[39] Apostolisches Netzwerk Neuer Wein

[40] © 2012 Verlag Gottfried Bernard, www.gbernard.de; *How to walk in the Supernatural Power of God (Cómo Caminar en el Poder Sobrenatural de Dios);* Whitaker House © 2011

ken ausgestrahlt wird und so Millionen Menschen weltweit erreicht.

Guillermo Maldonado wohnt mit seiner Frau Ana, die auch Partnerin in seinem Dienst ist, und den beiden Söhnen Bryan und Ronald in Miami, Florida.

Guillermo Maldonado

ÜBERNATÜRLICH
in Gottes Kraft leben

Gottes übernatürliche Kraft und seine Autorität für Heilung, Wunder und Befreiung sind für die Gläubigen von heute genauso erfahrbar, wie es in biblischen Zeiten der Fall war. Guillermo Maldonado gibt biblisch fundierte Einsichten weiter. Er berichtet von außerordentlichen Zeugnissen, die ermutigen, die volle Offenbarung von Gottes übernatürlicher Kraft zu ergreifen.

Guillermo Maldonado ist dazu berufen, das Königreich Gottes auf lokaler und internationaler Ebene zu errichten. Er ist für viele Leiter ein geistlicher Vater und ein Apostel für lokale und internationale Gemeinden. Er wohnt mit seiner Frau Ana, die auch Partnerin in seinem Dienst ist, und zwei Söhnen in Miami, Florida.

Verlag Gottfried Bernard
ISBN 978-3-941714-28-1 · Best.-Nr. 175528